土地利用变化的
生态补偿经济福利效应研究

———

以退耕还林为例

石涵予　李国平◎著

THE ECONOMIC WELFARE OF
ECOLOGICAL COMPENSATION BASE ON
LAND USE CHANGE:

A Case Study of Grain to Green Project

经济管理出版社
ECONOMY & MANAGEMENT PUBLISHING HOUSE

图书在版编目（CIP）数据

土地利用变化的生态补偿经济福利效应研究：以退耕还林为例/石涵予，李国平著. —北京：经济管理出版社，2021.2

ISBN 978-7-5096-7766-7

Ⅰ. ①土…　Ⅱ. ①石…　②李…　Ⅲ. ①退耕还林—生态环境—补偿机制—研究—中国

Ⅳ. ①F326.2

中国版本图书馆 CIP 数据核字（2021）第 031254 号

组稿编辑：魏晨红
责任编辑：杨国强
责任印制：张莉琼
责任校对：陈晓霞

出版发行：经济管理出版社
　　　　　（北京市海淀区北蜂窝 8 号中雅大厦 A 座 11 层　100038）
网　　址：www.E-mp.com.cn
电　　话：(010) 51915602
印　　刷：唐山昊达印刷有限公司
经　　销：新华书店
开　　本：720mm × 1000mm/16
印　　张：15
字　　数：201 千字
版　　次：2021 年 8 月第 1 版　　2021 年 8 月第 1 次印刷
书　　号：ISBN 978-7-5096-7766-7
定　　价：78.00 元

前言

　　林地转农用地的行为是全球森林退化的首要驱动因素，这样的土地利用变化造成了水土流失、风沙和洪涝等严峻生态问题，直接威胁着人类的生存与发展。对土地利用变化的生态补偿通过经济机制的设计，引导和改变土地使用者的土地利用方式，达到修复和改善生态环境的目标。退耕还林是我国规模最大、参与人数最多的土地利用变化的生态补偿，自1999年起开展至今，涉及25个省、3200多万农户、1.24亿农民，累计投资逾2915亿元。然而，实践中农户复耕、参与意愿不强、工程满意度不高等现实问题不利于工程进展和建立生态补偿长效机制。如何完善退耕还林生态补偿机制以增进退耕农户和退耕区域的经济福利，激励退耕农户生态环境保护的行为动机，探讨提高中国特色退耕还林生态补偿效率的路径，不仅是一个亟待解决的现实问题，而且具有重要的理论研究价值。

　　国内外关于生态补偿的讨论多集中在私人付费的成本有效性、政府主导项目的效率问题、补偿标准、政策分析和框架设计等，关于生态补偿的经济福利效应研究正处于逐步被重视的阶段。已有研究多是微观视角下的参与者生计变化研究，缺乏对生态补偿经济福利效应的多维度分析。我国退耕还林生态补偿具有修复生态、惠民生和稳增长的多重政策目标，退耕还林生态补偿在微观、中观和宏观层面产生了多维的经济福利效应。本书基于生态经济学、环境经济学以及效用理论、福利经济理论和引入生态补偿的经济增长理论，在农户个体、农户群体和区域整体的三重维度上，探讨基于土地利用变化的我国退耕还林生态补偿经济福利效应。主要研究工作及创新性成果如下：

第一，构建基于土地利用变化的生态补偿经济福利效应的理论分析框架。政府主导的生态补偿多重目标决定生态补偿的经济福利效应必须既考虑农户的经济福利又考虑区域整体经济效应。依据基数效用论和实物期权思想，确定土地机会成本不确定情况下成本收益等额补偿的转换边界，分析退耕补偿对农户土地收入的影响；依据序数效用论构建退耕农户效用函数，分析生态效益、经济租金等因素对农户个体效用水平的影响；依据福利经济理论、相对剥夺和相对收入的概念，建立考虑比较因素的社会福利函数，分析社会外部环境对退耕农户群体经济福利的影响；并依据增长理论构建考虑生态补偿的增长模型，分析补偿投资和生态效益对区域经济的影响。最终建立包括微观个体、中观群体以及区域整体在内的三个层次的生态补偿经济福利效应的分析框架。

第二，实证研究退耕还林生态补偿对退耕农户经济福利的影响。针对已有研究忽略未来机会成本的波动性和不确定性的不足，本书利用几何布朗运动模拟2014~2030年的退耕土地机会成本的可能走势并与转换边界进行比较，得到粮食产量、补偿标准与农户受损概率之间的关联，发现现行补偿标准下南方地区退耕农户经济福利受损概率更大。利用CVM准则和逐级筛选采样，入户调研陕西851位退耕还林农户的受偿意愿，并运用右端截取模型处理调研数据降低估计偏误，通过样本总体回归分析得到退耕农户个体的受偿意愿及影响因素，发现生态正负效益和土地经济租金显著影响受偿意愿。同时，通过分地区回归得出生态效益边际影响的区域差异，发现生态效益改善对受偿意愿的影响在生态脆弱地区和生态优越地区相悖。退耕地区农户群体的经济福利既与自身收入水平有关，也和自身与他人的比较有关。本书建立考虑习惯性比较、城乡比较和乡乡比较的退耕农户群体经济福利函数，采用二步聚类法和倾向得分匹配法对陕西79个退耕还林县进行分类和配对，避免前后比较法和处理控制比较法在政策效应评估产生对比较对象选择性偏差，计算匹配在三个比较因素上的差异以及考虑比较因素后的福利变化，得到考虑比较因素后2008~2014年退耕区域农户群体经济福利平均减少19.28%。

第三，实证研究退耕还林生态补偿对退耕还林所在区域经济增长的影响。退耕还林生态补偿不仅在微观层面上影响农户的经济福利，也在宏观层面上影响县域经济增长，已有研究却较少从宏观视角考虑生态补偿对区域经济增长的影响。为了全面刻画区域退耕还林规模与区域经济增长的关系，根据第三章第四节的理论分析，以陕西省79个退耕还林县为研究样本，实证分析退耕还林的生态效益和补偿资金对区域经济增长的平均效应和边际效应。利用有限可得的1999~2006年第一轮各县退耕还林累计面积构造虚拟变量并作为替代生态补偿资金的关键解释变量，建立考虑退耕还林生态补偿的区域经济增长面板回归模型，验证退耕还林生态补偿对区域经济增长的促进作用，计量结果表明2004~2012年高退耕还林程度县的人均GDP增长率比低退耕还林县的平均高2.61%，即退耕还林促进县域经济增长。又建立以2007年为时间截面的分位数回归模型，考察退耕还林生态补偿对区域经济增长的作用强度，发现退耕还林规模对人均GDP增长率的贡献随县域经济增长率的提高而增加。

目　录

第一章
绪 论

第一节 研究背景和问题提出

一、研究背景

（一）现实背景

生态系统为人类生产生活和全球经济发展提供了自然资本和生态系统服务，是全人类的必需品，是支持国民经济持续健康发展的基础。森林、湿地和生物栖息地作为重要的自然资本，为人类提供了各种赖以生存的生态产品和生态系统服务，在食品安全和减贫、防止水土流失、保护生物多样性、缓解气候变化等方面起着关键作用。然而，森林砍伐和退化已成为森林存续的严重威胁。2000~2012 年，全球森林消失面积高达230 万平方千米，平均每年热带地区约有 2101 平方千米森林消失（Ellison 和 Bachtrog，2013）。1990~2015 年，全球森林覆盖率从 31.801% 下降至

30.825%[①]，各国森林覆盖率都正在不同程度地减少。

随着全球人口增长和需求增长，大量林地被转而种植经济作物，如巴西、秘鲁、刚果、印度尼西亚、泰国等国家（Carrasco 等，2017）。林地转农用地的行为是森林砍伐和森林退化的首要驱动因素（Tilman 等，2017），这种土地用途变化造成了严重后果。

第一，生物多样性丧失。从北方针叶林到热带雨林，森林中存在80%以上的地上生物多样性，1 平方千米的森林可能是超过 1000 个物种的栖息地（Tilman 等，2017）。林地农用造成陆生动物和鸟类栖息地的面积减少和栖息地碎片化，对物种丰富度造成直接威胁。

第二，水循环和河流生态系统被破坏。林木通过蒸腾作用和蒸发作用[②]将雨水和土壤中的水分传输到大气中，是降水—地表—径流水循环的重要纽带。森林植被面积减少会减缓土壤水分向大气运输的过程，进而改变陆地水循环。以巴西热带草原为例，2003~2013 年共有 96.2 万公顷林地转农用地，这使得每年通过蒸腾作用向大气运输的水分都在减少，仅 2013 年就减少了 14 立方米的水循环量，占植被水循环量的 3%（Spera 等，2016）。

第三，水土流失。森林的枯枝落叶可以缓冲雨水对土壤的冲击力，根系可以增强土壤的雨水渗透能力和土壤固持力，起到保持水土的作用。森林减少后，水土流失加剧，容易造成土地贫瘠、泥沙淤积、山地滑坡和泥石流等自然灾害，严重影响人类正常的生产生活。具体而言，不同土地利用方式的土壤流失率不同，耕地的土壤流失率约 12.7 吨/（公顷·年），是森林用地其他天然植被用地的土壤流失率的 77 倍和 7 倍，全球耕地面积占陆地面积的 11%，却造成了 50% 左右的水土流失（Borrelli 等，

---

① 世界银行公开数据集，https://data.worldbank.org/indicator/AG.LND.FRST.ZS?end=2015&start=1990。

② 蒸腾作用是指植物根茎从土壤中吸收水分，通过枝叶气孔将水分以水蒸气状态逸散到大气中的过程。蒸发作用是指林冠枝叶和枯枝落下截留雨水蒸发到大气中的过程。

2017）。2016 年全球土壤合作（the Global Soil Partnership，GSP)[1] 研究指出，过去 20 年间水土流失常发生于土地利用方式由森林变耕地的地区，据估计，全球耕地水土流失约 750 亿吨/年，造成农业损失价值约 4000 亿美金[2]。

第四，全球气候变暖。据世界自然保护联盟（International Union for Conservation of Nature，IUCN）数据，全球森林每年吸收 24 亿吨二氧化碳，是每年燃烧化石燃料释放的二氧化碳总量的 1/3，森林破坏造成每年约 $(4.3-5.5) \times 10^9$ 吨二氧化碳当量进入大气层[3]。长期来看，森林砍伐会减少森林生物体释放挥发性有机化合物（VOCs）的数量，阻碍太阳辐射反射回太空的过程，从而减少制冷效应，造成气候变暖（Gu 等，2017）。

为了应对土地利用变化造成的严峻生态问题，20 世纪初，诸多国家就已经开始了基于土地利用变化的生态补偿实践，并于 21 世纪初在修复被破坏和退化的森林生态系统的问题上达成多项国际共识协议。20 世纪 30 年代，美国政府在干旱、沙尘暴以及经济萧条的大环境下使用自愿支付项目来改善农业环境状况，如土地休耕保护储备政策（CRP）。1986 年，英国政府提出了环境敏感区计划，通过对农民补偿以激励他们减少农地使用杀虫剂和化肥（Dobbs 和 Pretty，2008）。20 世纪 90 年代以来，随着生态系统服务价值的研究，出现了一系列政府付费（如哥斯达黎加 PSA 项目和墨西哥 PSAH 项目[4]）和参与者付费的生态补偿项目（如法国威泰尔矿泉水公司水源地保护项目[5]）。2010 年，《生物多样性公约》（Convention on Biological Diversity，CBD）的缔约国通过了著名的 2011~

---

① 全球土壤合作是 2012 年 12 月由联合国粮食及农业组织主导建立的全球合作组织，致力于通过强化土地使用者、政策制定者和其他利益相关方的合作来推进土壤治理和土壤可持续管理。

② http://www.fao.org/global-soil-partnership/resources/highlights/detail/en/c/416516.

③ https://www.iucn.org/sites/dev/files/deforestation-forest_degradation_issues_brief_final.pdf.

④ 1997~2004 年，哥斯达黎加政府出资 2 亿美元，向 8000 个森林所有者提供补偿，以保护 46 万公顷森林和林业种植不改变土地用途。2003 年，墨西哥联邦政府与个体参与者签订了一个保护森林的 5 年合约，以保证森林不被采伐，并根据森林珍贵程度确定补偿金额。

⑤ 威泰尔矿泉水公司向水源地农民付费，要求农民放弃农作物种植，在流域内植树造林。

2020 年《爱知生物多样性目标》，目标截至 2020 年，通过土地保护和恢复，修复至少 15% 已退化的生态系统，以缓解和适应气候变化以及荒漠化防治。2017 年，第 71 届联合国大会审议通过了《联合国森林战略规划（2017~2030 年)》，为森林可持续经营、停止毁林和森林退化提供了全球框架。2011 年，德国和 IUCN 共同发起波恩挑战（Bonn Chanllenge）后进一步延伸至 2014 年联合国气候峰会，目标是截止 2030 年修复 3.5 亿公顷被破坏和退化的森林。修复全球 3.5 亿公顷被破坏和退化的森林，每年产生的水源保护、农业增产和森林商品的服务价值 1700 亿美元，每年可消减 17 亿吨的碳当量。

自改革开放以来，我国对森林生态建设的重视程度逐步加大，通过保护森林和大力造林的方式，换来了明显的生态效益。自 1978 年以来，我国相继启动了 17 个林业重点工程，并于 2000 年系统地整合了林业建设工程，形成六大林业重点工程。退耕还林工程是六大林业重点工程之一，是我国投资最大、涉及农民利益最多的、基于土地利用变化的生态补偿项目。退耕还林最早于 1999 年在陕西、四川和甘肃开展试点，并于 2002 年推广至全国 25 个省（区、市）。考虑到粮食安全和耕地保护等问题，2007 年国务院下发《关于完善退耕还林政策的通知》，将退耕农户的补助期限由原来的 8 年延长至 16 年，且暂停新增退耕还林任务。据中国林业统计年鉴数据，截至 2014 年，退耕还林涉及全国 25 个省、3200 多万农户、1.24 亿农民，对农户累积补偿 2437 亿元，完成退耕地造林 1.39 亿亩，荒山荒地造林和封山育林 3.08 亿亩。退耕还林的这 14 年来，使森林覆盖率平均提高 3 个多百分点，相当于再造了一个东北和内蒙古国有林区。《退耕还林工程生态效益检测国家报告（2014)》数据显示，退耕还林在涵养水源、固土保肥、固碳释养、净化空气和防风固沙方面提供了巨大的生态系统服务，长江、黄河中上游流经的 13 个省份退耕还林每年的生态效益总价值高达 10071.5 亿元。

近几年来，在以习总书记为核心的党中央的领导下，生态环境保护受到空前重视，退耕还林工作得以再度开启。党的十八届三中全会审议通过了《中共中央关于全面深化改革重大问题的决定》，决定稳定和扩大退耕还林还草范围。2014 年，国务院出台了《新一轮退耕还林还草总体方案》，标志着新一轮退耕还林工作的启动。2017 年，国家五部委联合下发通知（发改办西部〔2017〕220 号）要求"加快推进新一轮退耕还林"。实施新一轮退耕还林工程对生态环境、农户个人、地区经济发展都具有重要意义。一是有利于修复生态系统，增强生态脆弱地区和生态关键地区的生物多样性和生态承受力，减少水土流失、缓解和适应气候变化。二是有利于提升贫困人口发展的内生动力，通过直接补偿退耕农户、解放劳动力的路径实现激励式扶贫，实现特困地区农户脱贫致富。三是有利于稳增长、促改革、调结构、惠民生，以退耕还林为契机调整产业结构，推动地区经济发展转型。总而言之，退耕还林生态补偿是落实可持续发展的战略举措，是推进生态文明建设的重要实践，是关系到人民福祉、关乎民族未来的国家政策，对建设美丽中国具有重要意义。

（二）理论背景

1. 基于土地利用的生态补偿相关理论

森林破坏和退化的关键原因是全球人口增长带来的物质需求增长。在更深的层面上，是因为来自政策和市场价格的经济信号没有反映生态系统服务的真实价值，缺乏有效和公平地配置成本和利益的激励。私人的"得"与公共的"失"之间的不平衡贯穿于今天大部分的政策失误。

早在 18 世纪，一些古典经济学家就已经认识到自然为人类提供了服务和利益，马尔萨斯在《政治经济学原理》中把"土壤、矿产以及鱼类资源"看作自然资本（Malthus，1853）。由于自然资本提供服务的免费性质，最初对自然资本的认识仅停留在自然资本的使用价值上。直到 20 世纪 70 年代，也就是新古典经济学时代，西方社会逐渐开始意识到清洁空气、水和野生动物等的货币价值，Westman 称其为"自然的服务"（Westman，1977），Ehrlich（1981）称其为"生态系统服务功能"，并尝试说明核算自然带来的利益的重要性和难点，从而为是否开发自然资源提供社会公平的决策基础。随后的 20 世纪 90 年代，受到贝耶尔研究所（Beijer Institute）生物多样性项目研究的影响，学界开始了一系列关于生态系统服务的研究议题，其中 Costanza 等（1997）论述了全球范围内 17 种自然资本和生态系统服务在社会经济中的重要作用，被称为生态系统服务主流研究的里程碑。

随着生态系统服务的货币价值研究的进步，经济激励手段逐渐替代了传统的强制命令政策，激发了各国保护生态系统的实践和研究，使生态系统服务付费（Payment for Ecosystem Service，PES）的框架得以形成和推广。学者们主要从环境经济学和生态经济学的角度分别给出 PES 的定义。环境经济学试图以市场机制管理生态系统服务来定义 PES，强调保护生态的效率（Farley，2010）。具有代表性的是 Wunder（2005）给出的定义，他认为理想的 PES 是一种市场化的保护机制，需要满足五个条件：自愿交易行为；定义明确的生态系统服务；至少有一个服务购买者；至少有一个服务提供者；当且仅当服务提供者保证提供生态系统服务。不能同时满足以上 5 条标准的 PES 项目被称为类 PES 计划（Wunder，2007）。Engel（2008）认为，生态系统服务的外部性造成其管理不善，PES 可将具有正外部性的生态系统服务内部化，是对"科斯定理"的实践；生态系统服务的购买者可以是 ES 使用者的代表（如政府），他们的支付激励 ES 供给者的保护行为；在某些情况下，PES 可以视为对 ES 供给者的环境补贴，对 ES 使用的使用费。

大部分实际情况下，PES 不是一个真实的市场，交易的生态系统服务不明确，政府作为中间机构，按照提前设定好的价格，将 ES 从消费者手里调动到的资金分配给 ES 的供给者（Cobera 等，2007），存在着巨大的交易成本，难以实践"科斯定理"。生态经济学方法尝试给出更贴近现实状况的 PES 定义，强调保护生态的可持续性和公平分配。Muradian（2010）认为，现实中的 PES 存在复杂性，表现在：PES 缺乏运行良好的生态系统服务市场；要权衡公平和效率；作为多目标政策工具，具有社会嵌入性。因此，PES 的目标是建立一种自然资源管理激励机制，改变个体和集体的破坏行为，使自然资源配置中的个人决策和社会利益达成一致。由于生态系统服务市场的不完美以及存在社会嵌入性，不是所有的交易都是市场交易，也可以是协议支付或者公共补贴。Tacconi（2012）对比了环境经济学和生态经济学的研究方法重新定义了 PES，认为 PES 是对资源的环境服务提供者进行有条件的支付以提供额外的环境服务的一个透明系统，透明系统是指对所有的利益相关者提供及时的和可靠的信息。

基于土地利用变化的生态补偿向土地所有者或使用者提供直接的激励，让他们改变土地用途或者土地利用方式。根据土地利用方式转变的特点，基于土地利用变化的生态补偿大致分为三类。一是通过对土地所有者或使用者提供激励，尽可能地减少他们砍伐森林的行为，尽可能少地将土地由林业用途转变为其他用途。这主要发生在森林资源相对丰富的热带地区国家，如巴西国家森林专项基金、各国的 REDD 和 REDD+项目。二是通过补偿激励，激励农户减少农业用地的农药使用、减少土地耕种的频率，以减少土壤污染，为野生动物提供栖息地，如美国、英国和欧盟的土地休耕保护政策。三是通过补偿来激励农户把土地用途由农业生产转变为种植林木。例如，退耕还林，以及流域下游向上游土地所有者或使用者补偿，以激励其种植树木以实现水土保持。上述三类基于土地利用变化的生态补偿都是通过补偿激励人们改变当前对生态环境不够友好的土地利用方式，在补偿机制的设计过程中，需要充分考虑行为个体的经济利益损失、行为群体的感受和满意度、行为人所在地区的整体经济发展，从而实现私人与公共的共赢。

2. 经济福利相关理论

福利（Welfare）是一个古老而神圣的哲学概念，与其相类似的有幸福（Happiness）、效用（Utility）、福祉（Well-being）等。早在公元前，古希腊伟大的思想家亚里士多德就曾指出，幸福中包含快乐，幸福是人们的目的，是我们最好部分的德性。1789 年，英国经济学家边沁（J. Bentham）提出了效用的概念，将幸福变成一个可以度量的指标，认为人生的追求是让自己获得最多的效用。边沁的功利主义为福利经济学和效用理论奠定了哲学基础。19 世纪 70 年代，以杰文斯、瓦尔拉斯和门格尔为代表的经济学家开启了"边际革命"，主张用边际效用衡量物品的价值量，发现了边际效用递减规律。这种边际效用分析是建立在基数效用论基础上的分析，即效用是可衡量、可加总的。20 世纪 30 年代，希克斯和艾伦运用"无差异曲线"重新诠释了效用，认为效用不具备可加性和人际间可比性，只能通过等级进行比较。这种对效用的理解是对基数效用论的补充，解释了互补品和替代品的效用加总困难。

基于基数效用论和序数效用论，福利经济学演绎出了以庇古为代表的个人经济福利和以帕累托为代表的社会整体经济福利。20 世纪 20 年代，英国经济学家庇古在基数效用论的基础上，提出了"经济福利"的概念。庇古认为经济福利取决于收入和收入分配的平均程度，收入越多，收入分配越平均，经济福利越大。根据庇古的观点，福利包括两个层面，个人福利和社会福利，个人福利又包括经济福利和非经济福利，其中，经济福利是个人的效用或货币，非经济福利包括自由、家庭幸福、精神愉快、友谊和正义等，社会福利是个人福利的总和（黄有光，2005）。帕累托则利用序数效用论分析得到了社会整体的经济福利的最优状态，即帕累托最优，是指社会群体中某些人的福利增加不会使其他人福利减少的状态。20 世纪 50 年代，经济学家认识到，只采用序数效用论提供的效用信息进行社会排序是不可能的。阿罗不可能性定理指出，阿罗社会福利函数必须至少满足五个合理化的条件，但不存在同时满足这五个条件的社会选择机制。自此，对福利的度量又逐渐向基于基数效用论的方向回归。20 世纪 70 年代，美国经济学家伊斯特林发现财富的增加并未带来幸福感的增加，其著作《经济增长可以在多大程度上提高人们的快乐》中指出，一国内的富人比穷人更幸福，但穷国与富国的平均幸福程度差异不大，这一现象又被称为"伊斯特林悖论"。自此一大批经济学家尝试解释这一悖论，一类学者认为，幸福的影响因素不仅包括收入，还包括其他非经济因素，如健康、自由等。另一类学者则在杜森贝利"相对收入假说"的基础上，将相对收入纳入经济福利函数分析中，用贫富差距和攀比心理分析效用的变化。

经济福利分析是研究基于土地利用变化的生态补偿的重要组成部分，是现阶段分析参与主体利益、参与群体利益的重要工具。目前，关于生态补偿的研究主要集中在补偿前阶段的补偿标准和受偿意愿等方面，较少涉及补偿后阶段的经济效应（徐大伟和李斌，2015）和福利效应。关于生态补偿的经济福利效应的研究，一是从微观视角研究生态补偿对参与者生计等方面的影响；二是从宏观视角研究生态补偿对区域经济的影响。在宏观和微观层面之外，中观层面也是不可忽视的分析视角，以达到承上启下的中介作用。因此，本书在不同的规模尺度下研究基于土地利用变化的生态补偿的补偿后阶段的经济福利效应，以期加强和拓展当前的生态补偿研究，为生态补偿实践提供政策依据。

二、问题的提出

（一）基于土地利用变化的生态补偿的效率与公平之争

生态补偿主要有两大思潮：一是遵循以 Wunder 为代表的效率逻辑，以生态效益为本，通过引入市场机制实现有效保护环境的目的。和传统的命令与控制政策相比，市场化的方式更具有效率。生态补偿的效率目标，是如何用更少的成本获取相同的生态效果（Ferraro 和 Simpson，2002）。这种对项目的成本收益进行核算分析，是站在生态补偿的付/费方角度的效用最大化分析，通过比较经济成本和生态效益的货币价值做出是否开展生态补偿项目的决策。已有研究通过设计歧视性补偿（Discrimative Payment）（Chen 等，2010）、竞价投标机制（Competitive Bidding）

（Claassen 等，2008）、降低监督成本和交易成本（Peterson 等，2014）等方式实现生态补偿的成本有效性。二是遵循以 Muradian 为代表的公平逻辑，以人为本，通过生态保护提升人的福利，认为生态补偿的最终目的是提升人的生活质量。如果生态补偿项目中穷人的参与程度高，则对改变穷人福利是有利的，相反，如果生态补偿对参与权利的限制不利于穷人参与，如穷人的人力资本和物质资本未达到参与标准，那么该生态补偿项目则不利于改善贫困人口生计和促进农村发展（Pagiola 等，2005）。生态补偿的效率原则和公平原则是对立统一的关系，一方面通过生态补偿获取生态效益可以提升全社会的福利；另一方面通过生态补偿提升参与者的福利反过来促进人们参与生态补偿的积极性。

生态补偿的公平和效率之争，本质上对应于两种不同类型的生态补偿，即使用者付费（User Financed）的和政府主导的（Government Financed）。首先，两种类型的生态补偿的适用前提条件不同。使用者付费的生态补偿具有明确的生态效益供给者、受益者以及所需的生态效益，在产权制度明晰的情况下将外部性内部化。而政府主导的生态补偿，更多针对的是具有纯公共物品性质的生态效益。我国实施的生态补偿以政府主导的为主，这主要是因为资源的外部性产权不明晰。其次，两种类型的生态补偿的瞄准效率不同。由受益者直接向供给者付费的制度安排贴近于市场化的形式，付费方具有明确特定的生态效益需求，可以有效甄别符合要求的供给者，通过谈判制定有效率的约定，充分激发其保护环境的内在动机。这种付费方有灵活选择权的制度特点直接导致其在选择供给者时，更倾向于选择拥有大面积土地的、易于沟通和理解力强的精英群体，从而减少其交易成本，因此更具效率（Blackman 和 Woodward）。在政府主导的生态补偿中，政府不是生态效益的直接使用者，信息不对称导致政府在甄别供给者和制定成本有效的合同以及监督执行方面都做的不如私人好，为了降低交易成本往往采取"一刀切"的补偿方式，往往导致对部分人或部分地区的过度激励，抑或对部分人或部分地区的无效激励。

尽管如此，政府主导的生态补偿也具备不可替代的优势。首先，在政府主导下，使得穷人加入项目成为可能，对改善个人和地区贫困都具有重要意义，有利于实现经济和生态的双重目标。其次，政府主导的生态补偿可以做大规模，具有提供大规模生态效益的可能性。在参与者众多的生态补偿项目中，交易成本是不可忽视的重要组成，包括谈判、监督、供给者甄别等方面的成本。政府主导可以将这些交易成本分摊到众多参与者身上。这种交易成本的规模经济效应有利于开展大规模、大范围的项目。

对于退耕还林而言，有相当一部分政策执行地属于经济欠发达地区，参与者多为贫困山区农户，意味着这些地区面临经济发展与环境保护的双重压力。一方面，已有研究围绕退耕还林的效率问题展开研究，如成本有效性（徐晋涛等，2004；Uchida，2005）、补偿效率（李云驹等，2011）、契约效率（李国平和张文彬，2014）等问题；另一方面，学者们逐渐意识到以公平为导向的研究对提高参与积极性、改善福利和提高资金使用效率都具有重要意义，围绕退耕还林的农户利益（郭晓鸣等，2005）、农户生计（Liang 等，2012；Li 等，2016）、农户福利和福祉（Wang 等，2017）展开研究。因此，在推行退耕还林的同时，应当考虑生态保护和反贫困目标的兼容和结合，促进这些地区摆脱贫困、落后的困境，提升原有的生活水平和质量，而不是因为这一机制的实施而走向贫困。退耕还林参与者的福利得到改善，退耕还林地区的经济得以发展，这样的生态治理和保护才可能更加长久有效，并获得农户的理解和支持。

（二）政府主导的生态补偿的经济福利效应作用机理

和使用者付费的生态补偿瞄准项目实施的效率目标不同，政府主导的生态补偿兼具公平和效率的双重目标，项目实施的规模和范围更大。这就决定了政府主导的生态补偿会对微观个体、参与群体和地区整体带来一系列经济福利结果。

对于微观个体而言，生态补偿主要有四种影响参与者经济福利的作用途径。一是生态补偿金与原本该土地的产出收益的差异。理论上，生态补偿金额至少应该等同于原土地产出收益，以充分弥补土地的机会成本。二是土地利用变化改变了参与者的生计策略，进而改变了参与者的收入结构。参与生态补偿后，参与者的农业收益被林业及林下经济收益所取代。改变土地利用方式后的土地收益影响着参与者的收入水平。三是环境友好型土地利用方式解放了原本附着在农业之上的劳动力，增加了剩余劳动力向非农产业转移的机会以及外出务工的劳动力非农工作的时间。四是环境友好型土地利用方式提供了更多的生态效益，可能对参与者的生活带来裨益或困扰，进而影响参与者的经济福利。

对于参与群体而言，生态补偿的经济福利效应主要源自参与状态、非参与状态下的收入比较。社会学家 S. Stouffer 的相对剥夺（Relative Deprivation，RD）理论认为，人们关注自己的收入和他人收入的差异程度，如果自己的收入增加，但增加后的收入与他人的收入差距较大，此时自己产生剥夺感，使得收入增加并未带来相应的幸福感。经济学家 James S. Duesenberry 的相对收入理论认为，福利不仅取决于个人的绝对收入水平，还取决于相对收入水平，这不是同全国平均收入水平相比较，而是同自己心理上与之联系的那批人的收入水平相比较。Clarks（2008）将相对收入的测度划分为两类，一是与其他人进行比较的社会性比较（social comparison），二是与自己过去进行比较的习惯性比较（habituation）。由此可见，生态补偿参与群体的经济福利效应取决于参与群体与非参与群体收入的比较，以及参与群体现在收入水平与其过去收入水平的比较。

对于实施生态补偿的地区而言，生态补偿主要从两方面影响地区的经济福利。一方面，政府主导的国家范围内的生态补偿，其项目实施资金来自中央财政，地方政府作为一个封闭体，相当于获取了一笔用于地方发展的外源性资金汇入，即生态补偿项目资金是区域经济增长中资本要素的组成部分，将促进地方经济增长；另一方面，生态补偿过程将提供大量生态效益，改善该地区生态环境和质量。经济增长的主要投入是资本和劳动，而在当今自然资本相对稀缺的社会，自然资本已成为制约经济发展的要素投入。

（三）退耕还林生态补偿的经济福利效应

1. 退耕还林生态补偿对农户福利的影响

退耕还林生态补偿改变了贫困农民毁林开荒、广种薄收的生产方式，旨在形成地区生态改善、农民脱贫致富和地区经济发展的良性循环。然而，目前我国退耕还林工程顺利展开还存在很多问题，其中反映最强烈的问题是退耕补偿激励不足（张坤等，2016）和补偿激励不公。

补偿激励不足是指补偿标准难以弥补农户损失或缺乏吸引力。在退耕还林初期，退耕补偿对农户具有强烈的吸引力，存在宜耕地"被退"现象（杨子生等，2011）。随着经济发展和物价上涨，退耕补偿难以弥补农户损失，易形成毁林复耕问题（陶然等，2004；万海远和李超，2013）。在当前农产品价格上涨、消费市场物价上涨的经济环境下，补偿标准对农户的吸引力不强，导致农户参与性不强，退耕任务难以落实（谢晨等，2016）。

补偿激励不公体现在农户对补偿标准及其造成结果的满意程度较低。均一型补偿标准忽略了农户参与生态建设机会成本的社会异质性和区域差异，往往导致某些农户过度补偿，另一些农户欠补偿甚至踩空现象（赵雪雁，2012）。补偿激励不足和不公直接影响了农民参与的积极性、生态补偿的公平性和补偿资金投入的有效性（冯琳等，2013）。

2. 退耕还林生态补偿对地区经济的影响

生态补偿是为了实现对生态系统服务的保护和可持续利用而实施的一种以经济手段调节利益相关者关系的制度安排（李文华等，2007）。根据补偿金的支付主体不同，可分为政府主导的生态补偿和市场主导的生态补偿（Wunder，2007）。我国开展的大多数实践是以政府为主导的生态补偿（Bennett，2009）。以政府为主的生态补偿实践，通常是国家向生态系统服务的提供者提供补偿资金，以弥补他们的经济损失，激励他们从事生态友好的生产生活活动。从宏观视角看，政府出资进行生态建设也可以看作是政府调控经济的重要手段，目的是改善民生、转变经济发展方式和改善地区投资经营环境，最终实现经济增长和经济发展。

退耕还林是我国生态补偿制度的重要实践，从宏观经济角度可以看作是我国扩张性财政政策的重要组成部分，是拉动国民经济增长的有效措施之一（杨旭东等，2002），这可以从退耕还林工程启动和暂停的时间与同时期国家经济形势之间的同步程度得到印证。1999 年首次启动退耕还林工程时，我国经济正在遭受亚洲金融危机带来的猛烈冲击，出现了物价水平下跌、市场需求不足的现象（宏观经济研究院宏观经济形势分析课题组，2000）。退耕还林通过减少粮食种植面积和提供钱粮补助，可以解决粮食过剩问题、提高农民收入以及活跃农村市场（陶然等，2004）。2007 年国家全面暂停新增退耕还林任务，舆论认为此番政策调整是在考虑守住 18 亿亩红线和巩固退耕还林成果后作出的决定（李明思，2007），本书认为这也有可能与当时国家经济发展大背景有一定的关系。当时我国经济正处于高速增长时期，尤其是 2007 年第二季度以来经济增长明显地由偏快转向过热（陈佳贵等，2008），从某种程度上讲，暂停退耕还林可能有利于给经济"降温"。2014 年，国家重启新一轮退耕还林工程以及 2016 年决定扩大退耕还林还草规模，同时期我国经历了全球经济危机和经济调整，国民生产总值增速连续回落，经济处于新常态时期。2015 年，《关于扩大新一轮退耕还林还草规模的通知》（财农〔2015〕258 号）中明确指出，退耕还林工程有助于改善生态环境、解放农村劳动力和实现农民增收，最终推动产业结构升级和经济增长。可见，退耕还林生态补偿的启动与刺激经济复苏之间联系紧密，在我国经济增长寻求突破的时期启动退耕还林工程，有助于刺激经济增长；反之，在经济有过热趋势之时暂停退耕还林工程，有利于稳定经济波动。

通过对生态补偿的双重目标和生态补偿的经济福利效应的分析，可以总结出本书的研究问题为：基于土地用途变化的生态补偿如何影响参与者个体、参与群体以及参与地区的经济福利，实现生态补偿中生态效益和经济效益的双重目标，提高个体参与积极性、生态补偿的公平性和补偿资金投入的有效性。以退耕还林生态补偿为例，具体来说，就是要明晰退耕还林微观个体聚集在一起形成群体性影响和区域性影响的过程，包括三方面的内容：一是从微观个体出发，研究退耕还林补偿与农户损益的关系，使确定的补偿标准既要弥补农户因参与退耕还林造成的经济损失，又要充分考虑农户的接受意愿；二是从中观结构（即微观个体构成的群体）出发，研究退耕还林生态补偿对退耕还林农户群体的经济福利的影响，提升民众对退耕还林的补偿水平、退耕后的收入水平以及生活质量等方面的整体满意度；三是从区域整体出发，研究退耕还林与地区经济增长的关系，实现经济结构转型和经济发展的终极目标。

第二节　研究对象的界定

一、生态补偿和基于土地利用变化的生态补偿

（一）生态补偿

国内外学者在理解生态补偿的内涵和外延上各有侧重，经历了范围由窄到宽、内容由简到繁的过程。实际上，生态系统服务付费（Payment for Ecosystem Service，PES）源自哥斯达黎加 PSA 项目，是将 PSA 项目翻译为英文中的 PES（Derissen 和 Latacz-Lohmann，2013）。早期主流的概念是 Wunder（2005）的定义，他认为 PES 应满足的五个条件：自愿交易；定义明确的生态系统服务；至少有一个服务购买方；至少有一个服务提

供方；当且仅当服务提供方保证提供生态系统服务。PES 是使用者付费和有目标、有条件的补贴的集合。这是一个相对理想化的狭义定义，实践中的 PES 项目难以完全满足这五个条件。

随后，引发了诸多学者对 PES 概念的讨论。有学者认为，Wunder 的定义是使用者付费的 PES，而政府付费的 PES 适用于具有公共物品特征的生态系统服务（Engel 等，2008；Farley 和 Costanza，2010）。诸多学者对 PES 的定义可分为环境经济学派和生态经济学派的观点。环境经济学派的定义侧重强调 PES 的额外性。Tacconi（2012）隐去了生态系统服务的供给方，增加了 PES 的环境额外性和透明系统，认为 PES 是通过对自愿供给方的有条件的支付来实现环境服务额外供给的透明系统。与此类似，Sommerville 等（2009）也将额外性作为定义的原则，认为 PES 是对有条件的服务供给的支付，是正向环境激励。另外，生态经济学派的定义则趋于拓展 PES 的外延。Karsenty（2011）认为，Wunder 的定义是市场形式的术语，而诸如水质和碳汇能力的环境服务不适合交易，PES 是一方向另一方提供服务的行动进行支付，这种行动是利益相关方事前约定好的保护、修复和增加环境服务的行动。Muradian（2010）认为，PES 是社会部门间的资源转移，其目的是创造激励使自然资源管理过程中的个人的土地决策与社会利益一致。虽然该定义是继 Wunder 市场化定义之后最有名的 PES 定义，将 ICDPs、生态认证、补贴、免征税、联合投资和共同管理协议（如奖励和补偿）以及碳排放交易都纳入 PES 的范畴内，但该定义也受到了 Wunder（2015）的质疑。Wunder（2015）认为，该定义虽然将各类激励性环境政策纳入了 PES 范畴，却比其他定义更狭义地强调 PES 的福利影响，社会利益不仅没有指明明确的地域范围，况且不是所有的环境服务都是纯公共物品，具有非纯公共物品属性的环境服务与社会利益没有直接联系，福利改进应当是 PES 所希望实现的，不是定义性的特征。在诸多学者对 PES 的理解基础上，Wunder（2015）重新修订了 Wunder（2005）的定义：在自然资源管理约定规则下，服务的使用者与服务的提供者之间的自愿交易。可见，国外生态系统服务付费的含义重点在机制设计上，探讨 PES 的范畴和特征。

我国学者对生态补偿的理解也各有不同。20 世纪 90 年代，生态补偿思路是在我国生态环境破坏造成巨大损失的大背景下形成的。国家生态环境部副部长曾指出，传统的经济发展模式忽略了自然资源的价值，导致生态破坏所带来的外部不经济被转嫁给社会，通过征收生态环境补偿费可以把生态破坏的外部不经济转化为企业内部的不经济性，促使其加强对生态环境的保护（庄国泰等，1995）。随后，生态补偿的范畴由生态破坏的负外部性拓展到生态保护行为的正外部性，毛显强等（2002）认为，生态补偿不仅是解决环境负外部性的手段，也是对保护资源环境的行为进行补偿，提高该行为的收益，从而激励保护行为的主体增加其行为带来的外部经济性，达到保护资源的目的，生态补偿的三个根本问题是谁补偿、补偿多少以及如何补偿，其内容包括生态补偿费（税）、生态补偿保证金、财政补贴、信贷优惠、交易体系等。王金南等（2006）将生态补偿区分为广义和狭义，广义的生态补偿是包括将环境外部性内部化的经济手段以及与环境有关的区域协调发展政策，狭义的生态补偿是西方国家所指的生态系统服务付费。

与上述早期相对广泛和模糊的界定不同，近年来对生态补偿的理解逐渐细化和完善。2008 年修订的《环境科学大辞典》中，对生态补偿的理解区分了不同的保护行为（维护、修复或改善），明确了生态补偿是针对正外部性的，写道："为维护、恢复或改善生态系统服务功能，调整相关利益者的环境利益及其经济利益分配关系，以内化相关活动产生的外部成本为原则的一种具有激励性质的制度。"与此一致，2014 年汪劲在《国务院关于生态补偿机制建设工作情况的报告》中明确将生态损害赔偿与生态补偿区别开来，对生态补偿的内涵作如下阐释："所谓生态补偿，是指在综合考虑生态保护成本、发展机会成本和生态服务价值的基础上，采用行政、市场等方式，由生态保护受益者或生态损害加害者通过向生态保护者或因生态损害而受损者以支付金钱、物质或提供其他非物质利益等方式，弥补其成本支出以及其他相关损失的行为。而依据侵权责任法，所有因违法行为破坏生态环境，给国家造成重大损失或者侵害当事人合法权益，以及按照法律规定应当承担民事赔偿责任等的情形都不属于生态补偿活动的范畴。"2014 年，《习近平总书记系列重要讲话读本》提出"建立反映市场供求和资源稀缺程度、体现生态价值和代际补偿的资源有偿使用制度和生态补偿制度"。王娜娜等（2015）强调了生态补偿的补偿方式和补偿依据，认为生态补偿是通过现金、实物或非物质化的东西长期给予生态保护者在生态环境保护过程中额外付出的成本、发展机会损失的成本和环境保护行为的奖励。2015 年实施的《环境保护法》提出新的名词"生态保护补偿"，该定义则强调了政府在生态补偿中的主导地位，生态保护补偿是国家指导受益地区和生态保护地区人民政府通过协商或者按照市场规则进行生态保护补偿。2016 年国务院《关于健全生态保护补偿机制的意见》中进一步明确了生态保护补偿机制包括政府主导和市场交易的机制，且赋予生态补偿具有协调区域发展和扶贫的政策目标。2017 年党的十九大报告提出，"建立市场化、多元化的生态补偿机制"。可见，我国对生态补偿的理解逐步清晰和丰富起来，由最初的环境外部性内部化转变为单独的环境正外部性内部化，明确了补偿的方式和依据，再由单独强调政府主导到多种机制并存。和国外的 PES 概念相比，我国对生态补偿的理解弱化了生态效益的额外性目标，在政策上强化了区域发展和扶贫的目标。

结合国内外学者的研究，将本书研究的生态补偿界定为：以提供生态效益或附加的改善民生和经济发展为核心目标，综合考虑提供生态效益的经济租金、参与主体的经济福利变化以及生态效益的价值，运用政府主导或市场主导等手段，向生态效益的供给方提供现金、实物等方式的激励制度。

（二）基于土地利用变化的生态补偿

土地利用（Land Use）是生态环境和经济社会研究中的术语。根据联合国政府间气候变化专门委员会（Intergovernmental Pannel on Climate Change，IPCC）的定义，土地利用涉及对自然环境或荒野的管理和改造，使之成为人居环境和半自然栖息地，如耕地、牧场和管理森林，是人们在某种土地覆盖类型中进行的安排、活动和投入的总和[①]。根据 2017 年国土部修订的《土地利用现状分类》（GB/T 21010—2017）规定，土地利用类型包括耕地、园地、林地、草地、商服用地、工矿仓储用地、住宅用地、公共管理与公共服务用地、特殊用地、交通运输用地、水域及水利设施用地、其他用地等 12 个一级类、72 个二级类[②]。和土地利用含义类似的另一个术语叫作土地覆盖（Land Cover），是地理研究中的术语。土地覆盖是指陆地表面发现的各种物质和生物物质，包括天然或人工种植的植被、人类的建设用地、湖泊、冰川、裸岩和沙地等（A Di Gregorio，2005）。随着遥感技术的发展，国际上已建立起数个全球土地覆盖数据集，出于不同的开发目的，各个数据集建立的土地覆盖分类体系有所不同。例如，美国地质调查局为国际地圈—生物圈计划建立的全球土地覆盖数据集将土地覆盖分为 17 类，美国马里兰大学地理系土地覆盖数据库将土地覆盖分为 13 类，欧盟联系研究中心空间技术研究所开发的全球土地覆盖数据库将土地覆盖分为 24 类，中国科学院地理科学与资源研究所制作的土地覆盖数据集将土地覆盖分为 25 类[③]。左大康（1990）在《现代地理学词典》中指出，土地覆盖是针对土地分类的改变，侧重于

---

① IPCC Special Report on Land Use，Land-Use Change And Forestry，2.2.1.1 Land Use. http：//www.grida.no/ climate/ipcc/land_use/045.htm.

② 中华人民共和国自然资源部网站，http：//www.mlr.gov.cn/xwdt/jrxw/201711/t20171103_1670738. htm。

③ 25 类土地覆盖类型包括水田、旱地、有林地、灌木林、疏林地、其他林地、高覆盖度草地、中覆盖度草地、低覆盖度草地、河渠、湖泊、水库坑塘、永久性冰川雪地、滩涂、滩地、城镇用地、农村居民点、其他建设用地、沙地、戈壁、盐碱地、沼泽地、裸土地、裸岩石砾地和其他。

描述土地的自然属性，而土地利用侧重于描述土地的社会属性，是人类对土地的经营管理和治理改造活动。通过梳理可知，土地利用影响着土地覆盖，土地利用是生态系统分布和运转的主要驱动力，也是提供生态系统服务的主要驱动力，本书研究的是人类对土地的管理方式，研究的起点为土地利用。

土地利用变化（Land Use Change），顾名思义是人类利用和管理土地的方式发生了变化，使得土地利用（或土地覆盖）类型发生变化。广义上讲，土地利用变化是人类活动改变自然景观的过程，通常强调的是土地在经济活动中的功能作用，土地利用变化往往是非线性的，土地利用变化造成的生态脆弱可能会对人们的生活条件造成压力，威胁人类的生存（B. Paul 和 H. Rashid，2017）。有研究表明，近几十年来，全球农田、牧场、种植园和城市都在扩张，能源、水和肥料的消耗大幅增加，生物多样性也大幅减少，土地利用的这种变化使人类越来越多地占用地球上的资源，但也破坏了生态系统维持粮食生产、维持淡水和森林资源、调节气候和空气质量的能力（Foley J 等，2005）。狭义上看，土地利用变化特指与林木有关的土地利用。2000 年，联合国气候变化秘书处提出了土地利用、土地利用变化和森林（Land Use，Land Use Change，and Forestry，LULUCF）的理念，指人类活动通过土地利用、土地利用变化和林业活动影响大气中和陆地上的二氧化碳累计速度，改变陆地生物圈系统和大气之间的碳循环，通过 LULUCF 的活动有助于清除大气中的温室气体，或通过陆地上的碳储量积累减少温室气体的排放，从而缓解全球气候变化[①]。结合本书的研究内容，将土地利用变化界定为人类活动造成的土地利用方式的变化，且这种变化减少了土地所提供的生态效益。

基于土地利用变化的生态补偿，是将生态补偿与土地利用变化相结

---

① 联合国气候变化网站，https://unfccc.int/topics/land-use/workstreams/land-use--land-use-change-and-forestry-lulucf。

合的一个概念。一方面，根据生态补偿的对象和载体不同，生态补偿有很多种类型，例如基于土地、空气、水等，基于土地利用变化的生态补偿，其对象是土地；另一方面，土地利用变化是人类活动改变自然景观的过程，这种改变往往对生态环境造成负面影响，而基于土地利用变化的生态补偿是要对人类放弃土地利用变化的行为进行补偿。结合上述两方面的理解，以及本书对生态补偿的界定，本书对基于土地利用变化的生态补偿界定为：以提供生态效益或附加的改善民生和经济发展为核心目标，以土地作为生态补偿的载体，综合考虑提供生态效益的经济租金、参与主体的经济福利变化以及生态效益的价值，运用政府主导或市场主导等手段，向土地使用者提供现金、实物等方式，激励其采取生态友好的土地利用方式。

二、经济福利和经济福利效应

（一）经济福利

福利是福利经济学中的重要概念，同时也是很难被定义的一般概念（General Concept）。随着福利经济学的发展，福利随之有了不同的含义。以庇古为代表的学者认为，经济福利是可以用货币度量的福利，是以货币为自变量的效用函数，且全社会的经济福利是个人经济福利的加总。新福利经济学派的萨缪尔森（Samuelson，1981）指出，经济福利是指个人或群体的富裕程度和生活水平，在经济学领域，它具体指通过实现物质产品和服务而获得的效用，换句话说，它指的是可以通过经济活动而实现的那部分社会福利。新旧福利经济学在对经济福利的认识上，既有区别又有共性。二者都以效用函数度量经济福利，其区别在于效用函数的自变量选取不同，前者是货币，后者是消费的产品、数量等为自变量的多元函数。

以效用函数作为起点，20 世纪 70 年代以来的研究进一步从两方面丰富了对经济福利的理解。一方面，经济福利中衍生出了自我报告的

（Self-rated）或主观的（Sub Jective）经济福利，强调主观的满意度。主观经济福利试图通过人们回答的主观问题获得其对获取待稀缺商品的欲望的满足程度。有学者对主观经济福利的测度以收入为核心，例如将人们对其收入的满意度进行分级，让人们在"非常不好""不好""不错""好""非常好"中间进行选择（Van Praag，1971）。也有学者研究了收入之外的其他因素。Ravallion（2002）以俄罗斯为例的研究表明，收入水平是高度显著的因素，除此之外还包括健康、教育、就业、相对收入等因素。主观经济福利与客观经济福利是对立存在的两个概念，Oswald（2010）研究表明，主观福祉和客观福祉之间存在现行关系，用主观度量和客观度量都是合理的。另一方面，经济福利的研究涉及人和经济体两个方面。根据 Roefie Hueting（2011）的观点，经济福利在微观上是一种个人经历，即满意度，在宏观上取决于经济增长、就业、收入分配、劳动条件、闲暇时间、生产以及环境功能等因素。Tejvan Pettinger（2017）[①] 认为，经济福利于个人而言是生活水平和生活品质的状况，于经济体而言是经济繁荣的程度，用个人收入度量个人经济福利，用国内生产总值或国民收入度量经济体的经济福利，且影响个人经济福利的因素不仅包括收入，还包括影响人们生活水平的其他因素，包括生活费用、居住成本、实际收入、工作满意度、就业前景、教育、预期寿命、快乐水平、环境和空气污染和闲暇时间共 9 类因素。也有学者用多指标构造指数来度量经济体的经济福利，如联合国开发计划署的人类发展指数（HDI）、托宾和诺德豪斯的经济福利度量（MEW）、萨缪尔森的净福利度量（NEW）。可见，当前对经济福利的理解既考虑了庇古指出的收入这一核心要素，也考虑了萨缪尔森指出的多重因素。在众多因素中，既包括社会类因素，如健康、预期寿命、环境功能等，也包括经济类因素，如相对收入、收入分配、就业等。

---

① https://www.economicshelp.org/blog/1041/economics/economic-welfare/.

因此，在庇古和萨缪尔森对经济福利的定义基础上，结合当前研究对经济福利的理解，从基于土地利用的生态补偿视角出发，本书将经济福利界定为：于个人而言是综合考虑收入、产出和其他社会经济因素（如：相对收入和相对剥夺因素）的效用水平，于经济体而言是经济繁荣程度，用国内生产总值或国民收入来度量。

（二）经济福利效应

效应（Effect），是指由某种变动或原因造成的因果现象，多用于描述一种自然现象和社会现象。经济福利效应，是指一项社会经济活动对经济福利带来的变化和影响，即该项社会经济活动究竟是增加经济福利，还是降低经济福利。

结合本书对经济福利的定义，将经济福利效应划分为个人的经济福利效应和经济体的经济福利效应。个人的经济福利效应指由于某项社会经济活动对个人效用水平带来的变化和影响。经济体的经济福利效应指由于某项社会经济活动对经济体的收入，即国民收入或国民生产总值带来的变化和影响。

三、基于土地利用变化的生态补偿的经济福利效应

基于土地利用变化的生态补偿通过改变土地收益、生产生活方式等途径对农户收入带来变化和影响。一方面，生态补偿之前土地以种植农作物为主，其收入由农业产出构成。生态补偿之后土地以种植林木为主，其收入由林业产出和退耕还林补偿构成。生态补偿前后的土地收益构成发生变化，收入水平也将发生变化。另一方面，生态补偿前后生产方式发生变化，导致生产所需劳动力有所差异，显然林业生产所需的劳动量与农业生产所需劳动量不同，林业生产所需劳动量相对较少。富余劳动力有更多的选择机会从事其他方面的生产活动。

基于土地利用变化的生态补偿为当地带来了生态效益，这些生态效益会间接地影响农户的经济状况。如自然灾害减少有助于提升农户居住

环境和居住安全，为保护农户的生命财产安全做出贡献，抑或是林木生长茂盛导致林缘农地产量下降。可见，土地利用变化的生态补偿使参与农户的收入和财富水平发生变化，进而产生了个人的经济福利效应。

基于土地利用变化的生态补偿对个人收入带来变化和影响，也会导致参与农户群体与其他群体之间在相对收入上产生差异。根据福利经济理论，相对收入是效用函数的重要变量，群体之间的收入比较变化，造成了效用变化，进而产生了群体的经济福利效应。

在宏观层面上，中央政府向地方的生态补偿资金投入，为区域绿色增长注入了新的资本，通过政府投资和政府购买的形式，经过投资的乘数效应改变了区域经济的增长路径。生态补偿对地区生产总值的变化和影响形成了区域的经济福利效应。

结合前文对基于土地利用变化的生态补偿和经济福利效应进行定义，本书对基于土地利用变化的生态补偿的经济福利效应定义如下：基于土地利用变化的生态补偿在农户层面上造成的收入变化和影响、效用变化和影响，以及在区域层面上对地区生产总值带来的变化和影响，统称为基于土地利用变化的生态补偿的经济福利效应。

第三节　研究目的与意义

一、研究目的

根据前文的分析，本书研究的落脚点是基于土地用途变化的生态补偿中的经济福利效应，研究目标旨在通过理论分析和以退耕还林为例的实证研究，建立生态补偿经济福利由微观个体到宏观总体的分析体系，揭示退耕还林补偿的经济福利效应，为我国退耕还林生态补偿提供理论借鉴与政策建议。

具体来说，本书的研究目标有两个：一是运用福利经济、经济增长的理论和分析方法建立基于土地用途变化的生态补偿的包括微观个体、由微观个体构成的中观群体以及区域整体在内的三个不同层次的经济福利效应的系统分析构架，通过这个"微观—中观—宏观"理论框架解释基于土地用途变化的生态补偿的经济福利效应；二是以我国 1999 年和 2012 年两轮退耕还林实践为案例，应用上述分析框架考察我国退耕还林对农户个体、农户群体以及退耕地区的经济福利造成的影响，根据理论分析和实证研究的结论，提出完善我国退耕还林生态补偿的理论思路和政策建议。

二、研究意义

（一）理论意义

本书立足于福利经济和经济增长理论，建立基于土地利用变化的生态补偿经济福利效应系统分析框架，在多维视角下对退耕还林的经济福利效应进行研究，具有理论意义。具体来讲，一方面，有利于完善我国生态补偿的理论研究，现阶段我国对生态补偿理论的研究更多地聚焦于补偿依据和补偿标准等事前研究，对生态补偿事后效果的评价停留在生态效益和经济效益的整体评估上，缺乏政府主导下具有双重目标的生态补偿的经济福利效果方面的研究。本书根据两轮退耕还林政策规定的补偿标准和政策目标，从微观个体、中观群体和区域整体三个维度上对退耕还林生态补偿的经济福利效应进行理论分析和实证分析，有利于拓展我国生态补偿的研究理论，特别是生态补偿经济福利效应的研究进展。另一方面，兼顾生态和经济双重目标的退耕还林生态补偿需要考察生态补偿的经济效果，福利理论和增长理论为生态补偿的经济福利效应评价提供了理论指导，但已有研究只利用福利理论分析退耕还林农户的经济福利，且仅停留在微观层面上，缺乏更系统、更深入的研究。本书将福利理论和增长理论同时引入退耕还林的经济福利效应研究中，有利于建立完成的经济福利效应分析体系，推动福利理论和增长理论在生态补偿研究中的应用和发展。

（二）现实意义

政府主导的生态补偿在现阶段和未来很长一段时间内依然是我国生态补偿的重要形式，实现生态修复之外的经济目标也是党的十八大"稳增长、促改革、调结构、惠民生"政策的有效措施和必然要求。具体到退耕还林生态补偿，其政策目标明确指出，除修复生态之外，还内嵌了改善农户收入和促进地方经济发展的重要意义。因此，本书在退耕农户和经济增长的视角下的研究，对实现"惠民生"和"稳增长"具有现实意义。具体来说，一方面，通过对退耕农户和退耕农户群体的经济福利效应研究，得到建立多元化退耕还林补偿标准的路径及退耕还林的工作重点，有利于完善退耕还林生态补偿制度设计，保护农户的经济利益，提高农户参与积极性、体现补偿标准的公平性、提高生态补偿资金的使用效率以及建立生态补偿长效机制，有利于实现退耕还林的"惠民生"政策目标；另一方面，退耕还林具有稳增长的政策目标，作为宏观经济调控工具，生态补偿与经济增长的数量关系研究不足，这影响了退耕还林实现政策目标的有效性，本书通过经济增长理论、RCK 模型、构建面板回归和分位数回归模型，研究了生态补偿影响区域经济增长的作用方式和实际效果，为实现退耕还林"稳增长"目标提供理论支持和实证经验。

第四节 研究思路与方法

一、研究思路

本书紧密围绕"基于土地利用变化的生态补偿的经济福利效应"这一主线，遵循"提出问题—梳理文献—理论研究—实证分析—政策建议"的总体思路，采用福利经济学效用理论和宏观经济增长理论对基于土地利用变化的生态补偿的经济福利效应开展研究。具体研究思路如下：

第一，通过对基于土地利用变化的生态补偿的现实背景和理论背景的介绍，结合我国开展退耕还林的实际情况，提出研究问题；

第二，通过对国内外生态补偿研究现状、经济福利研究现状以及生态补偿的经济福利研究的文献梳理，找出基于土地利用变化的生态补偿和退耕还林生态补偿的研究不足，结合经济福利相关理论提出研究切入点；

第三，在文献梳理的基础上，采用效用理论和增长理论构建基于土地利用变化的生态补偿的经济福利效应的理论模型，对生态补偿的经济福利效应进行理论分析；

第四，根据理论分析框架，采用数值模拟方法、实地调研分析法、统计分析法和经济计量分析法对退耕还林的经济福利效应进行实证分析；

第五，归纳全文的主要结论和政策建议、可能的创新点以及未来研究展望。

二、研究方法

第一，个量、中观和总量分析方法。个量分析方法以单个经济主体的经济行为作为考察对象，排除掉一些复杂的外在因素，突出个体的现状和特征，研究个体的经济行为以及这些行为与价格之间的关系。总量分析法把多个经济主体作为一个运行的整体，研究与整个国民经济活动有关的经济总量的决定和变动。在个量分析和总量分析之外，还存在着许多不能被系统认识的经济现象，这需要在个量和总量间建立一种联系，即中观分析方法。中观分析方法的研究对象是由微观个体构成的具有共性的群体，即中观结构，研究中观结构的运行特征和变化规律。这种"个量、中观、总量三位一体"的经济学分析方法将平面研究拓展到立体研究，形成了完整的经济系统分析。本书采取三位一体的经济学分析方法，研究基于土地利用变化的生态补偿的经济福利效应。具体来说，首先，以生态补偿参与个体为研究对象，分析生态补偿的补偿金额和生态效益如何影响个体参与生态补偿的行为选择及经济福利；其次，以参与生态补偿的个体构成的群体为研究对象，分析生态补偿参与群体与非参与群体的利益差异如何影响生态补偿参与群体的经济福利；最后，以实施生态补偿的地区总体为研究对象，分析生态补偿项目资金投入如何影响地区整体的经济福利。

第二，规范分析方法和实证分析方法。规范分析方法基于一定的价值判断，在树立经济理论的前提下，提出分析处理某经济问题的标准，通常是制定相关经济政策的依据，用以评判某种经济行为或政策手段的优劣好坏。实证分析以数据为主，对"规范"进行分析。一方面，本书采用规范分析研究基于土地利用变化的生态补偿的经济福利效应，首先，将实物期权理论引入农户收益测算中，建立收益不确定条件下成本收益等额补偿的转换边界，据此作为判断土地收益农户个体经济福利的损益评判标准；其次，将效用理论引入农户个体经济福利分析中，采用补偿性变化测度农户个体参与生态补偿后的经济福利变化，分析经济利益和生态效益变化对农户个体的经济福利的影响；再次，基于相对剥夺理论和相对收入理论，构建考虑比较因素的参与农户群体的经济福利函数，测度农户群体的福利及福利损失；最后，基于经济增长理论，将生态补偿项目资金投入经济运行系统，利用最大化全社会的福利水平，得到稳态经济增长率，考察生态补偿项目资金投入对稳态经济增长率的作用。另一方面，采用实证分析方法以退耕还林生态补偿为例，研究退耕还林的经济福利效应。首先，利用几何布朗运动模拟未来土地收益的可能走势，并与规范分析中的转换边界进行比较，分析退耕农户在不同补偿水平下的利益损益情况；其次，针对陕西退耕还林农户开展实地调研，采用条件价值评估法获取其受偿意愿，分析经济利益和生态效益对受偿意愿的作用；再次，利用县域统计数据计算退耕还林重点县的农户的收入比较状况、福利水平以及福利损失；最后，建立计量经济模型，通过面板分析和截面分析定量研究退耕还林项目资金投入对县域经济增长的影响。

第五节　技术路线与内容安排

本书的技术路线图如图1-1所示。

本书主要分为八章，具体内容如下：

第一章，绪论。

第二章，文献综述。首先，对基于土地利用的生态补偿的研究现状进行综述，主要涉及生态补偿的目标、要素与作用机理；其次，对经济福利研究进行梳理；再次，对基于土地利用变化的生态补偿的经济福利效应的研究现状进行总结；最后，提出本书的研究切入点。

第三章，基于土地利用变化的生态补偿的经济福利效应理论分析框架。第一，建立退耕还林农户个体经济福利的损益评判标准，关注点在于土地收益与生态补偿金额二者的大小关系对农户经济福利的影响，以及土地收益、劳动收益和生态补偿效益三者对农户经济福利的影响；第二，建立退耕还林农户群体的经济福利分析框架，关注点在于生态补偿

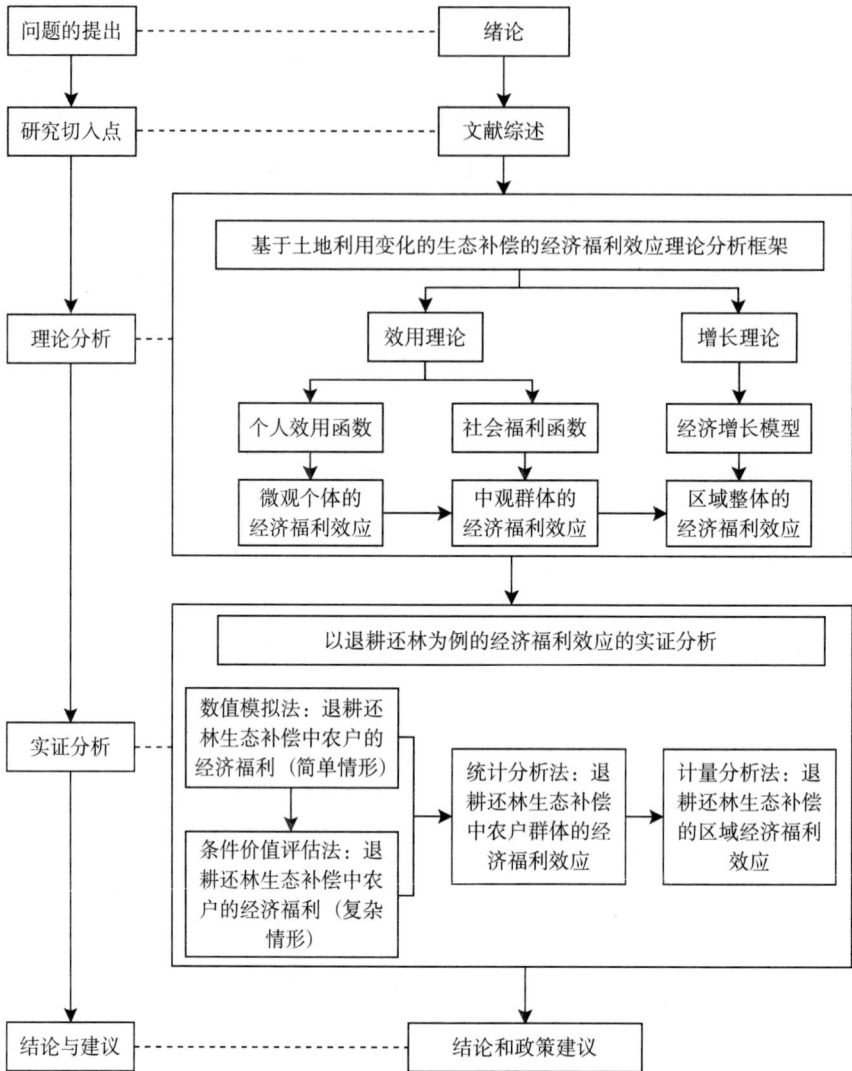

图 1-1　技术路线

参与群体的收入水平以及生态补偿参与群体与非参与群体的收入差异对经济福利的影响；第三，分析重点实施生态补偿的区域整体的经济福利效应，关注点在于生态补偿项目投入资金对地区经济增长的影响；第四，提出生态补偿的经济福利效应的理论分析框架。

第四章，土地机会成本对退耕农户经济福利的影响。本章从微观视角出发，在只考虑土地经济利益的情况下，分析退耕还林生态补偿金对农户个体的经济福利效应。第一，梳理各阶段退耕还林政策中补助标准的相关制度设计；第二，通过比较退耕还林地块的潜在净收益与退耕还林净收益，判断已参与退耕还林的农户经济福利的损益；第三，考察现阶段的退耕还林补助标准对我国南方地区和北方地区退耕农户的经济福利的影响；第四，根据研究结论提出完善退耕还林生态补偿补助制度的政策建议。

第五章，生态效益和经济租金对退耕农户经济福利的影响。本章从微观视角出发，在考虑土地经济利益的基础上，同时考虑劳动经济利益和生态效益，分析退耕还林生态补偿的经济利益变化和生态效益变化对农户个体的经济福利效应。首先，分析由退耕还林造成的农户经济利益变化和生态效益变化，结合第二章的文献综述和第三章的理论分析，提出三个研究假说；其次，以陕西7个镇25个行政村的875位退耕还林农户为研究样本，实证检验经济利益和生态效益对农户经济福利的影响和上述三个研究假说；最后，提出增进退耕还林农户个体经济福利的政策建议。

第六章，比较因素对退耕农户群体的经济福利影响。本章从中观视角出发，分析比较因素造成的退耕农户群体的福利损失以及退耕后收入与满意度背离的内在机制。首先，分析影响农户群体的经济福利的比较因素构成，明确退耕农户群体的经济福利及福利损失分析的总体思路；其次，以陕西79个退耕还林县的农户群体为研究样本，实证分析退耕还林县农户群体的经济福利及福利损失；最后，提出增进退耕还林农户群体经济福利的政策建议。

第七章，生态效益和补偿资金对区域经济增长的影响。本章从区域视角出发，分析退耕还林的项目投入资金对退耕还林县域经济增长的影响。首先，梳理了退耕还林工程的实施起止与同时期经济发展大背景之间的关系，在此基础上构建出研究退耕还林项目投入对县域经济增长的影响的实证模型；其次，采用面板数据和截面数据实证分析退耕还林规模对县域经济增长的平均影响；最后，提出增进退耕还林县域经济福利的政策建议。

第八章，结论与展望。本章对全书进行总结，归纳全书创新之处，讨论全书的研究不足和未来可以继续研究的问题。

第一章

文献综述

本章对基于土地利用变化的生态补偿经济福利效应研究涉及的理论基础和相关研究的文献综述进行梳理，总结已有研究成果，寻找当前研究存在的不足，进而得到本研究的切入点。本章内容包括四节：第一节是理论基础，分别从生态补偿和生态补偿的经济福利效应两方面对现有理论进行梳理；第二节是生态补偿的研究现状，首先梳理生态补偿的含义和类型，其次介绍生态补偿的治理目标；第三节是基于土地利用变化的生态补偿经济福利效应研究综述，从农户个体、农户群体和区域整体三个方面进行综述；第四节是述评已有研究，提出本书研究的切入点。

第一节　理论基础

从事生态友好的生产活动会为社会带来生态效益，对这样的行为给予经济支持将激发人们保护生态的热情。一方面，生态效益是具有价值的自然资源，具有明显的公共物品属性和外部性特征，可见，对提供生态效益的主体进行补偿，必须以生态效益价值论、公共物品理论和外部性理论作为补偿的理论基础。另一方面，提供生态效益的主体因行为变化导致利益变化和经济福利变化，开展生态补偿的区域因生态效益产出和补偿资金投入导致经济增长变化，因此，生态补偿的经济福利效应研究的理论基础包括效用理论、经济福利理论和经济增长理论。

一、生态补偿的理论基础

（一）生态效益价值论

生态效益价值及价值变化是进行生态补偿的基础和前提条件。经济学上的价值建立在人类需求基础上，是对人类满意度或福利有贡献的价值。早在19世纪，一些古典经济学家就已经认识到自然为人类提供了服务和利益，最初对自然资本的认识仅停留在自然资本的产品价值上。马尔萨斯在《政治经济学原理》中把"土壤、矿产以及鱼类资源"看作自然资本（Malthus，1853）。20世纪50年代以来，西方社会逐渐开始意识到自然资本具有服务价值。生态学家威廉·沃格特在《通往生存之路》中指出，自然资本，尤其是土地资本的耗竭，会加剧侵蚀、沙漠化、土壤衰竭、物种灭绝和水污染等灾难（Vogt，1948）。随后，生态系统服务功能开始成为一个科学术语，诸多学者列出生态系统提供的各项服务和功能。据Costanza等（1997）估计，按1994年价格计算，世界范围内的生态系统服务和自然资本的经济价值约16万亿~54万亿美元/年。全球生物多样性评估（Global Biodiversity Assessment）中采用了生态系统方法（Ecosystem Approach）（Heywood，1995）。这种方法是一种自然资源管理方法，强调自然资源与人类社会的联系，有助于生态环境的有效保护和可持续利用。

21世纪以来，生态系统服务逐渐走向管理实践，渗入到相关政策领域，旨在实现保护环境和社会经济的可持续发展。千年生态系统评估（Millennium Ecosystem Assessment）采用生态系统方法，综合评估了人类对自然资源的影响，促使各国将生态系统服务纳入政策议程中（MEA，2005）。将生态效益价值纳入管理决策中，离不开对生态效益变化的价值评估。据Costanza等（2014）估计，1997~2011年，全球范围内因土地利用变化造成的生态效益价值损失约 4.3 万亿~20.2 万亿美元/年（按 2007 年价格计算）。于我国而言，Song 和 Deng（2017）研究表明，1988~2000 年间，以及 2000~2008 年，土地利用变化造成生态效益价值下降分别为 0.45% 和 0.1%。对生态效益价值的评估，逐渐从存量评估转变为流量评估，体现了土地利用变化与生态效益价值变化之间的关系，为基于土地利用变化的生态补偿提供了理论依据。

在评估生态系统服务的非市场价值时，学者们通常使用显示偏好法（Revealed Preference）和陈述偏好法（Stated Preference）。显示偏好法利用个人在实际市场的行为来估计生态系统服务或产品的价值。例如，一个自然保护区的生态效益的价值可以根据游客的旅行费用估计。具体的评估方法包括旅行费用法（Travel Cost）、享乐价格法（Hedonics）、市场成本法（Market Cost）以及效益转移法（Benefit Transfer）等。陈述偏好法利用人员调查来引导参与者回答出生态系统服务的价值。具体的方法包括条件价值评估法（Contingent Valuation）和选择实验法（Choice Experiment）。利用显示偏好法和陈述偏好法估计生态系统服务的经济价值，是制定相关环境经济政策（如 PES）的理论基础。同时，新的模型方法被用来评估生态系统服务的经济价值。如 Ooba（2010）用生物地球化学模型（Biogeochemical Model）模拟了森林中的生物量、水循环、碳氮循环和森林管理的过程，通过比较不同情境下的森林经济价值，评价森林管理的效果；美国斯坦福大学及其合作者共同开发了生态系统服务和交易的综合评估模型（Integrated Valuation of Ecosystem Services and Tradeoffs），用来评估和比较不同土地利用情境下的生态系统服务的经济价值。随着学界对生态系统服务价值研究的深入，生态系统服务的交换价值变得越来越重要，管理和交易生态系统服务的机制如生态系统服务市场（MES）、生态系统服务付费（PES）被建立。

（二）公共物品理论

公共物品理论源自亚当·斯密的政府职责理论。《国富论》中写道，

"建设并维持某些公共事业及某些公共设施，这种事业与设施，在由大社会经营时，其利润常能补偿所费而有余，但若个人或少数经营，就绝不能补偿所费。"可见，公共品最初是指与公共领域有关的物品和服务。20世纪50年代，在维克赛尔（Knut Wicksell）、林达尔（Erick Lindahl）等的公共财政研究的思想上，萨缪尔森将公共品定义为所有成员集体想用的集体消费品，且每个人对该产品的消费都不会减少其他社会成员对该产品的消费，用公式表示为 $X = X_i$（萨缪尔森，2006）。随后，马斯格雷夫（Richard Abel Musgrave）在进一步的讨论中，贴切地将公共品的基本特征概括为消费的非竞争性和受益的非排他性。

和以萨缪尔森为代表的主流公共物品理论以非竞争性和非排他性划分公共物品不同，以布坎南（James M. Buchanan）为代表的公共选择学派则以集体决策和市场决策来划分公共物品和私人物品，本质上是对公共物品的概念由纯公共物品拓展到非纯公共物品（准公共产品）。1968年，布坎南在《公共物品的需求与供给》中指出，人们观察到有些物品和服务是通过市场制度实现需求和供给的，而另一些物品与服务则通过政治制度实现需求与供给，前者被称为私人物品，后者被称为公共物品（布坎南，2009）。这里的政治制度是宽泛意义上的概念，与市场制度相对应，包括各种各样的组织内集体决策规则，小到企业、社团等组织，大到国家组织。从自愿交易的视角看，公共物品的交易涉及所有参与人，理想的公共品交易制度是一致同意原则，从而消除大规模群体下的"搭便车"行为。

在公共物品的供给问题上，以萨缪尔森为代表的主流经济学主张政府提供纯公共物品，以克服市场提供公共物品的非效率。由于公共物品的非排他性特征，"搭便车"行为在一定程度上导致公共物品供给不足。若采用市场供给机制，公共物品的排他性特征则决定了要将非付费者排除在外需要巨额成本或特定的技术。即便将不付费者排除在外，也易造成公共物品的利用不足。公共物品实现帕累托最优的条件是，每个人对一定数量的公共物品所支付的价格之和等于生产该数量物品的边际成本，即萨缪尔森条件。另外，以布坎南为代表的公共选择派认为，政府在提供公共物品时趋向于过度和滥用，致使公共支出规模过大，最终导致政府干预的效率低下和福利损失（张琦，2014）。公共物品的供给、需求和产量是通过集体行动和政治过程决定的，公共选择的方式可以有公民投票、代议制和集权式决策等。可见，在公共物品的供给问题上，公共物品面临"市场失灵"的问题以及"政府失灵"的风险。

根据公共品理论，大部分环境资源在属性上看是纯公共物品，具有非排他性和非竞争性，同时，也有部分生态服务具有地域性和集团性，具有非纯公共物品的特征。具体到生态补偿而言，土地利用变化带来的生物多样性和净化大气环境等服务，由于无法将非付费者排除在外，故不存在价格信号，无法通过自由贸易进行资源配置，在市场失灵的情况下需要政府进行干预。政府作为生态效益的购买方，对采取土地利用变化的主体进行支付。上游地区土地利用变化带来的涵养水源、保育土壤等服务则直接有益于下游地区，这种情况下可以在一定地域范围内按受益者付费原则，通过协商机制、合约机制等制度安排，用补偿激励机制进行生态建设，减少公共物品通常会面临的"公地悲剧"。

（三）外部性理论

外部性理论的发展经历了马歇尔的"外部经济"、庇古的"庇古税"和科斯的"科斯定理"三个阶段，被称为外部性理论发展进程中的三块里程碑。1890年，马歇尔在《经济学原理》中提出"内部经济"和"外部经济"的概念，用于分析企业生产过程中的成本变化。内部经济是指随着企业生产规模的扩大，因企业内部因素（如企业内专业化分工、管理成本摊薄等）导致的效率提升和生产成本降低。外部经济是指企业外部因素导致的生产成本降低，包括生产地与原材料供应地和产品销售地之间的距离、企业间分工等。在马歇尔的"外部经济"概念基础上，庇古将"外部不经济"的概念由企业活动受到的外部影响扩充为企业活动对外部的影响。1912 年，庇古在《福利经济学》中利用边际私人产出和边际社会产出的背离来阐释外部性，当边际私人产出高于边际社会产出时，生产活动带来了负外部性，相反，当边际社会产出高于边际私人产出时，私人的生产活动带来了正外部性，政府应当对负外部性课税，对正外部性补偿，通过政府调节手段实现边际私人产出和边际社会产出的一致性，进而实现社会资源的最优配置。科斯在批判庇古税的过程中形成了科斯理论。1960 年，科斯在《社会成本问题》中指出，外部性问题存在相互性和不兼容性，是否制止一方对另一方的损害，关键在于双方所拥有的初始权利，在不存在交易费用的情况下，双方通过协商进行权利转让和市场交易达到资源的最优配置，进而解决外部性问题。然而，任何一个理论都不是完美无缺的，新制度经济学家张五常和新古典经济学家杨小凯指出了外部性理论存在的问题。张五常在《经济解释》中指出，科斯定理的先决条件是私有产权和交易费用为零，然而私有产权是一种制度，是因为交易费用的存在而产生的，私有产权和交易费用为零的假设本身存在冲突，在逻辑上有矛盾。杨小凯等在《新兴古典经济学和超边际分析》认为，外部性概念是没有意义的，因为交易费用为零时不存在外部性问题，传统的外部性问题本质上是交易费用问题。沈满洪和何灵巧（2002）认为，外部性理论、制度经济学理论和新兴古典经济学理论都来源于古典经济学，外部性概念适用于边际分析，交易费用概念适用于超边际分析，交易费用分析可能包容外部性理论，但难以彻底否定外部性理论，在很多情况下，外部性理论的运用更为方便。

综合上述基于生态效益价值论、公共物品理论和外部性理论的分析可知，生态效益具有巨大的货币价值，然而，生态效益作为一种公共物品面临着市场失灵的困境，传统的市场交易并不能反映其供需关系，需要政府干预或某种制度安排将环境外部性内部化。生态补偿是从正外部性视角出发的激励制度。一般认为，森林可以给所有者带来果实、木材等形式的经济产品，还可以给全社会带来土壤保持、水源涵养等形式的生态服务。这种对全社会带来的生态价值如果没有得到补偿，便形成外部性。由于外部性的存在，致使所有者在林木种植和生产活动过程中并未考虑其带来的生态价值，造成林木种植和相关生产活动无法满足社会的需要，体现在林木的市场价格偏低和供给不足，市场机制无法正确反映其价值，即市场失灵。Pearce（2007）采用边际分析法阐释生态系统服务的外部性问题，得到了生态系统服务的市场均衡和社会最优点。

如图 2-1 所示，横轴代表生态系统服务的数量，纵轴代表生态系统服务的经济价值。生态系统服务被分为可以在市场进行交易的（Marketed ES）和不能在市场进行交易的（Non-marketed ES），可交易的 ES 和总 ES 的需求曲线分别为 $D_{ES,M}$ 和 $D_{ES,MNM}$，需求曲线也代表了 ES 的边际价值。ES 的供给曲线为 MC_{ES}，也代表了 ES 的边际成本，它是提供 ES 的边际机会成本 $MC_{ES,OC}$ 与管理 ES 的边际成本 $MC_{ES,G}$ 之和。可交易 ES 的需求曲线与供给曲线相交得到市场均衡，ES 总需求曲线与供给曲线相交得到社会最优点，即保护的边际经济效益等于保护的边际成本时，人们保护生态的程度是合理的。Fisher 等（2008）采用 Pearce（2007）的供需分析框架，以树木为例，展示了森林的外部性及造成的结果。树木作为木材而言是可交易服务，树木提供的生物多样性和水调节是非可交易服务。如果树木的价值只有作为可交易的木材的价值，市场将只对木材进行支付，不会生产更多的树木来提供生物多样性和水调节，此时只存在可在市场进行交易的生态系统服务。生态系统服务的经济框架为相关政策研究提供以下参考：①对生态系统服务的研究应该研究其边际变化，即新增一单位的生态系统服务所需要的成本是否小于其边际价值；②对生态系统服务的索取应在最小安全标准以内，否则生态系统可能会面临崩塌；③为了达到提供生态系统服务的最优点 ESOPT，需要某种机制来提供不可交易服务。在我国，也有学者运用供需理论分析森林产生的外部性。张长江（2009）将人们对森林的需求分为私人需求和社会需求，得到森林生态产品的实际需求曲线和社会需求曲线，两条需求曲线与供给曲线的交点对应了市场均衡数量和社会最优数量，且市场均衡数量低于社会最优数量。外部性是生产森林生态产品的过程中产生的森林生态效益，单位外部性是 FE，是市场均衡价格与社会最优价格之差。

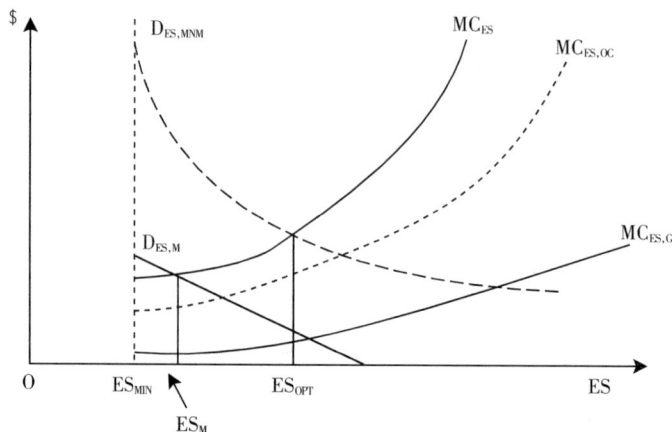

图 2-1　具有外部性的生态效益的市场均衡和社会最优

注：$D_{ES,MNM}$：生态系统服务总水平的需求曲线，获得额外一单位生态系统服务的边际价值。MC_{ES}：生态系统服务的供给曲线，提供额外一单位生态系统服务的边际成本，由于生态系统服务边际成本递增，供给曲线向上倾斜。$D_{ES,M}$：对可在市场上进行交易的生态系统服务的需求曲线。ES_{MIN}：最小安全标准，维持一个运行良好的生态系统所需要的生态系统结构和生态系统过程的最低数量，用来确保生态系统可以持续提供生态系统服务。若生态系统服务量低于最小安全标准，生态系统将会崩塌。

二、生态补偿经济福利效应的理论基础

（一）效用理论

效用理论是经济学的基础核心理论，是决策分析和福利分析的基础之一，其理论发展过程源远流长。效用是用来衡量个体从产品和服务中获得幸福或满足的程度，以解释一种经济行为是否带来了好处。效用理论的思想渊源可以追溯到 18 世纪末和 19 世纪初的功利主义，代表人物是英国经济哲学大师边沁（Bentham）和穆勒（Mill）。功利主义认为，效用是代表快乐或享受的指数，每个人都在争取更多的快乐（Mill，2016）。边沁在《立法理论》（1802）中指出，每一笔财务都对应一种幸福，一个

人拥有的财富越多，幸福越大。边沁的效用研究最初是为了给立法活动提供法则，却极大地促进了经济学中效用理论的发展。19 世纪 70 年代，以杰文斯、瓦尔拉斯和门格尔为代表的经济学家相继利用边际效用来解释物品的价值，发现了"边际效用递减规律"，引发了边际革命。边际效用分析建立在效用可以按照数字大小来度量的前提之上，因此也被称为"基数效用论"。

英国经济学家杰文斯（W. Jevons）认为，单个人能够比较某一产品的连续个单位的效用，并且能够比较几种商品的边际效用，最后一单位效用随着产品数量的增加而下降。他用"最后一单位效用"的概念发展形成了理性选择的一般理论，即当个人对其分配保持满意时，某种商品的增加在一种用途上所产生的效用与另一种用途上所产生的效用相同。他还利用效用最大化原理发展出了交换理论，即贸易停止于交换不可能再进一步获得效用的那一点。与杰文斯相反，奥地利经济学家门格尔（C. Menger）在推理过程中没有使用数学，他认为获取单位商品的货币支出相同，但提供的效用逐步减少，总效用等同于交换价值，对效用的衡量完全是主观的。法国经济学家瓦尔拉斯（L. Walras）在《纯粹经济学要义》（1874）中第一次以数学公式表达了边际效用分析的标准模式，他认为供给函数是商品满足欲望的强度，人们的欲望强度随商品数量逐渐减弱。与杰文斯和门格尔的局部分析不同，瓦尔拉斯提出并倡导一般均衡分析。由基数效用论引发的边际效用分析，解决了"钻石和水"的矛盾问题，却面临着度量和人际比较的问题。

序数效用论弥补了基数效用论的缺点，认为效用无法计量，只能通过排序来进行比较。序数效用论的思想源自"第二代"边际主义者佛朗西斯·埃奇沃思（Francis Edgeworth）在《数学心理学》（1881）中提出的"无差异曲线"。他指出，无差异曲线是能够带来同等效用水平的两种商品的各种组合，两个人的无差异曲线的切点的轨迹构成了契约曲线，契约曲线上的任意一点都可能是均衡点（斯坦利等，2008）。希克斯

（Hicks，1934）认为效用没有计量单位，而是一种心理现象，消费者在选择商品时并不是在权衡效用的大小，而是对商品的效用进行排序，并运用埃奇沃思发明的无差异曲线对效用进行了重新诠释，推导出了需求曲线向右下方倾斜，提出了希克斯需求函数。希克斯需求函数又称补偿性需求函数，是假定的需求函数，是指当价格给定时，为了满足一定的效用水平且支出最少，应该如何确定该商品的需求量。根据希克斯需求函数，得出了补偿性变化的概念，即以原来的效用水平为基准计算的价格变化造成的货币损失。序数效用建立在偏好假定之上，且不是主观的偏好。萨缪尔森（Samuelson）在《经济学原理》（1948）中提出显示性偏好理论则印证了这一点，显示性偏好表明人们的行为具有一致性，其购买行为显示了他的内在偏好，即理性的偏好。德布鲁（Debreu，1959）证明了序数效用函数的存在性，在1972年又进一步证明了可微效用函数的存在性。然而，序数效用论并不是一个完美无缺的理论，它本身存在着许多难以克服的缺陷和不足。郝海波（2011）通过文献梳理表明，序数效用论存在循环论证错误、偏好最大化与福利最大化不一致、应用领域存在局限性、缺乏经验事实支持等缺陷。

虽然经济学没有解决效用的度量问题，但随着科学技术的发展，21世纪的神经科学研究已充分证明了主观满意度存在与其对应的神经基础，为主观满意度的客观度量提供了理论基础。20世纪末，神经学家已使用脑电波数据来评价人的积极感受和消极感受。Frank（1997）研究表明，当被试同意某一陈述时，脑左侧前额叶的电活动增强，而不同意某一陈述时，脑右侧前额叶的电活动增强，脑左前额叶具有丰富的多巴胺受体，人的积极情绪与多巴胺独立相关。起初，仍有学者对这种效用的度量方法产生怀疑，认为当时的神经学研究不是"享乐测量仪"，仅仅是一种算法学习（Daniel，2002）。近年来，越来越多的神经经济学研究已经初步解决了效用的度量和人际比较问题。Phillips（2007）梳理了多巴胺在成本收益决策中的证据，提出了报酬、成本、行为和多巴胺之间相互关系的理论分析框架。Schultz（2017）中指出，多巴胺奖励预测误差响应反映了经济学中的边际效用。总之，现代神经科学正在通过研究脑部神经机制帮助经济学解决效用的度量和比较问题，标志着基数效用论的复兴。

（二）福利经济理论

基于基数效用论，庇古创立了早期福利经济学。他研究的主要内容有以下几个方面：第一，将福利划分为社会福利和经济福利，以货币计量的那部分福利为"经济福利"。在庇古看来，广义上的社会福利难以研究，经济学要研究的是可以用货币度量的经济福利。第二，主张基数效用论。他认为，福利是人们对商品的满足程度，可以用效用度量。效用具有可加性，因此，经济福利可以分为个人经济福利和社会经济福利，个人经济福利的衡量是其效用函数，社会经济福利是所有个体经济福利的加总，即全社会的经济福利的衡量是国民收入。第三，主张收入最大化和收入均等化。他认为，一国的国民收入越高，经济福利越大。收入的边际效用递减规律决定了货币由富人向穷人转移可以增进全社会的经济福利。以庇古为代表的旧福利经济学主张政府干预资源配置，通过对存在"外部不经济"的产业课税和对存在"外部经济"的产业进行补贴，实现边际私人纯产值与边际社会纯产值相等，使社会资源配置达到最优，实现社会福利最大化。

基于序数效用论，20世纪30年代在旧福利经济学的基础上发展形成了新福利经济学。新福利经济学在用帕累托标准测度福利的观点上产生分歧，逐步衍生出了补偿原则论和社会福利函数论。帕累托标准是指如果所有个人在状态 b 下比在状态 a 下获得的满足多，那么从状态 a 到状态 b 的移动会提高个人的福利。帕累托标准的局限性在于当在状态 b 下有人福利增加且也有人福利减少时，状态 a 和状态 b 的福利应该如何比较。以卡尔多（Kaldor）、希克斯和西托夫斯基（Scitorsky）为代表的"补偿原则论派"则提出了这种情况下的福利判定标准，当状态 b 下同时存在福利增加和福利减少的人时，如果能通过采取一些政策和措施使得利者补偿受损者而有余，那就增加了社会福利。以伯格森（Bergeson）和萨缪尔森为代表的"社会福利函数论派"指出，帕累托最优没有唯一性，且没有指明社会福利的最优极大值，他们将社会福利视为每个人购买的商品数量、提供的要素数量及其他相关变量的多元函数，认为社会无差异曲线与效用可能性曲线的切点就是社会福利的最优极大值。补偿原则论派和社会福利函数论派都尝试基于序数效用测量福利，然而，1951年阿罗（K. Arrow）指出，不可能无条件地从个人偏好顺序推导出群体偏好顺序，他的观点被称为"阿罗不可能定理"。阿罗的观点证明了同时满足五个合理化条件的社会福利函数不存在，是福利经济学的重大转折。阿罗不可能定理的根源在于其假设中同时包含了福利主义和序数主义，而福利主义和序数主义是不兼容的。经济学家被阿罗不可能性的结论所困惑，使得社会福利函数的研究一度处于停滞状态。

20世纪70年代以来，福利经济学获得了新的发展。经济学家们认识到，阿罗不可能性定理揭示了采用序数效用进行社会排序是不可能的，社会选择理论主张放弃序数主义，采用基数效用的研究方法，以获取更多有关个人效用的信息，出现了向效用主义和基数理论回归的趋势。阿玛蒂亚·森（Amartya Sen）批评了效用不可比，他的研究表明，使用基数效用可以获得人际间效用比较方面的信息（刘欣欣，2010）。1975年，黄有光（2005）在社会选择论和其他人研究的基础上，提出了与古典效用相同的社会福利函数，他认为社会福利函数中不能忽略收入分配问题，相对收入是不可忽略的一个问题。同一时期，出现了许多采用基数效用的社会福利函数，具体如下：一是新古典效用主义的社会福利函数。在简单功利主义的基础上考虑了不确定性因素，将社会福利看作是全社会所有个人效用水平的期望值。二是精英者的社会福利函数，将社会福利看作社会中个人能实现的最大福利。这种表述本质上是测度某一时期社会能达到的最大程度。三是罗尔斯主义的社会福利函数，将社会福利看作社会中个人能实现的最小福利。这种表述却又走向了另一个极端，即完全平均的分配。四是纳什的社会福利函数，将社会福利看作所有社会成员效用的乘积。这种表述试图考虑分配差异，但在效用水平为负或效用水平极小时存在测度的不合理性。五是阿特金森的社会福利函数，在测度社会福利时考虑了贫富差异并对其赋予权重。这种表述形式考虑了社会福利中的公平问题，然而没有确切说明如何在现实中对贫富差异赋予权重。上述五种社会福利函数的具体形式如表2-1所示。

表2-1 采用基数效用的社会福利函数举例

名称	社会福利函数形式	说明
新古典效用主义的社会福利函数	$w = \sum \pi_i u_i$	u_i代表某个人的效用函数，π_i代表这个人在社会函数中的相应概率。当每个人的概率都为1时，就是简单功利主义的社会福利函数
精英者的社会福利函数	$w = \max(u_1, u_2, \cdots, u_n)$	社会福利水平取决于境况最好的那部分人的福利水平
罗尔斯主义的社会福利函数	$w = \min(u_1, u_2, \cdots, u_n)$	社会福利水平取决于境况最差的那部分人的福利水平
纳什的社会福利函数	$w = u_1, u_2, \cdots, u_n$	社会福利水平取决于所有社会成员效用水平的乘积
阿特金森的社会福利函数	$w = \dfrac{1}{1-a} \sum_{h=i}^{r} \left[(V^h)^{1-a} \right]$	社会成员由穷人群体（p）和富人群体（r）构成，V是对应的间接效用函数，a是表示厌恶不平等的参数，a越大表示社会越厌恶不平等，越重视穷人的效用

（三）经济增长理论

早在18世纪，古典经济学派批判了重商主义和重农主义，对经济增长问题提出了自己的看法。亚当·斯密在《国富论》中指出，"劳动生产力上最大的增进是分工的结果"，认为劳动分工有助于形成规模经济和提高劳动生产率，对促进财富数量增长具有重要意义。大卫·李嘉图（Ricardo）从分配角度分析，认为经济增长源于资本积累，而资本积累受工资、利润和地租的分配影响。马尔萨斯（Malthus）在《人口论》（1798）中指出，人口增长不及生活资源增长将导致饥荒等社会问题，呼吁控制人口数量以增加人均产出。约翰·穆勒（Mill）则整合了前人的观点，认为经济的动态增长源自于劳动、资本、技术和人口等生产要素，而经济的静态增长源自于财富的分配。古典增长理论为经济增长研究奠定了基本框架和基础。

20世纪30年代的全球经济危机将凯恩斯主义推向历史舞台，刺激经济复苏和实现经济增长是当时的主要任务。这一时期，出现了一系列发展凯恩斯理论的经济增长模型。哈罗德（Harraod，1939）和多马（Domar，1946）用增长率和储蓄率代替了凯恩斯的国民收入水平、储蓄和投资，建立了哈罗德—多马模型，实现了由"水平分析法"到"比率分析法"的过渡，将凯恩斯增长理论长期化和动态化。在哈罗德—多马模型的基础上，索洛（Solow）增长模型中引入柯布道格拉斯生产函数，构建了一个资本和劳动的经济增长模型，分析了经济增长的自动收敛和动态均衡。尽管索洛模型存在诸多缺陷，但它提供了一个经济增长模型的基本范式。拉姆塞—卡斯—库普曼模型（Ramesy-Cass-Koopmans model，RCK）考虑了索洛模型中储蓄率外生的不足，将储蓄率内生化。随后，经济学家运用新的假设和生产函数形式，罗默（Romer，1986）将知识和技术内生化，卢卡斯（Lucas，1988）对人力资本内生化到增长模型中。新古典增长理论和内生增长理论是对经济增长理论的继承和发展，从研究的发展过程看有两个特点：一是增长模型的假设条件逐步放宽，使得理论逐步贴近现实；二是尝试从个体行为的最优分析起步来分析宏观增长问题，为宏观经济增长问题提供了坚实的微观基础。

经济增长测量了经济活动，而不是测量福利的指标。然而，由于缺少真正的福利指标，很多政策制定者都将经济总量视为一个可信赖的衡量福利变化方向的指标，这基于以下公式：

总福利 = 经济福利 + 非经济福利

该式的前提假设是经济福利和总福利同方向变化。但是，当经济福利的增长引发该增长无法弥补的非经济福利的下降时，总福利的变动方向将不确定（H. Daly 和 J. Farley，2007）。例如，家庭的额外收入和工作上的满足提高了其经济福利，但失去闲暇时间导致的精神紧张、生活方式变化造成的负担减少了非经济福利；因经济增长而造成的环境负外部性减少了非经济福利。

第二节 生态补偿的研究现状

生态补偿的概念是在生态保护实践中提炼出来的，国外称之为生态系统服务付费。19 世纪末起，随着生态系统服务价值研究的发展，国内外逐渐开展了大量关于生态补偿的研究，学者们就生态补偿的含义、类型、治理目标等方面进行了广泛深入的探讨。实践方面，生态补偿已经涉足森林、耕地、草原、空气、水等诸多领域。因此，本书梳理了国内外关于生态补偿的含义及类型、生态补偿的治理目标等角度的文献并进行述评。

一、生态补偿的类型

国外生态系统服务付费与我国生态保护补偿的界定都试图将此类机制与其他环境政策区分开来，与此同时也在不断扩展此类机制的范畴，寻求生态补偿概念的合理边界。根据生态补偿的依据和领域不同，生态补偿在理论和实践中具有不同的类型。基于土地利用变化的生态补偿通过补偿或付费以促进积极的土地利用变化，是诸多生态补偿理论类型之一，也是实践中广泛应用的领域之一。因此，本书据此梳理了国内外生态补偿的类型、基于土地利用变化的生态补偿的含义及实践。

（一）国内外生态补偿的类型

国外对于 PES 的分类，Wunder（2007）给出了四种类型：一是根据保护修复环境的载体不同，把 PES 分为基于土地面积的 PES 和基于生态产品的 PES；二是根据 PES 的定价方式不同，把 PES 分为基于市场的 PES 和非市场化的 PES；三是根据付费主体不同，把 PES 分为使用者付费 的 PES 和政府付费的 PES；四是根据保护行为的不同，把 PES 分为使用 限制、重建修复、限制活动和强化活动的 PES。具体内容如表 2-2 所示。

表 2-2 生态系统服务付费的分类

依据	分类	说明和举例
保护修复环境的载体	● 基于生态产品 ● 基于土地面积	● 绿色溢价，对环境有益的产品支付较高的市场价格。如生态旅游、有机农业、认证产品 ● 以合同形式规定用于环保的土地面积或使用自然资源的限额。如保护特许权、流域保护合同和种植固碳森林
PES 的定价方式	● 基于市场 ● 非市场化	● 以市场作为交易的平台。如碳隔离计划 ● 通过个人或团体买卖双方之间订立双边协议。如在流域上下游达成的支付协议
付费主体	● 使用者付费 ● 政府付费	● 产权制度比较明晰的情况。如矿泉水公司对水源地农民支付 ● 具有重要生态功能的纯粹公共物品。如美国土地保护储备计划
保护行为	● 使用限制 ● 重建修复 ● 限制活动 ● 强化活动	● 环境的保护、限制资源开采和土地开发的规模、预留生态区域。如栖息地保护区 ● 地区的环境修复。如在少树或环境退化区域重新种树 ● 不在土地上进行任何活动。如禁止行为

我国生态补偿实践最初主要集中在水土保持方面。1980 年水利部推出"小流域综合治理"，通过户包治理小流域，实现可持续使用水土资源和维护生态环境，但此时的治理成效相对有限。1991 年通过并开始实施的《中华人民共和国水土保持法》一方面要求对造成水土流失的生产建设活动进行治理（第 32 条），征收水土流失防治费和补偿费；另一方面鼓励单位和个人参与水土流失治理，并在资金、技术、税收等方面予以扶持（第 33 条）。

进入 21 世纪以来，我国大力推动多领域的生态补偿实践。2016 年国务院办公厅《关于健全生态保护补偿机制的意见》明确了生态补偿实践涉及森林、草原、湿地、荒漠、海洋、流域和耕地等领域。据此，表 2-3 梳理了我国在这些领域内的生态补偿实践。

表 2-3　我国生态保护补偿项目实践

领域	项目/政策	领域	项目/政策
森林	天然林资源保护工程 中央和地方财政森林生态效益补偿基金 京津风沙源治理工程 三北防护林体系建设 退耕还林还草	耕地	绿色食品和有机食品认证补贴 耕地轮作休耕补助 退耕还林还草
草原	退牧还草工程 草原生态保护奖励补助	空气	二氧化硫排放交易 COD 排放量交易 安徽环境空气质量生态补偿
海洋	捕捞渔民转产转业补助 海洋伏季休渔渔民低保制度 增殖放流和水产养殖生态环境修复补助政策	流域	东阳义乌水权交易 皖浙亿元对赌水质
荒漠	沙化土地封禁保护	湿地	退耕还湿地补偿 湿地生态效益补偿
区域	国家重点生态功能区转移支付制度		

在森林领域，2000 年，国家先后启动数个与森林有关的大型生态保护工程建设，其中，天然林资源保护工程和森林生态效益补偿基金制度是为保护森林资源设立的项目和制度，京津风沙源治理工程、三北防护林体系建设是为再造森林设立的。

在耕地领域，2003 年，中国国家认证认可监督管理委员会批准建立国内第一家有机食品认证机构：中绿华夏有机食品认证中心。2015 年，《中共中央关于制定国民经济和社会发展第十三个五年规划的建议》提出"探索实行耕地轮作休耕制度试点"，于 2016 年在东北冷凉区、北方农牧交错区等地开展轮作试点，在地下水漏斗区、重金属污染区和生态严重退化地区开展休耕试点。

在海洋领域，2000 年修订的《中华人民共和国渔业法》规定"县级以上人民政府渔业行政主管部门可以向受益的单位和个人征收渔业资源增值保护费，专门用于增值和保护渔业资源"。2002 年其对渔民转产转业实行补贴政策，引导转岗渔民发展养殖业或其他加工工业。2003 年，南通市首次将禁渔期 1 万多名渔民全部纳入最低生活保障范围内。

在流域领域，2000 年，东阳与义乌之间进行了我国首次水权交易，尝试用市场机制推动流域生态补偿，优化配置水资源。2005 年以来，相继在江苏、河北等 12 个省内开展流域生态补偿实践（程滨等，2012；张军，2014）。2012 年，新安江流域启动全国首个跨省流域生态补偿机制首轮试点，由中央财政和皖浙两省出资，若年度水质达到考核标准，浙江向安徽拨付 1 亿元，又称为"亿元对赌水质"的制度设计。

在空气质量领域，2005 年，国务院发布《关于落实科学发展观加强环境保护的决定》，规定"要完善生态补偿政策，尽快建立生态补偿机制"（第 23 条）。同年，我国正式加入国际清洁发展机制市场，并于 2012 年在全国 7 个省市开展碳排放权交易试点。2018 年 7 月起，安徽实施环境空气质量生态补偿，颗粒物浓度不降反升的设区将向安徽省级财政上缴生态补偿资金，用于补偿空气质量改善的设区市。

在草原领域，2003 年起，中国西部地区开展退牧还草工程，对禁牧、休牧、轮牧的牧民进行补偿，包括围栏建设费补助、饲料补助和草场补播建设补助。2011 年，财政部和农业部颁布了《草原生态保护奖励补助政策》，不再安排饲料粮补助，对禁牧草原和落实草畜平衡制度的草场给予补助。

湿地生态补偿目前还处于试点阶段。根据《中共中央国务院关于全面深化农村改革加快推进农业现代化的若干意见》（中发〔2014〕1 号）文件"开展湿地生态效益补偿和退耕还湿试点"，2014 年起在江西、黑龙江、重要湿地开展了湿地生态效益补偿试点工作，中央财政安排相关支出 15.94 亿元[①]，在黑龙江、吉林、辽宁和内蒙古开展退耕还湿试点，面

---

① 数据来自农业司，http://nys.mof.gov.cn/zhengfuxinxi/bgtGongZuoDongTai_1_1_1_1_3/201408/t20140804_1121846.html。

积 15 万亩①。以黑龙江兴凯湖湿地为例，通过中央政府给予湖区农民补偿，使其保持秋收时节的田地作物，以及人工投食，为迁徙候鸟提供食物。在地方层面，部分省市出台了地区性的保护法规。如 2016 年江西对保护候鸟和湿地而受损的农户补偿 35 元/亩，2018 年天津出台《天津市湿地生态补偿办法（试行）》，对补偿范围内的集体土地流转补偿 500 元/（亩·年）。

荒漠生态补偿目前还处于初期探索阶段。2013 年国家启动实施了沙化土地封禁保护区试点，先后在内蒙古、西藏等 7 个省（自治区）开展试点建设，严格管控封禁保护区内的开发建设活动，促进植被自然修复。2015 年制定了《国家沙化土地封禁保护区管理办法》，2016 年国家林业局出台的《沙化土地封禁保护修复制度方案》明确提出，到 2020 年建立起较为完善的沙化土地封禁保护修复制度体系，为今后开展防沙治沙工作提供基本遵循。

此外，2010 年我国制定了《全国主体功能区规划》和《国家重点生态功能区转移支付办法》，提出国家重点生态功能区名录，对限制开发的国家重点功能区和国家级禁止开发区等所属县开展中央对地方的转移支付，以推动地方政府加强生态环境保护。转移支付包括根据财政缺口确定的重点补助、根据禁止开发面积确定的引导性补助、根据示范区和生态建设工程确定的引导性补助、对生态护林员的补助以及根据生态考核情况确定的奖惩资金。

（二）基于土地利用变化的生态补偿的含义和实践

土地利用变化活动已经改变了全球陆地覆盖的面貌，将大量自然景观地转变为人类使用地。根据 Foley 等（2005）"与人口和经济转型一样，社会似乎也遵循一系列不同的土地利用制度：从定居前的自然植被到边

---

① 数据来自黑龙江新闻网，http://jiuban.moa.gov.cn/fwllm/qgxxlb/hlj/201410/t20141023_4113158.htm。

界，然后到自己农业和小规模农场，最后到集约化农业、城市地区和受保护的休闲地"。然而，过度获取自然资源以满足人类的当下需求的行为付出的代价是生态环境严重退化。

为了促进土地利用变化向着环境友好的方向改变，实践中采取了多种促进积极的土地利用变化的措施，既包括命令控制型政策，如划定生态保护红线、禁止流域上游周边土地的某些开发利用等，也包括经济激励型政策，即基于土地利用变化的生态补偿（Pagiola 等，2017）。另外，从生态补偿的视角出发，基于土地利用变化的生态补偿是生态补偿这个大概念下的一种具体实践类型。促进积极的土地利用变化的保护措施、基于土地利用变化的生态补偿、生态补偿三者之间的关系，如图 2-2 所示。

图 2-2 基于土地利用变化的生态补偿的含义及关系

结合国外 PES 实践的分类（见表 2-2）可知，基于土地利用变化的 PES 的载体是土地，其付费方是政府或私人，土地利用变化包括限制使用、重建修复、限制活动和强化活动。结合我国生态补偿实践的分类（见表 2-3）可知，我国实践中也有诸多基于土地利用变化的生态补偿，涉及森林、耕地、草原、荒漠和湿地领域。

退耕还林是典型的基于土地利用变化的生态补偿实践，从国外 PES 的视角看，退耕还林的载体是土地，付费方是政府，土地利用变化是由农地转为林地，即重建修复类活动。从我国生态补偿的视角看，退耕还林不仅是政府激励农户提供正外部性，还具有改善民生、促进农业结构调整农民增收致富的目标。

二、生态补偿的治理目标

生态补偿的治理目标是机制设计中的核心内容。首先，基于土地利用变化的生态补偿要解决的是采取生态补偿的动机问题，即改变土地利用方式应使土地使用者以及全社会的利益向积极的方向变化，针对生态补偿的成本收益分析解决的是是否开展生态补偿以及土地使用者是否参与生态补偿的问题。其次，不同的生态补偿类型对应着不同的生态补偿构成要素、治理结构和支付机制等。由于国内外研究侧重点不同，国外学术界更多地在探讨机制设计问题，因此，本节梳理了国外给予土地利用变化的 PES 的成本利益分析、生态补偿构成要素和治理结构等方面的内容。

（一）基于土地利用变化的生态补偿的成本利益分析

基于土地用途变化的生态补偿向土地所有者或使用者提供直接的激励，让他们采取保护环境的行为。生态系统和生物多样性经济学（The Economics of Ecosystm and Biodiversity，TEEB）通过比较两种土地使用方式下的个人收益、社会收益和成本，说明了生态补偿如何影响和改变土地利用方式（Bassi，2008）。如图 2-3 所示，假设有两种土地使用方式，一种是集约型土地使用，一种是生物多样性友好型土地使用。土地利用带来四种生态系统服务，即文化服务、调节服务、辅助服务和供给服务，这四种服务提供了社会收益，土地的经济产出带来个人收益。在集约型土地使用方式下，土地使用者充分挖掘土地的利用潜力，最大限度地生产可供出售的产品（如农业或森林产品），获取个人收益。集约型土地使用方式下的生产过程附带着产生少量的文化服务、调节服务和供给服务，但由于其公共财产的性质而处于未被支付的状态；因而土地使用者不追求生态系统服务的增加和环境保护，生产过程中产生大量污染。与此不同，在生物多样性友好型土地使用方式下，土地使用者受到生物多样性友好型土地使用目标的约束，在保证提供更多的未被支付的文化服务、调节服务和供给服务的前提下，生产可供出售的产品（如农业或森林产品），个人收益较少。生物多样性友好型土地使用方式减少了污染排放，降低了社会成本。

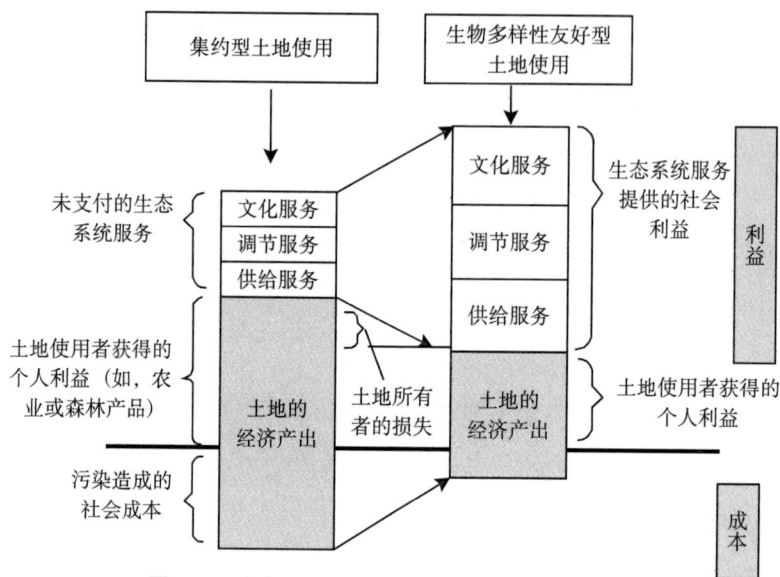

图 2-3　生态补偿改变土地利用方式的益本分析

比较这两种土地使用方式下全社会的总成本和总利益，可以看出，集约型土地使用方式通过较高的社会成本换来较少的全社会总利益，而生物多样性友好型土地使用方式却以较小的社会成本换来较大的社会总利益。显然，采用生物多样性友好型土地使用方式应该是更合理的选择。然而，在没有外界干预的情况下，逐利的土地使用者往往会选择集约型土地使用方式。

为了让更多的土地利用者改变土地利用方式，激励其选择生物多样性友好型的土地使用方式，就要补偿土地使用者因选择生物多样性友好型的土地使用方式而造成的个人利益减少，对这种减收造成的损失给予补偿，使生物多样性友好型的土地使用方式获得的利益至少与集约型土地使用方式下的利益相等。对生物多样性友好型土地使用方式下产生的未被支付的服务进行合理支付，使其成为生物多样性友好型的土地利用者损失的资金来源，增加其潜在收入。这样的机制就是PES，即通过对土地使用者采取生物多样性友好型土地利用方式下的利益损失进行合理补偿，促使其采取保护环境的土地利用生产方式，在不损害个人利益的情况下，为社会带来更多的生态系统服务，以及更少的社会成本。

（二）生态补偿的构成要素及相互关系

生态补偿的制度设计是要将上述生物多样性友好型土地使用者的收益与成本内部化，让生态环境的保护者和生态效益的提供者得到补偿。在生态系统和生物多样性经济学（TEEB）框架下，PES的架构由服务的供给者、受益者、治理结构、支付机制及相互关系组成。

图2-4中横向箭头表示资金流向，纵向箭头表示治理结构对其他构成要素的作用力。支付机制是连接受益者和供给者的纽带。一方面，筹资机制从生态系统服务的受益者，或者受益者的代表那里筹集到获益后应该支付的资金；另一方面，支付机制将资金支付给生态系统服务的供给者，激励供给者从事指定的工作或采用指定的行为方式。合理的治理

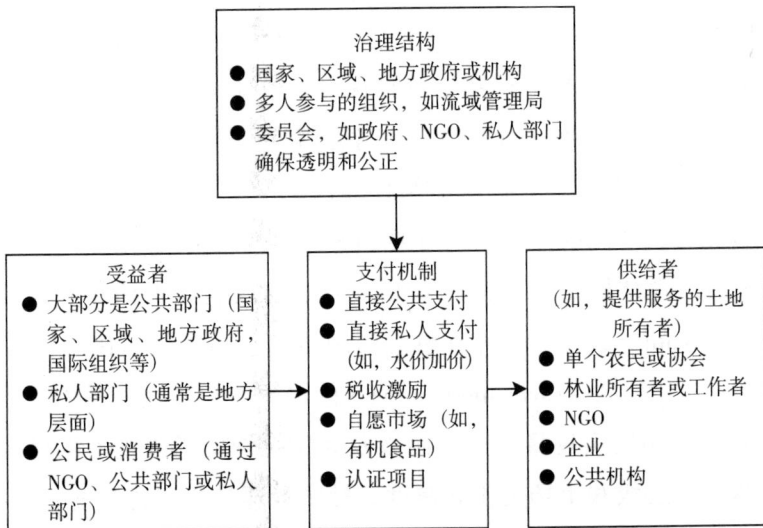

图 2-4 PES 的基本结构及利益相关者之间的关系

结构能够不断协调和平衡供给者和受益者的利益诉求。

PES 的类型体现不同 PES 构成要素的具体内容。政府付费的 PES 的治理结构主体是国家、区域、地方政府或机构，政府作为受益者的代表，向生态系统服务的供给者支付，采用的支付机制是直接公共支付（如我国国家重点生态功能区的转移支付）。使用者付费的 PES 的治理结构主体可以是三方（受益者、提供者和政府）共同参与的组织（如流域管理委员会），也可以是 NGO 或私人部门，甚至可以是直接的私人支付，即使用者直接或通过中介机构（如 NGO、公共部门或私人部门）向供给者支付，或者消费者自愿购买经过有机认证的产品。

（三）生态补偿的治理结构

生态系统服务的供给者和受益者之间客观上存在资源环境保护和利用的权利、责任和利益的冲突。经济发达地区和落后地区之间存在发展经济的权利与保护环境的责任方面的冲突。中央政府按经济发展和环境保护的要求对不同地区的土地用途进行限制，规划为开发区的地区内的个体将获得非个人努力带来的收益，为保护环境而限制开发地区的个体却面临潜在损失，即政府分区管制剥夺了土地用途转换的价值（靳相木，2010）。而流域上下游之间也会发生类似的矛盾：关于森林保育的利益相关方的冲突，由于种植农作物比森林保育的收益高，流域上游的土地使用者倾向于种植农作物，而作为生态系统服务使用者的下游水力发电企业，其经济效益依赖于上游森林保育提供的水土保持（Pagiola，2005）。这些利益相关者之间的冲突问题需要 PES 的治理结构来解决。

PES 的治理结构是 PES 的利益相关者之间权利、责任和利益冲突的制衡机制。Vatn（2010）认为理想的治理结构包括层级（Hierarchy）、市场（Market）和社区（Community），PES 的治理结构是这三种治理分别如何建立目标、制定实现目标的规则以及如何控制使用规则后的结果。在三种治理中，层级和市场是正式制度，社区管理是非正式制度。具体讲，层级是一个命令系统，它集中了环境保护的决策权（如政府），政府通过制定环保法规，制定环保目标、监督实施过程以及验收环保结果。市场是一个交易的系统，市场确定实现环保目标的规则，环保结果取决于每一个参与交易的个体。社区是一个基于协调的系统，在协调众多个人目标后形成环保目标，建立实现目标的规则和社区内部利益分配的原则。大部分 PES 实践中同时需要多种治理结构或混合治理结构（Schomers，2013），主要是因为实践中 PES 的制度框架和产权往往比较模糊，需要正式制度和非正式制度的组合来协调不同参与主体之间的冲突（Clements，2010）。

PES 治理结构中的市场通过提供正向的经济激励改变供给者的行为，创造受益者对生态系统服务的需求，使供给者与受益者协商付费事宜；统治层和社区管理利用命令控制和社会准则约束供给者的行为，统治层（层级）通过一系列相关政策或规定创造对生态系统服务的需求，并创造或促进生态系统服务的供给，如国家引入排放限额或设立"无净损失"的 PES 目标，社区管理组织内部分配补偿规则决定生态系统服务的供给水平（Zable，2010；Bettina，2013）。总之，政府（层级）、市场、社区的治理结构不仅创造了受益者对生态系统服务的需求，还通过合理的组织制度影响参与者遵守规则的意愿，从而间接或直接地影响着供给者和需求者的行为选择。

（四）生态补偿的受益者、供给者及支付机制

PES 的利益相关者分为生态系统服务的受益者和供给者（马国勇，2014）。受益者是指获得生态环境改善的正外溢效应的主体，供给者（或受偿者）是指承担着实现生态环境改善的成本或受到损失的主体。PES 的内涵是生态系统服务的受益者对生态系统服务提供者的付费行为。受益者作为付费主体，可以是公共部门、私人部门、公民或消费者。受益者不同，其付费动机不同。首先，公民和消费者的支付意愿取决于新增生态系统服务带来的效用最大化，只有提供者通过努力增加了生态系统服务，公民和消费者才愿意支付，才具有对增加生态系统服务付费的动机。

其次，作为受益者的私人部门（如企业），其付费动机不仅取决于新增生态系统服务带来的直接财务利益，还要考虑投资于环境保护和生态建设的间接利益（如参与生态保护可以提升企业的公共形象）和非财务利益（如企业管理决策者作为公民对履行生态责任的满足感）(Koellner，2010)。最后，在大部分情况下，由于生态系统服务的公共产品属性使得受益者的界定模糊，付费主体是作为公共部门的政府。政府作为受益者的代表，其付费动机不仅取决于生态系统服务改善的供给的数量和质量，还旨在减少生态系统服务富集地区的贫困程度，促进这种地区经济发展和强化治理等。

供给者作为提供生态系统服务的主体，可以是单个农民或协会、林业所有者或工作者、NGO、企业或公共机构。在 PES 实施之前，合理确定生态系统服务的潜在供给者，可以明确政策或项目的实施范围，有助于提高 PES 的效率。Pagiola 等（2005）认为，有效率的 PES 应该寻找这样的潜在供给者，在 PES 实施之前，其生产生活方式带来的 ES 的社会效益为正，私人效益为负，且社会效益和私人效益的总和为正，通过 PES 可以将社会有益但个人无益的情况转化为个人有益的情况，激励土地所有者保护生态环境或提供服务。Greiner 等（2013）将生态系统服务的供给与人类福利联系起来，认为生态系统服务的供给者，不仅提供了自然资本和生态系统服务，反过来保护和修复环境的活动也给自身带来了福利。

PES 是针对生态环境服务的买卖行为，根据买方是否为服务的直接使用者，可以将 PES 划分为使用者付费和政府付费的支付机制。使用者付费的支付机制是直接私人支付，政府付费的支付机制是直接公共支付。政府付费的 PES 中作为受益者代表的公共部门（如国家、区域、地方政府和国际组织等）向生态系统服务提供者的支付，其资金来源是政府财政收入等。由于大部分生态环境服务具有公共产品的属性，且规模庞大的项目需要政府进行强有力的资金支持和强制执行服务收费标准，因此 PES 项目通常由政府主导。以我国为例，目前主要实施的 PES 项目有退耕还林、退牧还草、天然林保护、京津风沙源治理、青海三江源国家级自然保护区、三北防护林工程、"稻改旱"工程等，这些都是政府直接作为生态环境服务的购买者进行的。

用者付费中作为直接受益者的私人部门向生态系统服务提供者支付的资金来源是私人部门的收入所得。使用者付费的 PES 项目中只存在受益者和生产者之间的交易，交易关系相对简单。有学者认为使用者付费比政府付费的 PES 更具有效率（Wunder，2008；Pagiola，2007）。而 Engel 等（2008）认为，使用者付费和政府付费适用于不同的情况，使用者付费下使用者拥有支付的选择权，但当产权不明晰以及交易成本很高时，政府付费可能是唯一的选择。不同的支付机制决定于不同 PES 项目的特点。究竟选择哪一种支付机制，可以利用 PES 的资金使用效率指标帮助判断使用者付费和政府付费的 PES 谁更具有效率。实施一个 PES 项目所需要的资金包括对生态系统服务提供者的付费和治理该 PES 项目的其他成本，对生态系统服务提供者的付费占 PES 所需要的资金的比例越大，该 PES 的资金使用效率越高。哪种支付机制的资金使用效率高就选择哪种支付机制。

虽然直接公共支付和直接私人支付存在差异，但都面临共同的问题，主要有生态环境服务的支付标准、支付效率、支付和贫困的关系等方面。生态系统服务支付标准的确定可根据提供生态环境服务的边际成本、机会成本或服务的经济价值，但成本的计算依赖于调查选取的替代变量，根据服务的经济价值支付远超过受益者的支付能力（Kosoy，2007）。目前，国际学术界主流的方法是采用条件价值评估法（CVM）计算服务提供方所能接收的最低补偿（WTA）和受益方愿意支付的最高额度（WTP），或通过拍卖 PES 合约来披露 ES 提供者的 WTA，降低信息不对称（Ajayi，2012）。

支付依据可分为产出补偿和行动补偿，但二者在成本有效性和创造激励方面存在不足，产出补偿能有效激励供给者的行为，行动补偿能以较少的资金达到保护环境的目的（Gibbons，2011），但是，若产出补偿确定的补偿金额超过 WTP 则难以实践操作，依据行动确定补偿标准时又难以获得供给者的成本信息。为避免单一使用产出补偿或行动补偿的局限，可运用委托代理理论（Derrisen，2013）和实物期权模型（Engel，2012）将产出补偿和行动补偿依据相结合，确定支付标准。PES 的支付标准随时间递增，或先支付较大一部分金额帮助生态系统服务提供者进行先期投资。支付的形式或现金或实物。马文军等（2018）进行的相关规范性研究，对本书推进也有着良好的启发价值。

第三节　基于土地利用变化的生态补偿经济福利效应研究综述

　　在基于土地利用变化的生态补偿中，土地使用者的利益变化直接决定了其参与决策，是有效开展生态补偿的关键因素。换言之，保障参与生态补偿以来的经济福利是维持生态补偿可持续性的前提条件。生态补偿的经济福利包括农户和区域两个层面。在农户层面，其经济福利包括不同土地利用方式下的土地收益变化和改变生产方式后的劳动收益变化，即机会成本，也包括生态环境变化带来的衍生利益变化，如对参与者自身的身心愉悦、减少自然灾害避免的经济损失等，还包括参与者群体的收入整体变化及其带来的内心满足感。在区域层面，集中连片开展政府主导的生态补偿，必将对当地经济发展造成影响。因此，本书遵循农户个体视角、农户群体视角和区域整体的脉络思路，梳理关于生态补偿经济福利效应的相关文献。

一、土地收益等额补偿下的退耕农户经济福利效应研究

补偿标准是生态补偿研究的核心问题和难点问题，合理确定补偿标准才能推动生态补偿工作的顺利开展，既保证农户的利益不受损害，也确保项目成本有效。理论上，机会成本是补偿标准的下限值，生态效益的价值是补偿标准的上限值，且补偿标准应当充分考虑农户的受偿意愿。当机会成本小于生态效益的价值时，才能构建生态保护补偿机制，农户才有改善福利的空间（柳荻等，2018）。如果补偿标准小于机会成本，农户不会自愿改变当前的土地利用方式，强制农户参与生态补偿则直接造成福利损失。如果补偿标准大于生态效益的价值，理性的生态补偿付费方将不愿意支付这一补偿费用，政府坚持推行则丧失了生态补偿的成本有效性。学术界的一般观点是，虽然理论上可以依据生态效益的价值进行补偿，但这不具备现实的可操作性，普遍接受的补偿依据是机会成本和受偿意愿（Börner 等，2017；Turner 等，2016；李文华和刘某承，2010）。因此，本节梳理了依据机会成本确定补偿标准的经济福利效应。

在生态补偿实践中，根据机会成本确定补偿标准的案例较多，机会成本法被视为具有科学性和普遍适用性（李晓光等，2009；Noordwijk，2010；Lu 等，2018）。Liu 等（2017）指出，机会成本是利用某一资源可以获得的最大利益，生态补偿中的机会成本是个人为保护生态环境而放弃的收入和发展机会，生态补偿的机会成本一般被划分为两部分，包括土地和劳动，劳动的机会成本难以精确度量，而土地的机会成本就是其经济产出。

对于退耕还林生态补偿标准的研究，很多学者是根据退耕的农业产出（即土地的机会成本）来确定补偿标准的，根据对机会成本的处理方式不同，大致分为以下三种类型。

一是根据"时点机会成本"确定补偿标准。通常，时点机会成本是利用一次性调研数据获得的年度土地农业收益状况（Uchida，2005），这

是以过往经验判断过往补偿标准的合理性。Gauvin（2010）认为，参与退耕还林的机会成本是参与退耕还林之前一年的土地净收益，等于当年土地总产出与粮食价格的乘积（土地总收益）减去肥料、农药、农膜以及雇佣成本，且不包括农户自身的劳动成本。徐晋涛等（2004）以一次性实地调研得到的退耕地块的农业收益数据作为机会成本，通过比较样本地块退耕前后的种植业收入和补助标准（即退耕的实际补偿），判断退耕农户因退耕而受益。秦艳红（2011）以退耕还林产业结构调整过程中农户的实际收入与预期目标之间的差异作为机会成本，根据调研确定了一个包括 5 口人、从事舍饲养羊为主、种粮为辅的典型农户，按 1998 年不变价格计算了该农户每年的投入与产出情况，结合历年收益确定各补偿期的补偿标准，以确保农户获得可持续发展能力。

二是根据"平均时点机会成本"确定补偿标准。平均时点机会成本通常是利用统计数据或多次调研获得的年均农业收益状况。韩洪云等（2014）以与退耕条件类似地块上的农作物年均收益作为历年机会成本的平均值，按退耕还林后每亩耕地的年均产量与既定价格（2.24 元/千克）之积减去物质费用后得到的现金收益计算机会成本，将机会成本与退耕投入成本之和作为补偿标准，估算重庆万州样本地区补偿标准应为 599 元/（亩·年），通过比较补偿标准和补助标准，认为绝大多数退耕农户并未得到充分补偿。郭慧敏和王武魁（2015）以县为单位计算，将县年单位面积的机会成本记为农作物产量与价格之积与种植成本的差额，其中种植成本包括种子、化肥、收割、翻地等费用，结合 GIS 数据估计了张家口各区县退耕的机会成本总量，认为在国家财力有限的情况下，若预算总额不能补偿所有农户的机会成本，应根据各县在全市机会成本中的权重以及各县在全市生态效益中的权重来分配补偿资金。

三是根据"时期机会成本的现值"确定补偿标准。于金娜等（2012）用净现值法（NPV）将各期机会成本贴现至退耕之初，以机会成本的现值与造林收益的现值之差作为补助标准，通过比较农户在 t 时刻未来农业收益的净现值与未来林业收益的净现值构建退耕林木采伐决策模型，得出在 2016 年补偿期限时的补偿标准的净现值为 3078 元/亩，折合 266 元/(亩·年)，认为现行退耕还林补助标准低于理论上的补偿标准。王恒博等（2016）将造林收益进一步细分为经济林、生态林和草地收益，认为土地的各种经营类型之间存在着竞租关系，理性的农户会选择个人效用最大的土地利用方式，政府设定的最优补助应不低于农田耕作净现值与造林收益净现值之差，结果表明退耕还生态林应补助 3791.12 元/（公顷·年），退耕还草应补助 948.37 元/（公顷·年）。

与传统的依据净现值法对确定现金流折现不同，在净现值法中引入实物期权思想能够对未来不确定的现金流折现（Dixit 和 Pinkyck，1994）。已有学者将实物期权理论引入生态补偿研究中，通过比较不确定条件下每期机会成本的现值和补偿标准的现值得到生态补偿参与主体行为选择的转换边界（Conversion Boundary），以参与主体的选择不越过转换边界为目标，考察不同补偿标准的成本有效性。Guthire 和 Kumareswaran（2009）借鉴实物期权思想得到在未来木材价格不确定情况下森林所有者保有、轮伐或一次性采伐森林的行为选择的转换边界，分析森林补偿如何影响转换边界，然后比较两种不同补偿标准（根据土地实际固碳量指定的补偿标准以及根据长期潜在固碳能力确定的补偿标准）使森林所有者不采伐森林时的成本有效性，结果表明两种支付计划都能有效减少森林砍伐，而且第一种支付计划下森林轮伐周期更长，成本有效性更强。Engel 等（2013）借鉴实物期权思想得到在未来农业收益不确定的情况下土地所有者从事农业生产或造林的行为选择的转换边界，比较两种理想的支付计划（根据随同时期农业收益指定的补偿标准以及同时期森林碳汇期货价格指定的支付计划）使土地所有者选择造林时的成本有效性，以及巴西减少毁林和森林退化的碳排放计划（Reducing Emissions from Deforestation and Degradation，REDD）为例进行数值模拟的结果表明，第一种支付计划的成本有效性更强。Yemshanov（2015）指出，利用过往数据计算土地利用变化的机会成本需要大规模的详细数据，对数据的高要求才可以获得可信的机会成本估计值，而改变土地利用方式丧失了管理土地的灵活性使得农户不愿意将土地由农用改为林用，农户可能需要更多的奖励和补偿以激发土地利用变化，采用引入实物期权的净现值法估计机会成本则可以更完整地描绘退耕还林的机会成本。Hauer（2017）认为，土地利用方式在农业和林业间的转换以及它们的时间尺度会带来期权价值，并以加拿大亚伯达为例实证研究了种植农作物和种植纤维素生物燃料草本植物之间的土地利用变化行为，认为土地利用方式变化取决于未来的价格构成。我国学者也开始运用实物期权法思考生态补偿问题。阮利民等（2011）将实物期权理论应用在矿产资源限制性开发的补偿问题中，建立矿产资源价值评估模型，再根据矿产资源开发对区域经济的影响确定生态补偿总额和补偿标准。彭秀丽等（2014）利用实物期权二叉树模型测算矿产开发项目预期收益，把项目预期收益与实际收益之差作为补偿标准中的发展机会成本，以湖南花垣县锰矿区为例的实证研究表明，当前矿区生态补偿标准偏低，难以刺激矿企在保护环境的基础上合理开发。唐文广（2016）考虑了农业用地向碳汇林业用地转换过程中农作物利润不确定情况，利用实物期权理论建立土地利用变化的最优决策模型，为政府调控和政策补贴提供理论支持。

二、个人效用等额补偿下的退耕农户经济福利效应研究

受偿意愿（Willingness to Accept，WTA）是指个人在忍受负面事物（例如环境污染）或者提供正面事物（例如生态效益）时，愿意接受的最低货币补偿额（Heywood，1995）。意愿价值评估法（Contingent Valuation Method，CVM）是评估受偿意愿采用的最广泛、影响最大的方法之一（Hanemann，1994）。CVM通过构造一个假想市场引导受访者陈述其受偿意愿，以评估公共环境物品的经济价值、获取公民对公共物品的个人偏好（Venkatachalam，2004）。和土地的机会成本相比，农户的受偿意愿决

定因素众多，是复杂情形下的微观个体对自身成本收益以及效用的表达。当实际执行的补偿标准低于农户的受偿意愿时，农户存在效用或福利损失；相反，当实际执行的补偿标准高于农户的受偿意愿时，农户存在效用和福利改进。根据序数效用理论，受偿意愿是使农户维持在参与生态补偿之前的原效用水平上的货币补偿。理论上，考虑成本收益的政策制定者应结合微观个体的受偿意愿制定补偿标准，使其不存在利益损害或福利损害的感知，这有利于激发农户的生态补偿参与积极性和管护积极性。

影响生态保护受偿意愿的常见因素包括个体的基本社会人口学特征和社会经济特征，如性别、年龄、文化程度、家庭人口数、劳动力人数等，虽然由于分析方法和选取案例的不同，已有研究关于上述变量与受偿意愿的关系的结论不尽相同（冯琳等，2013；熊凯等，2016；李海燕和蔡银莺，2016；Li 等，2018），但这些特征已被学术界普遍认可和接受，成为研究受偿意愿影响因素的基本控制变量。

在此基础之上，有学者从可持续生计角度出发，研究生计资本（包括自然资本、物质资本、金融资本、社会资本和人力资本）对受偿意愿的影响，以及生计资本与受偿意愿之间的相互作用（谢旭轩等，2010；孙贵艳和王传胜，2017；李树苗等，2010）。研究表明，自然资本对农户再参与退耕还林意愿有负影响（徐建英等，2017），金融资本以及社会资本对农户再参与有正影响（徐建英等，2017；张方圆等，2013），人际信任、制度信任对农民环境治理参与意愿有正影响（何可等，2015）。已有研究对生计资本变量的选择，多为土地状况、家庭财务状况、家庭人口情况、信任等变量，其本质上是对个体及家庭的社会经济特征的细化和归类。然而，上述研究都忽视了生态保护对生态效益和农户生产方式的改变对农户的影响，而生态效益和生产方式的变化恰恰是农户福利变化的重要体现，是以成本收益为导向的农户在决策过程中不可忽略的关键。

生态效益变化和保护生态的机会成本是影响受偿意愿的关键因素（周晨和李国平，2015）。有研究表明，生态保护为保护者提供的除经济补偿以外的效益（因生态效益改善而受益）与受偿意愿存在正向关系（Lindhjem 和 Mitani，2012），农户退耕还林的机会成本与受偿意愿存在正向关系，家庭收入与受偿意愿有负向关系（王一超等，2017）。

三、退耕农户群体的客观经济福利和主观经济福利效应研究

退耕还林主要集中在经济落后地区，这些地区的农户对改善经济福利有迫切需求（刘秀丽等，2014），故本书的着眼点是退耕地区的经济福利效应。退耕还林生态补偿的经济福利效应不仅包括退耕地区农村居民收入水平的变化（客观经济福利），而且包括农村居民对生活状况变化的感知（主观经济福利）。因此，本书把从收入中获得的效用称为退耕还林的客观经济福利，把从感知中获得的效用称为退耕还林的主观经济福利，并据此梳理了已有研究。

（一）退耕还林对农户客观经济福利的影响

退耕还林生态补偿影响农户收入的作用途径有以下三种。一是退耕还林钱粮补贴与原耕地的收入的差异。理论上，退耕还林补偿应保证农民基本生活和经济收入不会发生显著下降（皇富祥等，2012）。而实证分析表明，退耕农户的利益受到不同程度的损失（李国平和石涵予，2015；徐晋涛等，2004）。二是土地利用方式的变化带来收入结构的变化。例如，农民林果类收入增加和第三产业活动增加可以提高收入（胡明和马继东，2008）；耕地集约化利用提高了土地利用效率，林地增加降低了养殖业饲养成本，这两方面有效增加了农民收入（查小春和赖作莲，2010）；退耕还林后续产业收入比重变动对农户收入增长有显著的正向关系（赵丽娟和王立群，2011）。三是退耕土地解放了劳动力，增加了农村剩余劳动力向非农产业转移的机会（Uchida 等，2007；刘越和姚顺波，2016）以及外出务工的劳动力非农工作的时间（易金福和陈志颖，2006）。多数学者的研究表明"退耕还林造成了农村剩余劳动力转移"，但农民外出打工报酬较低且不稳定，有些地方政府为此提供技能培训支持（缪丽娟等，

2014)。

（二）退耕还林对客观经济福利影响的分析方法

在分析一项具体政策对收入的影响时，学者们常采用的政策影响评估方法包括前后比较、处理控制比较和倾向得分匹配等方法（Blundell 和 Dias，2009）。前后比较法（Before-after Comparison）对比分析退耕前后两时期农户的收入水平和收入结构，判断退耕前后的收入变化。已有研究表明，退耕还林前后，农户人均毛收入增长，收入由牧业为主转为外出务工为主（郭欢欢等，2011），退耕后农户的种植业、工副业及人均纯收入有不同程度的增长，退耕补助是农户收入的重要组成部分（刘东升等，2011）。处理控制比较法（Treatment-control Comparison）对比分析处理组（退耕农户）和控制组（未退耕农户）的经济状况。有研究表明，退耕户从传统耕种向商业性农业的转变以及劳动力从种植业向其他行业的流动促进了退耕户的非农业收入增长（胡霞，2005），退耕户几乎在所有生计资本指标上都相对较高（李树苗等，2010）。

近年来，越来越多的学者使用倾向得分匹配法（Propensity Score Matching，PSM）分析项目参与者与未参与者在收入等方面的差异（Arata 和 Sckokai，2016；Pufahl，2009；Hegde，2011）。PSM 是一种使用观测数据进行干预效应分析的统计方法，这种方法的基本思想是，利用倾向得分寻找与参与者具有相同特征的非参与者，把该非参与者作为反事实的比较对象，对比后得到平均参与效应（Average Treatment Effect for the Treated，ATT）。在我国，Li 等（2015）采用 PSM 研究陕南地区移民搬迁工程对移民农户生计的影响，表明移民搬迁工程促进了人均收入增加。谢旭轩等（2011）采用匹配法的研究表明退耕还林对农户总收入的影响不显著。

对比上述三种评估方法可知，前后比较法是描述性统计方法，具有简单直观的优势，但农户的收入增长通常是一种趋势，退耕还林生态补偿不能完全解释农户收入的增加。处理控制比较法也是一种描述性统计方法，和前后比较法相比，它避免了时间因素对农户收入水平和收入结构的影响，但控制组和处理组，即非退耕户样本和退耕户样本的对比无法考虑影响收入情况的其他个体因素，例如年龄、性别等人口学特征。倾向得分匹配法的本质是建立准实验，它的优势在于，在倾向得分一致，也就是个体特征相同的情况下进行比较，增强了独立个体之间的可比性。和前两种描述性统计方法相比，倾向得分匹配法同时考虑了时间和人口学特征因素。因此，本书选取 PSM 比较分析退耕县和非退耕县的特征差异。

（三）退耕还林对农户主观经济福利的研究

退耕还林对主观福利影响的研究，主要是根据千年生态系统评估（Millemmium Ecosystem Assessment，MA）对人类福祉要素的划分建立综合指标体系，研究地区农户对收入、生活质量、健康、环境安全和社会关系这五个方面的整体满意程度。杨莉等（2010）建立了包括客观指标和主观指标的综合指标体系，分析 1999~2009 年样本农户的福祉变化，结果显示，农民福祉的增加主要依赖于经济收入的提高，但是耕地面积减少导致生活成本增加，又阻碍了农民福祉的增加。刘秀丽等（2014）建立的福祉度量指标体系表明，农户福祉的总体水平偏低，收入增加和耕地减少是影响农户福祉的重要因素，其中收入对福祉增长的贡献率高达 132.19%，生产资料满意度占福祉变化贡献率的-78.36%。

在国外，也存在类似于退耕还林的生态补偿实践，学者们多从客观经济福利和主观经济福利两个方面分析受偿主体的福利效应。例如，美国休耕保护计划约 59.4% 的受访者表示 CRP 补偿低于农场净收入（Mortensen 等，1990），为此小农户不愿意参加 CRP（Mclean 等，1994）。美国湿地保护项目的参与者对项目的总体实施以及经济效益是满意的（Forshey 等，2005），而德克萨斯州的参与者对 WRP 总体实施不满意，且其满意度低于非 WRP 参与者（Stroman 等，2014；Stroman 等，2016）。

通过梳理可见，退耕还林生态补偿改变了退耕农户的生产生活方式、收入结构和收入水平，虽然退耕农户的收入水平有所改善，但在主观上，农户对自身状况的满意程度偏低，主观不满意抵消了客观收入增加带来的福利改善。根据相对收入理论，这是由于退耕还林仅直接影响退耕地区农村的绝对收入水平，当退耕地区农村和城镇的相对收入水平发生变化，或退耕地区农村与非退耕地区农村的相对收入水平发生变化时，农村居民对生活状况的感知就会发生变化，城镇居民的收入就会影响农村居民的经济福利。因此，在分析退耕还林的经济福利效应时，应该同时考察农村居民的绝对收入和相对收入。此外，目前的研究大都利用一手数据分析，反映的现象虽然贴近个体的真实情况，但受资金、时间和人力等因素的限制，农户样本数量和调研年度有限，难以直接反映地区的整体情况和长期效果，缺乏利用统计数据的整体分析和长效分析。

四、生态补偿与区域经济增长关系研究

与传统的经济增长不同，绿色经济增长强调在生态环境承载力之内发展经济。虽然目前还没有统一的、权威的关于绿色经济增长的定义，根据俞海等（2015）的观点，绿色增长的核心特征是强调绿色和增长二者之间存在相互的正向关系。关于生态效益与经济增长的研究如下：

一是用生态现代化理论分析生态环境建设对经济增长的促进作用。生态现代化理论（Ecological Modernization Theory，EMT）认为，生态环境与经济增长之间具有兼容性，经济增长是推动环境治理的重要因素和机制。Hovardas（2016）指出，技术和创新可以使经济增长与环境恶化脱钩，通过技术创新来帮助解决环境可持续性问题，已经在全球范围内，尤其是欧洲、北美和亚洲地区，被用于理解和指导环境政策。具体到行业领域，Bergendahl（2018）指出，EMT被广泛应用于农业、能源和水等领域，例如，农业可持续发展、改善水质水量、循环用水和能源回收等技术在不断发展，各种技术和创新能够维护和改善人类生存状况，实现环境可持续性。付双成（2018）梳理了生态现代化理论自诞生发展至今的主要观点及其变化，20世纪80年代的理论初创阶段，学者们认为工业

国家的科技创新可以解决环境问题；80~90年代的理论发展阶段，完善和论证了国家、市场、非政府组织等要素在环境问题上的作用；90年代后期至今，开始倡导生态化消费。Panayotou（2016）认为，最快地改善环境的方式是沿着经济增长的方向发展，因为高收入增加了人们对那些更少物质利益的产品和服务的需求，增加了对环境质量的需求，从而采取环境保护措施。尽管生态现代化理论起源于西方，但适用范围并不限于西方，同样可以推广到包括中国在内的新兴工业化国家。陈涛（2008）用生态现代化理论分析皖南兴村生态建设对区域经济的影响，表明开展水环境保护工作后当地水质变好，大闸蟹养殖业得到发展和壮大，进而促进当地经济发展。洪大用（2012）认为，我国的生态现代化进程还面临技术条件不足、经济发展不充分、经济发展不均衡等方面的困境。

二是利用环境库兹涅茨曲线讨论我国区域经济发展水平与环境质量之间的关系。环境库兹涅茨曲线认为区域经济发展与环境污染（或环境退化）之间呈倒U形关系，随着区域经济的发展，环境质量与经济发展之间由相互冲突关系转变为相互协调关系。Özokcu和Özdemir（2017）分析了1980~2010年26个OECD发达国家以及52个新兴国家的人均二氧化碳排放量与人均GDP之间的关系，面板数据分析结果表明二者之间的倒U形关系不存在。Riti等（2017）指出，中国的经济增长很大程度上依赖于煤炭和石油燃料，从而导致大量温室气体排放，采用自回归分布滞后型、完全修正的普通最小二乘法以及动态普通最小二成法这三种模型对1970~2015年的中国数据的计量分析表明中国环境库兹涅茨曲线存在。李志涛（2010）研究表明，鄱阳湖水环境质量与经济发展处于相"冲突"阶段，应对生态脆弱地区实施生态补偿。褚大建和张帅（2014）分析发现，全球124个国家和地区的生态福利绩效与经济增长之间存在U形关系，随着人均GDP的增加，消耗一单位自然资源带来的福利先减少后增加。巩芳（2016）模拟分析了内蒙古草原地区的环境库兹涅茨曲线，表明草原生态补偿能够缩短到达曲线峰值的时间，降低曲线峰值的高度，具有优化曲线形态的作用。

三是实证研究各种生态环境指标与经济增长的关系。梅艳等（2009）分析了 GDP 与生态足迹之间的协整关系，结果表明，林地足迹对江苏经济增长有促进作用。肖强等（2012）分析了人均 GDP 与人均能源消耗量、废气排放量等生态环境指标之间的协整关系，表明重庆渝东南地区的经济增长主要依靠资源拉动。

四是在经济增长模型中考虑环境因素进行分析，建立绿色增长模型。20 世纪 80 年代中后期在构建增长模型时，以罗漠（1986）、卢卡斯（1988）等为代表的经济学家们开始将环境或污染引入生产函数，将环境质量引入效用函数，在内生增长模型框架下探讨生态环境与经济增长的问题。彭水军和包群（2006）构建了带有环境污染约束的内生增长模型，假定环境是一种具有自净能力且能被耗尽的资本品，将污染排放看作产出的函数，结论表明给定生产技术下的污染程度越小，稳态增长率越高；消费者对环境质量的偏好越高，长期经济增长率越高。黄茂兴和林寿富（2013）将环境作为一种生产要素并对其内生化，将环境存量引入效用函数中，分析环保投资和环境管理活动对改善环境质量的作用，通过我国 30 个省份的实证分析表明，我国经济增长仍需消耗大量环境要素，环境管理投入不足将不能实现最优均衡，进而导致环境不断恶化。贺俊等（2016）构建的内生增长模型中，不仅包括生产过程中的环境污染，还假定治理污染的公共支出能够改善环境质量，均衡分析的结果表明，环境治理投入在国民生产总值中的比例与环境污染之间存在倒 U 型关系，我国环境治理投资在 GDP 中的比重超过 1.8% 时才能遏制环境污染的恶化。杨丽和傅春（2018）建立了流域生态补偿的地区经济增长模型，假定上游地区的物质资本增量受生态补偿金和环境治理支出的影响，平衡增长路径分析表明，补偿标准要随上游地区经济水平而变化，以保证上游加大环境治理力度；通过推动上游低污染水平的行业发展，改变生产技术清洁水平。

第四节 研究述评及研究切入点

一、研究述评

（一）生态补偿理论基础述评

生态效益价值论、公共物品理论和外部性理论为实施生态补偿提供了理论依据。土地利用变化伴随着生态效益变化，利用多种手段可以评估生态效益的价值。提供生态效益就像提供其他传统市场上的商品一样，需要对其付费。生态效益不仅具有价值，而且具有公共物品的属性，这决定了生态效益面临着"搭便车"和"公地悲剧"的局面，需要利用庇古税或科斯手段，将生态效益的外部性内部化，以解决市场环境下的生态效益供给不足。在生态补偿研究之初，上述三个理论成为建立生态补偿制度的根基，由此派生出政府补偿模式和私人付费模式。

效用理论和福利经济理论为评估生态补偿的福利经济效应提供了理论依据。效用理论围绕如何测量效用分别发展出了基数效用论和序数效用论，它们都可以用来分析生态补偿中的个人决策问题。在基数效用论下，根据土地收益边际递减规律可知，土地用途的最优配置点为土地利用方式的边际收益相等时的点，生态补偿提高了生态友好的土地利用方式的土地收益，从而增加了生态友好的土地利用面积。在序数效用论下，根据无差异曲线和补偿性变化的定义可知，对参与生态补偿的个体进行补偿，应以其效用不发生降低作为准则。

福利经济理论的发展可以说是一场关于福利问题的争论历史：新福利经济学与旧福利经济学的论战，社会选择理论同社会福利函数的论战，以及围绕阿罗不可能定理所展开的论战。从理论发展过程可以看出：一方面，经济学家关注的焦点始终是衡量全社会的经济福利，普遍认可的社会福利函数应该既反映了全社会的福利总量，也考虑了福利总量在人际间的配置问题；另一方面，无论社会福利函数的形式如何变化，全社会的福利水平都是由微观个体的效用来确定的。由此可见，从个人效用函数入手，将公平和比较因素纳入效用函数中，再利用简单功利主义或新古典主义计算社会经济福利，也是测量社会福利的一种思路。这种思路具有两个优势：一是将公平因素内置于个人效用中，而不是在由个人效用汇总至社会福利的过程中，更符合逻辑和现实情况；二是和阿特金森社会福利函数相比，不用划分穷人和富人，避免了中位数附近的人群在划分时的选择困境。

经济增长是在宏观层面上测量经济福利的重要指标。经济增长理论的发展经历了200多年，是一个内容丰富的思想库。古典增长理论和现代经济增长理论具有不同的特点。以斯密、李嘉图和马尔萨斯等为代表的古典增长理论研究的是经济增长的根源和动力是什么、为什么有的国家远远富于其他国家、如何解释真实收入随时间推移而大幅度提高等问题。以哈罗德、多马、索罗、罗默和卢卡斯等为代表的现代经济理论则采用不断标准化研究方法，在均衡分析框架的基础上研究经济增长的动态均衡和最优增长，形成了系统性的研究成果。

（二）生态补偿研究述评

国内外生态补偿的含义认识的侧重点有所不同。国外对PES的认识重点在于机制设计上，探讨PES的范畴和特征。这体现在以下三个方面：一是强调PES的交易、额外性、参与主体等要素特征；二是扩展狭义的市场交易的特征，融合政府主导的交易特征；三是将PES与其他环境保护手段（如ICDPs等）区别开来。我国对生态补偿的理解重点在于具体实施内容上，强调正外部性内部化、补偿方式、补偿依据以及政策目标。可见，国内外对生态补偿的理解最大的区别是政策目标，国外强调PES的额外性而我国强调生态补偿的福利影响。将PES理论和技术与我国生态补偿的国情特征结合起来，不仅可以提高我国生态补偿的实施效率，还可以评价我国生态补偿实践的福利效果。

关于生态补偿的类型，国外研究根据 PES 的要素构成进行分类，我国则依据生态补偿的实践领域进行分类，这种区别的原因在于对生态补偿的理解上有所不同，国外偏向于理论而国内偏向于实践视角。通过梳理可见，目前我国已在诸多领域实施生态补偿项目，多是以政府主导的针对纯公共物品的区域性生态建设。但在理论层面尚未与国外 PES 的类型形成对接，导致我国生态补偿分析缺乏系统的分析框架和标准化的分析手段，停留在就项目论项目的实践层面。本书将国外 PES 分类和国内生态补偿实践类型结合起来，针对基于土地利用变化的生态补偿类型构建理论分析框架和分析方法，以我国退耕还林为例进行实证分析，为丰富我国基于土地利用变化的生态补偿研究提供理论基础和实证经验。

关于生态补偿的治理目标研究，主要涉及改变土地利用方式的成本收益分析、生态补偿的构成要素。首先，从成本收益分析看，土地利用方式的改变造成了土地使用者的经济利益变化以及全社会的生态效益变化，和集约型土地利用方式相比，生态友好的土地利用方式为全社会提供了更多的生态效益和较少的环境污染，却减少了个人从土地上获取的经济产出，若对土地使用者的土地经济产出进行补偿，弥补其经济损失，则可以实现成本有效性。其次，从生态补偿的构成要素看，核心要素包括供给者、受益者、治理结构和支付机制，架构的重点在于支付机制设计。通过梳理可知，已有的成本收益分析趋于整体考虑，对土地使用者的利益变化分析仅涉及土地利益是远远不够的，忽略了土地使用者，也就是生态效益供给者的总体经济利益和福利，这不利于实现补偿激励的有效性。另外，国外已有的生态补偿构架中缺乏对生态补偿特征或目标的论述，对内嵌于生态补偿制度中的贫困和区域发展问题还有待于进一步完善。因此，本书从生态效益供给者的利益出发，分析土地利用变化造成的土地收益变化及其对个人和区域的经济福利效应，以建立健全内嵌政策目标的生态补偿的制度设计和实践。

（三）基于土地利用变化的生态补偿经济福利效应研究评述

从农户个体视角看，农户的机会成本和受偿意愿是影响农户个体经济福利的直接因素。农户的机会成本主要包括两个部分，土地的机会成本和劳动的机会成本。现阶段以土地的机会成本的分析多以土地产出为基准，采用时点机会成本、平均时点机会成本和时期机会成本的现值等方法核算。然而，这三种处理机会成本的方式在判断农户利益损益时亦存在局限性。时点机会成本可以判断特定时点上的退耕农户损益，却不能作为确定补偿标准。平均时点机会成本理论上可以当作补偿标准，但由于土地的农作物收益受到气候条件、供需和物价等多种因素的影响而随时间变化，导致平均时点机会成本难以反映不同时期机会成本变化情况下的农户损益状况。时期机会成本的现值作为机会成本虽然避免了土地收益变动造成的均值代表性差的问题，但使用净现值法只能折现确定条件下的农业收益，正如于金娜对调研样本地区 2005 年、2007 年和 2009 年的种植业收益折现，而不能对未来走势不确定的土地收益进行折现，只能在已经退耕一段时间后再计算补偿标准，用于潘丹补助标准的合理性，而不能用于制定未来的补偿标准。此外，用样本地区调研数据确定的机会成本难以代表像退耕还林这种地域跨度很大的大型生态工程中退耕还林农户的普遍状况。利用实物期权思想建立农户个体行为决策的转换边界，则可以对未来走势不确定的土地收益进行折现，不仅可以用于分析农户个体的行为决策，也可以作为一把"标尺"来判断补偿标准对农户个人的利益损益情况。

围绕农户的受偿意愿影响因素的研究已取得诸多成果，受偿意愿的影响因素包括个体的基本社会人口学特征和社会经济特征、个体的生计资本状况以及对生态效益的认知等因素。目前，在成本效益分析视角下的研究对生态效益和机会成本的分析尚不全面。随着生态环境改善，林缘农地面临耕种困难（又称胁地效应），农户弃耕现象频出，野生动物增加也对土地收益和人身安全产生威胁（宋文飞等，2018），生态效益对受偿意愿的影响不仅局限于生态改善对农户的益处，其对农户造成的负面影响也是影响受偿意愿的重要方面。另外，仅使用耕地收益作为退耕还林的机会成本，无法解释农户自主退耕的问题。机会成本与受偿意愿的关系，本质上应当是退耕还林前后收入的预期变化与受偿意愿的关系，不仅包括退耕的土地收入变化，还包括劳动要素的收入变化。经济租金，即土地要素和劳动要素的收入变化之和，才是直接影响受偿意愿的因素。此外，还有学者研究了退耕还林受偿意愿的区域差异性，认为受偿意愿的区域差异性可能与农户与外界的接触机会（冯琳等，2013）、家庭生计资本差异（王一超等，2017）等因素有关，已有研究对受偿意愿的地域差异性的原因仅停留在文字推测解释上，缺乏理论和实证支撑。

从农户群体视角看，以退耕还林为代表的基于土地利用变化的生态补偿改变了参与用户的生产生活方式、收入结构和收入水平，虽然参与农户的收入水平有所改善，但在主观上农户对自身状况的满意程度偏低，主观不满意抵消了客观收入增加带来的福利改善。根据相对收入理论，这是由于退耕还林仅直接影响退耕地区农村的绝对收入水平，当退耕地区农村和城镇的相对收入水平发生变化，或退耕地区农村与非退耕地区农村的相对收入水平发生变化时，农村居民对生活状况的感知会随之发生变化，城镇居民的收入会影响农村居民的经济福利。因此，在分析退耕还林的经济福利效应时，应该同时考察农村居民的绝对收入和相对收入。此外，目前的研究大都利用一手数据分析，反映的现象虽然贴近个体的真实情况，但受资金、时间和人力等因素的限制，农户样本数量和调研年度有限，难以直接反映地区的整体情况和长期效果，缺乏利用统计数据的整体分析和长效分析。

从区域整体视角看，已有研究大多立足于考察环境质量与区域经济增长之间的关系，这为研究生态补偿与区域经济增长之间的关系提供了可能性。政府主导的生态补偿具有规模大、时间久的特征，对区域经济的影响注定是长远深久的。无论是在数据选择和覆盖范围上，还是在分析问题的切入点上，现有研究都有待于进一步加强和拓展。第一，当前从宏观视角的研究基点主要是生态效益与经济增长之间的关系，而政府主导的生态补偿不仅有利于改善生态环境，还提供了大量的补偿资金，却鲜见生态补偿与区域经济增长之间的关系的计量分析。第二，基于土地利用变化的生态补偿造成的生态环境改善、生产方式改变和劳动力转移等效果最终都表现为区域经济的变化。然而，以退耕还林为例，在退耕还林对区域经济影响的问题上，已有的理论研究仅停留在退耕还林补偿与经济增长的框架研究上，缺乏从宏观经济学上的理论模型分析，同时，现行实践案例分析大多也只是个案研究和数据的陈述和罗列，缺乏面向地区的定量的实证研究。

二、研究切入点

国外关于生态补偿的理解以及生态补偿的机制研究为我国生态补偿实践提供了理论支撑，同时我国大规模政府主导的生态补偿实践也为研究基于土地利用变化的生态补偿经济福利效益提供了客观需求。退耕还林生态补偿的目标在于改善生态环境，也在于惠民生和稳增长。通过梳理基于土地利用变化的生态补偿经济福利效应的相关研究文献，笔者发现，我国基于土地利用变化的生态补偿经济福利效应研究存在的两个不足。一是在惠民生方面，均一型补偿使过度补偿和补偿不足并存，导致项目资金使用效率较低和参与者积极性受挫；二是在稳增长方面，已有研究还停留在框架探究阶段，在理论分析和定量分析上还有待加强。这两个不足也是本书试图解决和改善的问题，以退耕还林作为基于土地利用变化的生态补偿的典型案例，结合我国退耕还林政策的多重目标、均一型补助标准以及连片推进的实践现状，系统深入地分析基于土地利用变化的生态补偿的经济福利效应。

具体来说，本书研究切入点有以下两个：

一是基于土地利用变化的生态补偿对农户的经济福利效应。通过对生态补偿治理目标的分析可以发现，农户是生态效益的潜在供给者，公共支付和农户行为变化会直接或间接地影响农户的经济福利，因此，研究土地利用变化的生态补偿对农户的经济福利效应是第一个切入点。具体而言，本书主要从农户个体和农户群体两个方面进行理论分析和实证分析，农户个体的经济福利效应主要关注绝对利益对农户经济福利的影响，包括土地收益、劳动收益和生态效益变化对农户经济福利的影响，为政府制定补偿准则提供参考依据；农户群体的经济福利效应主要关注相对比较利益对农户经济福利的影响，包括农户群体与非农户群体的比较、参与农户群体和非参与农户群体的比较以及参与农户群体的现在与过去的比较，据此完善退耕还林的相关配套政策，实现我国退耕还林的减贫目标。利用从农户个体和农户群体视角下的经济福利效应研究反观生态补偿的支付机制，为制定合理的退耕还林补偿政策提供依据，实现补偿的有效激励。

二是基于土地利用变化的生态补偿对区域的经济福利效应。政府主导的生态补偿具有投资大、覆盖范围广的特点，因此退耕还林作为政府主导在全国范围内实施的生态补偿，不仅是大型生态修复工程，也是宏观经济运行的调控手段之一，因此本书的第二个切入点是研究基于土地利用变化的生态补偿对区域的经济福利效应。具体而言，已有研究以生态环境和经济增长的关系居多，而政府主导的生态补偿不仅提供了生态效益，也向地方注入了大量补偿资金。本书利用具有微观基础的宏观经济增长模型，并引入生态效益和中央政府向地方划拨的生态补偿资金这两个要素，研究生态补偿的生态效益与补偿资金二者对区域经济发展的影响，评估多目标生态补偿的作用实践效果，深入理解生态补偿在宏观经济运行中的作用。

第三章
基于土地利用变化的生态补偿的经济福利效应理论分析框架

　　本章结合基于土地利用变化的生态补偿实践和退耕还林生态补偿的相关规定，遵循"微观个体—中观群体—区域整体"的逻辑层次，理论分析了基于土地利用变化的生态补偿对农户和区域的经济福利效应，构建了退耕还林生态补偿的经济福利效应理论分析框架。首先，根据效用理论中的基数效用论，利用等值转换思想构建农户参与退耕还林的成本收益转化边界模型，对未来农作物收益不确定情况下的农户参与退耕还林的决策进行分析，并以此作为判断简单情况下退耕农户损益的标尺。其次，根据效用理论中的序数效用轮，利用效用等值思想构建考虑补偿变化的个人效用函数模型，分析生态效益和经济租金对退耕农户经济福利的影响。再次，根据黄有光社会福利函数思想，建立考虑比较因素的退耕农户群体的经济福利函数，分析习惯性比较和社会性比较对农户群体的经济福利的影响。最后，根据宏观经济增长理论，利用具有微观基础的宏观经济增长模型建立考虑生态补偿的区域经济增长模型，分析生态效益和补偿资金对区域经济增长的影响。最终提出本书的理论分析框架，为实证研究提供统一的逻辑框架。

第一节　理论模型分析思路

生态补偿的理论和实践发展离不开机制设计和效应评价两部分。机制设计讨论的一般问题是，对于给定的生态补偿政策目标，在自由选择、自愿交易等分散化决策条件下，能否设计以及怎样设计一套机制，使生态补偿参与者的利益和生态补偿政策目标一致（Ferraro，2008；Jack 等，2008）。效应评价讨论的一般问题是，探讨实施生态补偿后带来的生态效应、经济效应和社会效应等，诸如，当地生态环境是否改善、核算新增生态效益物质量和价值量、是否改变参与者经济收入和行为选择、是否促进当地经济转型和发展、是否改变了群众的环保意识和对生态效益的认知水平等（Hayes 等，2017；Börner 等，2017）。机制设计和效应评价分别属于事前策划（Pre-design）和事后评估（Post-mortem）的范畴，二者是不可割裂而独立存在的，机制设计是事后评估的基础和前提，事后评估反过来可以全面反映机制的执行情况，为设计更加完善、科学的机制提供依据。值得注意的是，与机制设计不同，事后评估是政府主导下的生态补偿不可忽视的重要组成部分，这是政府主导的生态补偿的属性决定的，这也是本书所关注的焦点。

通过文献梳理发现，国外关于生态补偿的讨论更多的集中在私人付费的成本有效性、政府主导的效率问题上；国内关于生态补偿的讨论多见于补偿标准、政策分析和框架设计上。关于生态补偿的经济福利效应研究正处于逐步被重视的阶段，已有研究多是微观视角下的参与人生计变化研究，缺乏对生态补偿经济福利效应的深入分析和系统分析。我国生态补偿的多重政策目标决定了其将在微观至宏观层面产生多维的经济福利效应。更重要的是，退耕还林生态补偿已在我国实施近 20 年之久，这样大规模持续性的国家政策对个人和区域的影响是持久而深远的。实践过程中出现的种种矛盾和问题也是事前策划的机制设计所无法顾及的，而效应评估则可以从实践中归纳和分析机制设计中存在的缺陷和漏洞，从而完善机制设计。因此，系统多维地研究退耕还林生态补偿的经济福利效应有利于完善退耕还林政策，这也是本书研究的目标。

基于本书的研究问题和目标，笔者以政府主导的生态补偿在农户生计改善和区域经济增长两方面的经济福利效应作为出发点设计本书的分析框架，结合2015年《关于扩大新一轮退耕还林还草规模的通知》（以下简称《通知》）中指出退耕还林的重要意义，运用效用理论、福利经济理论和增长理论，从惠民生和稳增长两个视角进行研究。

一、在惠民生方面，考察基于土地利用变化的生态补偿对参与农户的经济福利效应

首先，在微观个体层面上设定简单情形，运用基数效用论和实物期权思想分析土地机会成本对参与农户经济福利的影响。

基数效用论认为，个人效用可以用数字度量。由此发展而来的早期福利经济学则主张以货币度量经济福利。土地利用变化的生态补偿过程中，农户改变了土地利用方式，土地收益也随之变动。因此，在简单情形下，农户个体的经济福利效应取决于其效用水平变化，且效用水平是土地机会成本的函数。根据基数效用论，每一种土地用途下的收益都对应一种效用，某种土地用途下的收益越多，效用越大。当一个人对土地用途的分配表示满意时，用于农作物生产的土地收益等于参与生态补偿后的土地收益。如图3-1所示，两种假设的土地利用方式——农业生产和生态友好的利用，横轴代表总土地面积，纵轴为单位面积土地的经济收益。在土地总量固定的情况下，适宜农业的优质平原土地是有限的，随着农业生产扩张和过度开荒，单位土地的经济收益下降，土地用途的最优配置点为A，此时两种土地利用方式的边际收益相等。实施生态补

偿后，土地用途的最优配置点由 A 变为 B，此时生态友好的土地利用面积增加，可提供更多的生态效益。

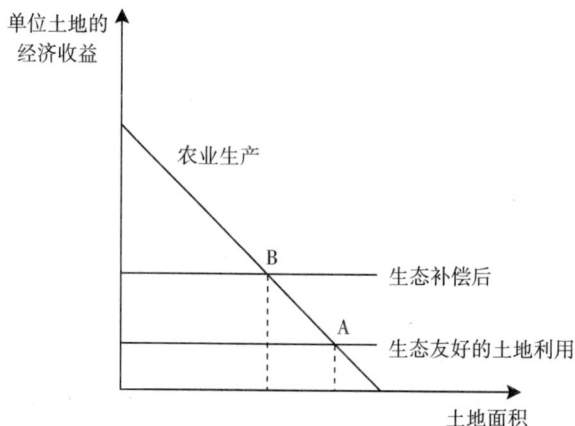

图 3-1　基于基数效用理论的生态补偿个人决策分析

　　由此可见，农户决定是否改变土地利用方式，取决于原土地收益和参与生态补偿后的土地收益孰大孰小。然而，在比较原土地收益和参与生态补偿后的土地收益的大小时往往存在诸多误区。土地用途具有择一而从的属性，且受市场价格等社会经济因素和光照降水等自然气候因素的影响，土地收益存在不确定性。比较不同土地利用方式下的土地收益时，应充分考虑到比较过程的时间尺度和未来土地收益的不确定性。因此，本章第一个关注点是未来土地收益不确定情况下，通过比较不同土地利用方式下的土地收益变化，分析生态补偿参与决策的农户的经济福利损益。主要工作是通过比较土地种植农作物的收益的现值和退耕还林后土地营造生态林的收益的现值，探讨成本收益等额补偿的转换边界，以此作为评判当前生态补助标准对农户经济福利损益的基准，提出可供选择的制定退耕还林补偿标准的政策建议。进一步理论分析见第三章第二节。

　　其次，在微观个体层面上设定复杂情形，运用序数效用论和间接效用函数，分析生态效益和经济租金对参与农户经济福利的影响。

在复杂情形下，农户个体的经济福利取决于其个人效用水平变化，且效用水平是生态效益、经济租金和其他个人特征的函数。根据序数效用论，效用水平体现了个人的偏好，利用陈述偏好法获得个人的受偿意愿本质上是获得了个人的偏好。结合序数效用论中的补偿性变化，生态补偿造成了个人的收入变化，会产生一个间接效用水平的变化，开展生态保护不应损害个人的效用，对个人的补偿应使效用水平至少维持在原本的状态。图 3-2 描述了生态补偿造成产品和服务消费变动，X_1 代表个人的商品消费量，X_2 代表生态效益的消费量，在生态补偿之前，个人的最优消费点是间接效用函数 V_0 与支出函数的切点 A（X_{10}，X_{20}），放弃土地的农业收益后间接效用下降至 V_1，个人最优消费点由 A 变动到 B，根据补偿性变化的定义，对个人的补偿应使其效用水平回归至 V_0，此时的最优消费组合为点 C。

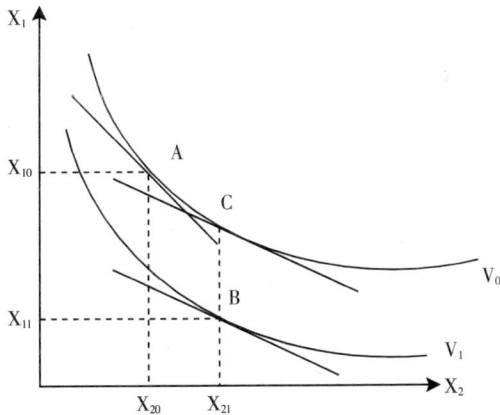

图 3-2　基于序数效用理论的生态补偿受偿意愿分析

在我国退耕还林生态补偿实践中，存在原土地收益高于退耕还林收益也选择退耕的现象，表明土地的机会成本不是农户决策的唯一因素，也不是影响农户经济福利的唯一因素，有必要设定更复杂、更贴近现实的情形，分析影响参与农户经济福利的因素。在复杂情形下，土地利用变化不仅向全社会提供了生态效益，也改变了农户的整体经济收益，如土地收益、劳动收益等方面。可见，农户的经济福利变化不仅局限于土地的机会成本，而是农户因参与生态补偿的整体经济收益变化，即经济租金。因此，本章第二个关注点是在生态效益和经济租金因生态补偿而变化的情况下，通过比较不同土地利用方式下的个人效用变化，分析参与生态补偿的农户的经济福利效应。主要工作是通过比较考虑生态效益和经济租金的间接效用函数在两种土地利用方式下的变化，探讨生态正效益、生态负效益以及经济租金对参与农户经济福利的影响。进一步理论分析见第三章第二节。

最后，在中观群体层面，利用社会福利函数分析比较因素对参与农户群体经济福利的影响。

对于生态补偿而言，生态补偿不仅改变了参与主体的收入水平，同时改变了参与群体与未参与群体的相对收入水平，个人的效用变化必将造成参与群体的福利变化。根据简单功利主义社会福利函数的定义，生态补偿参与群体的经济福利为每个参与者的效用水平之和，即 $w = \sum u_i$。需要说明的是，这里提出的参与者个人效用函数借鉴了黄有光的社会福利函数观点，即个人效用不仅受其自身收入的影响，也取决于相对收入。因此，在中观群体层面上，关注比较因素对参与农户经济福利的影响。

内部因素，诸如前述的生态效益和经济租金，会影响参与农户的经济福利。与此同时，外围环境也在影响农户群体经济福利。根据黄有光（2005）的观点，改善福利不仅取决于绝对收入，更取决于相对收入。具体而言，一方面，收入增加使预算线边界扩张，从而使个人达到更高的效用水平；另一方面，相对收入通过改变个人收入期望而影响其效用水平。这里的相对收入是一种典型的外围环境，即便基于土地利用变化的生态补偿弥补了参与农户群体的经济损失，但随着外围环境的变化，即未参与农户群体的收入发生改变，造成相对收入的变化，就会对参与农户的经济福利造成影响。因此，第三个关注点是比较因素对参与农户经济福利的影响，从外围环境着手分析参与农户群体因收入比较造成的福利损失。主要工作是针对参与农户群体建立考虑比较因素的社会福利函数，找出参与农户面临的典型比较因素，从外围环境视角解释退耕还林农户收入水平提高与生活境况不满意之间的背离。进一步理论分析见第三章第三节。

二、在稳增长方面，运用增长理论和 RCK 模型，考察基于土地利用变化的生态补偿对区域经济增长的作用

传统的关于生态补偿的研究局限于补偿与受偿主体之间的关系，而我国政府主导下的生态补偿还兼有调节经济、稳定增长的目标。《通知》中指出，25 度以上坡耕地集中区域大多是连片特困地区，新一轮退耕还林任务重点向扶贫开发任务重、贫困人口较多的省倾斜。然而，这种连片的、规模性的退耕还林究竟在多大程度上影响区域经济，其影响机理和传导机制又是怎样的，亟待在理论上进行深入探讨。

和传统高耗能的高增长不同，生态补偿驱动的经济增长是绿色增长。绿色增长被认为是可以推动经济增长、改善环境可持续性、促进社会包容平衡发展的引擎和动力（俞海等，2015）。绿色增长中的绿色不是对经济增长的消极制约因素，而是为创造经济增长提供机遇，尤其是通过绿色投资刺激绿色产品和服务的生产。生态补偿就是一种绿色投资，因此，本书将生态补偿过程纳入增长模型中进行分析。

在增长理论的 RCK 模型框架下，经济体处于均衡状态时，经济体的资本水平、产出水平和消费水平将保持相对稳定的状态。但是，如果在该区域内开展生态补偿，一方面，中央政府提供的补偿资金会使资本结构发生变化；另一方面，生态补偿提供的生态效益作为最终产品会使消费水平发生变化，在资本和消费发生变化后，经济系统的原始均衡状态将被打破，在新的发展中实现新的均衡状态。因此，本章第四个关注点是基于土地利用变化的生态补偿对区域经济发展的影响，从区域整理视角建立考虑生态补偿的经济增长模型，分析生态补偿影响区域经济的传

导机制和理论机理，为生态补偿的宏观增长目标提供理论基础。进一步理论分析见第三章第四节。

第二节　基于土地利用变化的生态补偿对农户个体的经济福利效应分析

农户在面临是否参与退耕还林的决策时，首当其冲考虑的是土地利用变化可能导致的土地收益变化，这是一种简单情形。根据过往土地收益或过往土地收益的均值确定补偿标准，这难以反映未来土地利用不变的情况下的土地收益，也难以确保补偿标准不会损害农户的利益。可以根据未来土地收益的现值确定补偿标准，也可以据此建立农户的成本收益转化边界，以判断当前补助标准对农户利益的影响。

农户参与退耕还林后，不仅土地收益发生变化，原本附着于土地的劳动力也在发生变化，退耕还林后产生的生态效益将改变农户的经济利益，这是一种复杂情形。多种因素的共同作用决定了农户的经济福利变化，也为诸多现象提供了解释依据。例如，为何存在原土地收益高于补助标准而农户选择退耕。

本部分分别分析简单情形和复杂情形下，基于土地利用变化的生态补偿对农户个体的经济福利效应。

一、简单情形：基于实物期权模型的农户经济福利效应分析

（一）建模思想

假定农户拥有一单位具有代表性的土地，该土地有两种可选择的利用方式，种植农作物或营造生态林。种植农作物能够为农户带来经济收益，营造生态林能够为社会带来固碳释氧、保持水土等生态效益。作为

理性人的农户，其所追求的目标是自身利益最大化，偏好于选择能够带来短期经济效益的农作物种植。因此，为了实现改善生态环境，激励农户营造生态林，国家会向营造生态林的农户提供补偿，以弥补因营造生态林而损失的种植农作物的净收益。

国家设定的补助标准应该使农户参与退耕还林"有利可图"，即退耕还林的补助应不低于农户放弃种植农作物的机会成本，否则会损害退耕农户的利益，这不仅影响退耕还林的生态效果可持续性，也直接影响农村贫困人口的收入。另外，国家设定的补偿水平也不能显著高于机会成本，否则会增加中央政府的财政负担，还会在相当程度上激励地方政府超规模退耕（徐晋涛等，2004），耕地面积的迅速减少可能会威胁粮食安全。因此，假定理想情况下的退耕还林工程满足：

$$\pi^F = \pi^A \qquad\qquad\qquad (3-1)$$

其中，π^F 是第 t 年退耕还林的净收益，π^A 是第 t 年退耕地块种植农作物的净收益。在农户选择是否参与退耕还林工程时，若 $\pi^F > \pi^A$，理性的农户选择参与退耕还林；若 $\pi^F < \pi^A$，农户选择继续农业耕种；若 $\pi^F = \pi^A$，则农户的选择是无差异的。农户参与退耕还林工程后，在补偿期限内不得改变土地用途，此时若 $\pi^F > \pi^A$，说明农户因参与退耕还林而获益；若 $\pi^F < \pi^A$，说明农户因参与退耕还林而受损；若 $\pi^F = \pi^A$，说明农户利益不会因参与退耕还林而改变。

（二）理论模型构建

根据《退耕还林条例》相关规定，在补助到期后生态林到了间伐和主伐年龄的时候，经有关部门批准后，农户才可以对生态林进行抚育和更新采伐利用。因此，农户营造生态林得到的净收益等于政府补偿金额与造林成本之差，不考虑采伐生态林的收益。营造生态林的净收益 F 可以表示为：

$$F = R - C^F \qquad\qquad\qquad (3-2)$$

其中，R 是政府提供的货币形式的补偿，C^F 是造林成本。造林成本只发生在从农业用地转为林业用地的最初几期内，但模型中将造林成本均摊至每一个补偿期内，以比较补偿期限内农户在两种土地用途下的损益。

种植农作物为农户带来的净收益 P 等于出售农作物的收入与其生产成本之差，可以表示为：

$$P = p \cdot Q - C^A \tag{3-3}$$

其中，P 是种植农作物的净收益，p 是单位农作物的市场价格，Q 是单位土地的农作物产量。

受供给需求、自然环境等因素的影响，农作物市场价格、亩产量、化肥农药价格会发生变化，这导致种植农作物的净收益也会随时间而产生变化，这种变化可以近似看成一个随机过程。几何布朗运动（Geometric Brownian Motion，GBM）是一种常用来模拟利率、工资率、产出价格等经济金融变量的随机过程。这里，我们用几何布朗运动来模拟单位土地上的农作物利润 P 的变化：

$$dP = \mu P dt + \sigma P dz \tag{3-4}$$

其中，μ 是描述 P 变动的漂移系数（Drift Coefficient），σ 是描述 P 变动的变异系数（Variance Coefficient），z 是一个维纳过程（Wiener Process），且满足 $dz = \varepsilon_t \sqrt{dt}$，$\varepsilon \sim N (0, 1)$。

在单位时间内，农户营造生态林的净收益为 Fdt，种植农作物的净收益为 Pdt。假设土地最初的利用方式为种植农作物，政府对营造生态林提供补偿，农户权衡损益后决定土地利用方式。每一期政府支付的营造生态林补偿是定值，而农户改变土地利用方式的机会成本，即同一期内的农作物净收益是不确定的。若营造生态林的净收益高于同期的种植业净收益，农户选择转变土地利用方式；若营造生态林的净收益小于同期的种植业的净收益，农户不会转变土地利用方式。因此，一单位土地的价值 g（P，t）可以表示为：

$$g (P, t) = \max \{\pi^F, \pi^A\} \tag{3-5}$$

其中，π^A 是农户种植农作物时在 Δt 时间间隔内的净收益，π^F 是农户

营造生态林时在 Δt 时间间隔内的净收益。

π^F 和 π^A 可以分别表示为：

$$\pi^F = \int F dt \qquad\qquad (3-6)$$

$$\pi^A = P dt + e^{-r dt} E\left[g\left(P+dP, t+dt\right)\right] \qquad (3-7)$$

其中，r 是贴现率或无风险利率。

由于 Pdt 是不可微的连续时间序列，为求得种植农作物净收益的变化 $d\pi^A$，运用伊藤定理（Ito's Lemma）将式（3-7）展开，得：

$$\pi^A = g\left(P, t\right) + \left[\frac{\partial g}{\partial t} + \mu P \frac{\partial g}{\partial P} + \frac{1}{2}\sigma^2 P^2 \frac{\partial^2 g}{\partial P^2} - rg + \varphi\left(t\right)\right]dt \qquad (3-8)$$

根据式（3-5）可知，当 $\pi^A > \pi^F$ 时，$\pi^F = g\left(P, t\right)$，代表农户选择种植农作物；当 $\pi^A < \pi^F$ 时，$\pi^F = g\left(P, t\right)$，代表农户选择营造生态林。也就是说，$g\left(P, t\right)$ 至少与 π^A 和 π^F 一样大，即 $g\left(P, t\right)$ 至少满足：

$$\pi^A \leqslant g\left(P, t\right) \qquad\qquad (3-9)$$

$$\pi^F \leqslant g\left(P, t\right) \qquad\qquad (3-10)$$

并且式（3-9）和式（3-10）中的等号不能同时成立。

将式（3-8）代入式（3-9）可得：

$$\frac{\partial g}{\partial t} + \mu P \frac{\partial g}{\partial P} + \frac{1}{2}\sigma^2 P^2 \frac{\partial^2 g}{\partial P^2} - rg + F \leqslant 0 \qquad (3-11)$$

满足此限制条件下的 $g\left(P, t\right)$ 反映了农户是否选择营造生态林的生态补偿参与决策。

二、复杂情形：基于效用函数的农户经济福利效应分析

(一) 建模思想

假定土地收益和劳动收益两部分共同构成了农户收入，农户的总收入和所处的生态环境状况共同决定了农户的效用水平。在参与基于土地利用变化的生态补偿之前，农户的效用水平为 U^0，参与生态补偿之后，农户的效用水平为 U^1。为了使参与农户的经济福利不受损害，应当满足：

$$U^1 = U^0$$

基于土地利用变化的生态补偿不仅改变了参与农户的土地收益，也改变了其生产生活方式以及所处的生态环境状况。与此同时，外界提供的补偿资金也改变了农户的效用水平。若 $U^1 < U^0$，参与生态补偿后，农户的经济福利受损；若 $U^1 \geq U^0$，参与生态补偿后，农户的经济福利改善。经济福利受损会挫伤农户提供生态效益的积极性；相反，经济福利改善将提高农户提供生态效益的积极性。理想情况下，外界提供的补偿资金应至少不降低农户的效用水平。

（二）退耕还林过程中的生态效益和经济租金

生态效益包括生态正效益和生态负效益。退耕还林带来了巨大的生态物质量和价值量，提供了涵养水源、保育土壤、固碳释养、净化大气环境等服务（李凯等，2014），植被覆盖率增加，沙尘暴、山体滑坡等自然灾害及灾害性气候显著减少（尚静原等，2006；何威风等，2016），这些都是对社会和当地居民有益的生态效益，我们称之为生态正效益。与此同时，得到改善的生态环境也对部分地区农民的生活造成一定的困扰，我们称之为生态负效益。例如，林缘农田面临胁地效应，林木进入成熟期后，由于林带根系夺去了土壤水分和养分，树冠遮荫影响农作物光照，造成林地边缘的农作物存在生长不良、品质降低和产量减少的现象（李赞红等，2014）；山区野生动物明显增加影响粮食生产，野猪啃食玉米、土豆等粮食作物，造成农地经营效益下降（Hanemann，1991）；防控野生动物需要付出高额成本，农户需花费大量的时间和资金，并采取多种措施进行防控，但收效甚微，还容易造成森林火灾、农户误伤等（Venkatachalam，2004）。

经济租金是要素收入与其机会成本之差，经济租金为负是转变生产要素用途的前提（谭宗台，2002）。对于退耕还林而言，经济租金是农户退耕前收入与退耕后收入之差，经济租金不为负才能避免毁林复耕。对农户提供补偿可以增加退耕还林后的收入，调节经济租金的大小，实现退耕还林的持久性。假设农户拥有土地和劳动两种生产要素，退耕还林前农户收入 I（A）是从事农业生产的土地收入 i（A）和劳动收入 i（L）之和，退耕还林后农户收入 I（F）是从事林业生产的土地收入 i（F）和劳动收入 i（L′）之和，那么土地的经济租金为 i（A）– i（F），劳动的经济租金为 i（L）– i（L′），退耕还林的经济租金等于劳动的经济租金和土地的经济租金之和。

由此可见，生态效益和经济租金都会对农户的利益产生影响，是农户退耕还林受偿意愿的重要因素。因此，本书将环境效益和经济租金纳入受偿意愿分析框架（见图 3-3），从理论上分析二者对受偿意愿的影响，再实证分析环境正效益、环境负效益、劳动的经济租金、土地的经济租金对受偿意愿的影响。

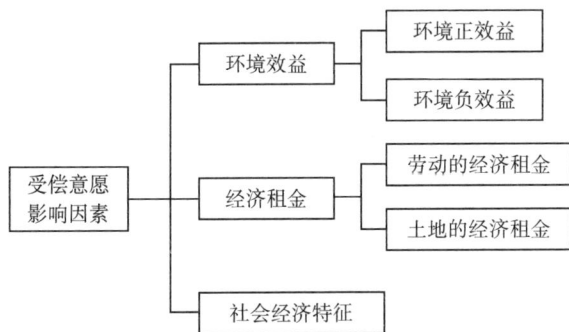

图 3-3 受偿意愿影响因素的分解

（三）理论模型构建

假设在退耕还林之前，土地用途是农业生产。农户获取农业收益 I（A），农户所处的生态环境状况为 Q（A），初始效用水平为 U^0，$U^0 \equiv V[I(A)$，$Q(A)$，p，$x]$。退耕还林之后，土地用途改变为林地。农户获取林业收益 I（F），农户所处的生态环境状况变为 Q（F），此时农户效用水平为 U^1，$U^1 \equiv V[I(F)$，$Q(F)$，p，$x]$。$p = (p_1, p_2, \cdots, p_j)$ 是传统市场商品空间的价格体系，$x = (x_1, x_2, \cdots, x_k)$ 是农户的个人特征。

情形一：在收入水平和价格体系不变的情况下，即 $I(A) = I(F) = I_0$，提供生态效益的最小受偿意愿对应于补偿性变化（Compensation Variation, CV）（Hanemann，1991），即货币补偿后，要使退耕农户的境况与退耕还林前的境况一样好（效用水平不变）。因此，间接效用函数满足：

$$V[Q(A), I_0, p, x] = V[Q(F), I_0 + CV, p, x] = U^0 \tag{3-12}$$

求解式（3-12）中两个间接效用函数的反函数，得到相应的支出函数 $e[Q(A), U^0, p, x] = I_0$ 和 $e[Q(F), U^0, p, x] = I_0 + CV$，相减可得：

$$WTA = CV \tag{3-13}$$

式（3-13）表明，在退耕还林前后农户收入不变的情况下，受偿意愿是以退耕还林前的效用为基准，计算生态效益 Q 的变化造成的货币变化。

情形二：在生态效益和价格体系不变的情况下，即 $Q(A) = Q(F) = Q_0$。退耕还林的经济租金是农业收益与林业收益[①]之差，$\Delta I = I(A) - I(F)$。要使农户的境况与退耕还林前的境况一样好（效用水平不变），那么，间接效用函数满足：

$$V[Q_0, I(A), p, x] = V[Q_0, I(F) + \Delta I, p, x] = U^0 \tag{3-14}$$

求解式（3-14）中两个间接效用函数的反函数，相减可得：

$$WTA = \Delta I \tag{3-15}$$

式（3-15）表明，生态效益不变的情况下，受偿意愿等同于经济租金。

情形三：在收入水平和生态效益同时发生变化的情况下，农户的受偿意愿满足：

$$V[Q(A), I(A), p, x] = V[Q(F), I(F) + WTA, p, x] \tag{3-16}$$

即受偿意愿 WTA 可以被分解为补偿性变化与经济租金：

$$WTA = CV + \Delta I \tag{3-17}$$

上述三种情形中的关键要素是收入变化（即经济租金）和生态效益变化，是遵循控制变量法的思想分别分析经济租金和生态效益对农户的经济福利影响。因此，我们进一步结合图形分析三种情形下的均衡分析、

---

① 这里的林业收益既包括劳动要素收入，也包括土地要素收入。

边际分析和弹性分析。

(四) 情形一下的均衡分析、边际分析和弹性分析

生态正效益影响农户利益的均衡分析如图 3-4 (a) 所示。横轴代表生态效益 Q，纵轴代表收入水平 I。退耕还林前，农户的效用水平为 U^0，最优消费组合是点 A $[Q(A), I_0]$。退耕还林后，效用水平提升至 U^1，最优消费组合是点 B $[Q(A), I_0]$。$I(A) > I(F)$，$\Delta I > 0$，即退耕还林后，农户收入下降，效用水平下降，此时至少对农户补偿 ΔI，才能维持原来的效用水平。可见，若退耕还林后农户收入下降，农户应该受到补偿，补偿额为经济租金；相反，若退耕还林后农户收入增加，则有助于降低农户的受偿意愿。

生态正效益影响农户利益的均衡分析如图 3-4 (b) 所示。退耕还林后，农户可能达到的两个效用水平分别为 U^1 和 U^{11} ($U^1 < U^{11}$)，最优消费组合分别是点 $B^1 [Q(F)^1, I_0]$，点 $B^{11} [Q(F)^{11}, I_0]$，且 $Q(F)^1 > Q(F)^{11}$。显然，效用水平由 U^0 变化至 U^1 时，受偿意愿是 CV^1；效用水平由 U^0 变化至 U^{11} 时，受偿意愿是 CV^{11}，且 $|CV^1| < |CV^{11}|$。可见，如果退耕还林后的生态正效益增加的越多，农户的效用水平改善越大，生态正效益对受偿意愿的降低作用越大。

生态正效益影响农户利益的弹性分析如图 3-4 (c) 所示。U^0 和 U^1 代表一组退耕还林前后的效用水平，U^{00} 和 U^{11} 代表另一组退耕还林前后的效用水平。两组效用函数的区别在于生态效益对收入水平的边际替代率 MRS_{QI} 不同。在点 A 上，$MRS_{QI, U^0} > MRS_{QI, U^{00}}$，在点 B 上，$MRS_{QI, U^1} > MRS_{QI, U^{11}}$，处于 U^0 和 U^1 的人比处于 U^{00} 和 U^{11} 的人更看重生态效益，愿意用更多的货币换取一单位的生态效益。如图 3-4 (c) 所示，当效用水平由 U^0 变化至 U^1 时，受偿意愿是 CV；效用水平由 U^{00} 变化至 U^{11} 时，受偿意愿是 CV′，$|CV| > |CV′|$。可见，生态效益对收入水平的边际替代率越大，生态效益对降低农户受偿意愿的作用越大。

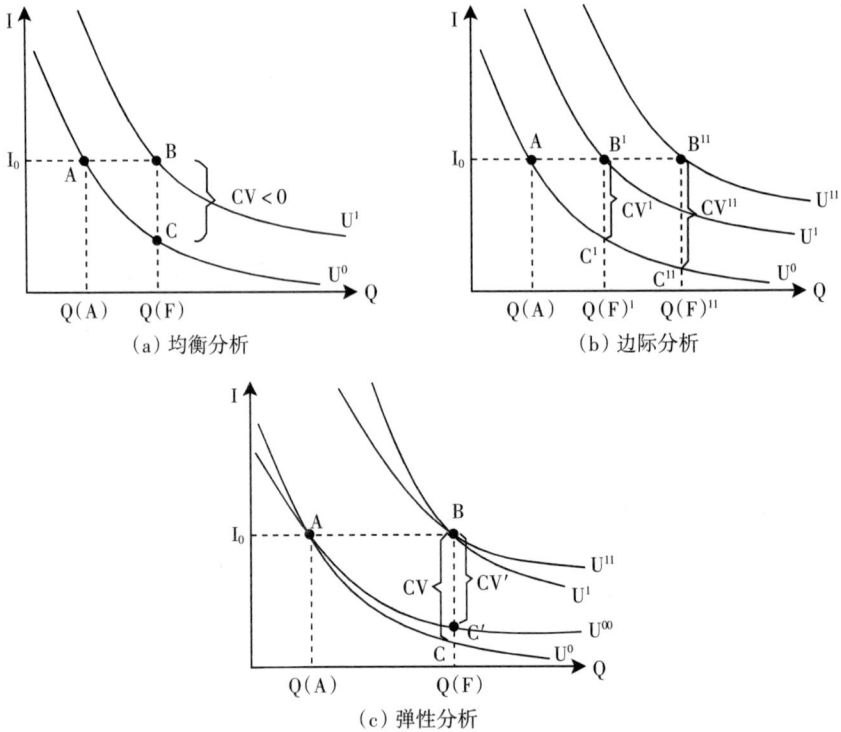

（a）均衡分析

（b）边际分析

（c）弹性分析

图 3-4　生态正效益影响农户利益的图示分析

（五）情形二下的均衡分析、边际分析和弹性分析

经济租金影响农户利益的均衡分析如图 3-5（a）所示。横轴代表生态效益 Q，纵轴代表收入水平 I。退耕还林前，农户的效用水平为 U^0，最优消费组合是点 A $[Q_0，I（A）]$。退耕还林后，效用水平提升至 U^1，最优消费组合是点 B $[Q_0，I（F）]$。图 3-5（a）中，I（A）＞I（F），$\Delta I > 0$，即退耕还林后，农户收入下降，效用水平下降，此时至少对农户补偿 ΔI，才能维持原来的效用水平。可见，若退耕还林后农户收入下降，农户应该受到补偿，补偿额为经济租金；相反，若退耕还林后农户收入增加，则有助于降低农户的受偿意愿。

经济租金影响农户利益的边际分析如图 3-5（b）所示。退耕还林后，农户的收入可能是 I（F）^{1} 或者 I（F）^{11}，且 I（F）^{1}＞I（F）^{11}，最优消费组合

可能是点 B^I 或者 B^{II}，相应的效应水平分别为 U^I 和 U^{II}（$U^I < U^{II}$）。当效用水平 U^0 变化至 U^I 时，受偿意愿是 ΔI^I；效用水平由 U^0 变化至 U^{II} 时，受偿意愿是 ΔI^{II}，且 $|\Delta I^I| < |\Delta I^{II}|$。由此可见，如果退耕还林的经济租金越大，农户的效用水平降低得越多，农户的受偿意愿越大。

经济租金影响农户利益的弹性分析如图 3-5（c）所示。U^0 和 U^I，U^{00} 和 U^{II} 分别代表边际替代率不同的两组效用水平，处于 U^0 和 U^I 的人更在乎生态效益，愿意用更多的货币换取一单位的生态效益。效用水平由 U^0 变化至 U^I 时，或者由 U^{00} 变化至 U^{II}，受偿意愿都是 ΔI。由此可见，退耕还林前后效用函数的边际替代率不影响农户的受偿意愿。

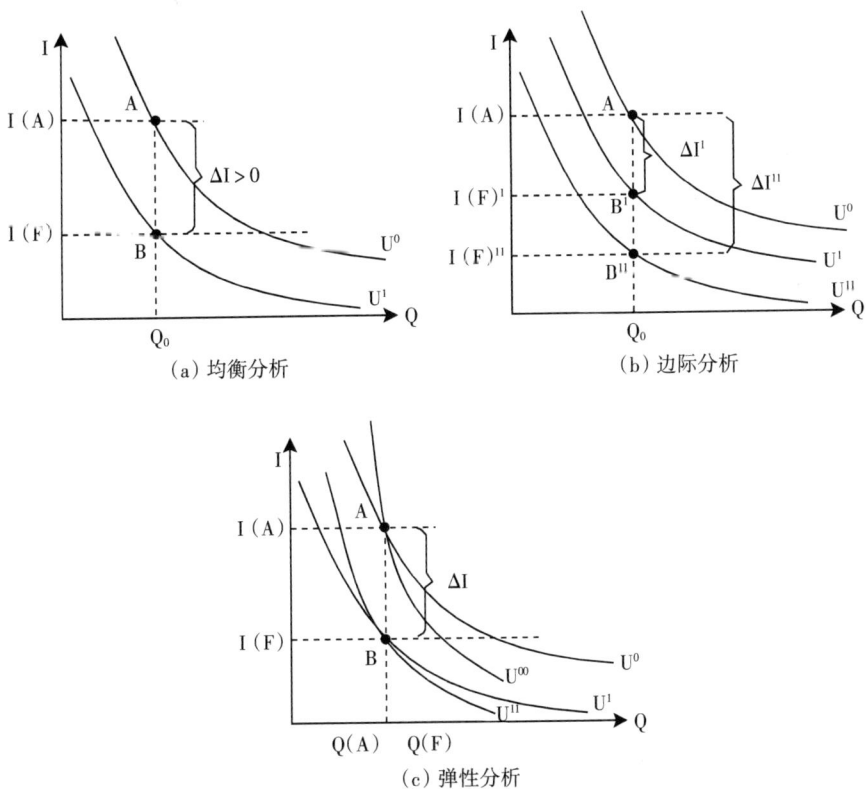

（a）均衡分析　　（b）边际分析　　（c）弹性分析

图 3-5　经济租金影响农户利益的图示分析

（六）情形三下的图示分析

在图 3-6(a) 中，退耕还林之后，农户享受了生态正效益 $[Q(F) > Q(A)]$，但是收入下降 $[I(F) < I(A)]$。因生态正效益增加而造成的个人收入变化（CV）是以 U^0 为基准的 B 点到 C 点的收入变化，CV < 0。经济租金（ΔI）是以 U^0 为基准的 A 点到 D 点的收入变化，且 $\Delta I > 0$。CV 和 ΔI 的大小共同决定了受偿意愿。若 $|CV| < \Delta I$，那么 WTA > 0，表明生态正效益增加降低了农户的受偿意愿，但农户仍然有受偿意愿；若 $|CV| \geq \Delta I$，那么 WTA ≤ 0，表明生态正效益增加的足够充分，完全冲抵了农户的受偿意愿。

在图 3-6(b) 中，退耕还林之后，农户承受了生态负效益 $[Q(F) > Q(A)]$，且农户收入下降 $[I(F) < I(A)]$，此时 CV > 0，$\Delta I > 0$，退耕还林

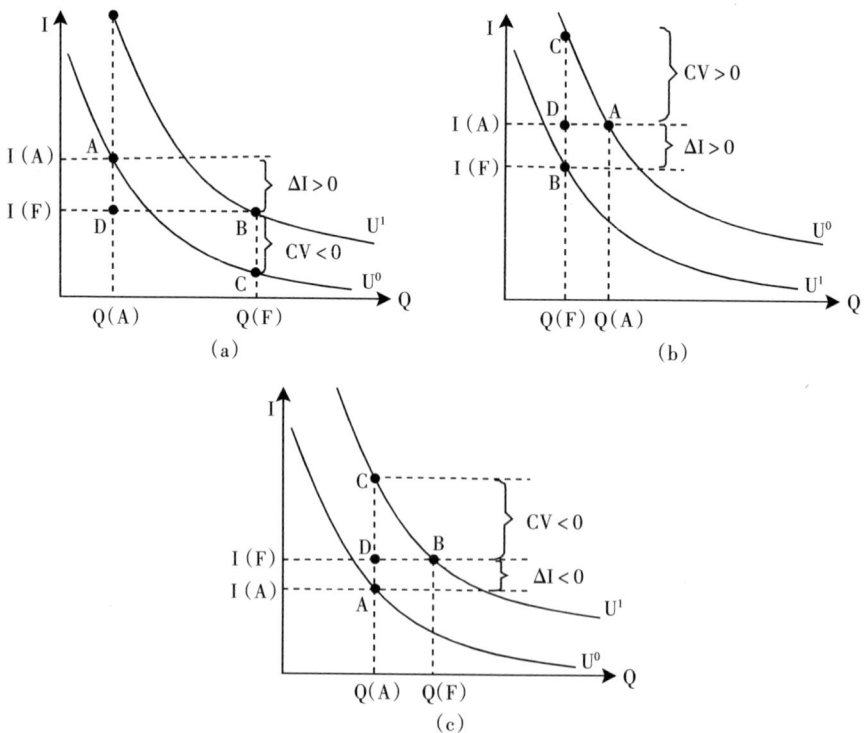

图 3-6　生态效益和经济租金对农户利益的共同作用

同时给农户的生存环境和经济状况带来负面影响,受偿意愿是 CV 和 ΔI 的叠加,是最恶劣的情况。

在图 3-6(c)中,生态正效益增加 [Q(F)>Q(A)],农户收入增加 [I(F)>I(A)],此时 CV<0,ΔI<0,退耕还林没有给农户带来任何负面影响,是最理想的情况。

(七)提出待检验的假说

通过理论分析可知,生态效益和经济租金都对受偿意愿产生影响,生态正效益的增加和经济租金的减少都有助于降低受偿意愿。相反,生态负效益和经济租金的增加都是农户受偿的直接原因。结合本书的理论分析,提出以下待检验的假说:

假说 1 生态正效益有弱化受偿意愿的作用,生态负效益有强化受偿意愿的作用。即生态保护后,农户感受到的生态正效益越多,受偿意愿越低。反之,农户经历的生态负效益会使受偿意愿变大。

假说 2 经济租金会对受偿意愿产生影响,经济租金越大,受偿意愿越高。

经济租金对受偿意愿的影响,由劳动的经济租金和土地的经济租金共同决定的。理论上,若退耕还林后劳动要素的收入增加,劳动的经济租金将变小,甚至为负,这有助于降低受偿意愿,反之亦然。

退耕还林前的土地收益可能是耕种收益,也可能是土地租金,这使得土地的经济租金存在两种表达方式,一种是耕种收益与林地收益之差,另一种是土地租金与林地收益之差。理论上,若土地经济租金越大,农户的受偿意愿越高。

本书分别实证检验劳动的经济租金和土地的经济租金对受偿意愿的影响。

假说 3 生态环境脆弱地区的生态正效益改变对受偿意愿的边际影响更大,生态环境优越地区的生态负效益改变对受偿意愿的边际影响更大。

根据边际收益递减规律,在其他条件不变的情况下,增加边际正效益所带来的边际效用是递减的。因此，在生态环境脆弱地区，农户的效用函数更"陡峭"，生态效益对收入水平的边际替代率更大，生态正效益的边际增加更能降低农户受偿意愿。相反，在生态环境相对优越的地区，生态正效益的边际增加所带来的边际效用变小，而生态负效益对农户的困扰更多，生态负效益的边际增加带来的受偿意愿边际增加更大。

第三节　基于土地利用变化的生态补偿对农户群体的经济福利效应分析

上一节是从农户自身的角度分析土地利用变化的生态补偿对农户的经济福利效应，可知土地利用变化的生态补偿通过改变经济租金和生态效益等方式，改变了参与农户的效用水平。不仅如此，来自外界的某些因素也会影响农户的经济福利，例如群体之间的比较，即退耕农户群体与其他人群之间的收入差距。从农户群体的视角看，增进退耕农户群体的经济福利，是实现改善民生和减贫目标的重要指征。因此，本部分研究土地利用变化的生态补偿对退耕农户群体的经济福利影响，首先建立考虑比较因素的农户群体的经济福利函数，然后给出可供选择的比较基准。

一、分析思路和基本假定

首先，建立考虑绝对收入和比较因素的农户群体的经济福利函数。根据相对剥夺理论和相对收入理论，本书选取效用函数中的比较因素包括习惯性比较、社会性比较。其中，习惯性比较是当地农村收入水平与过去的差异程度，社会性比较是当地农村收入水平与当地城镇收入水平的差异程度（城乡比较）和当地农村收入水平与非退耕还林地区农村的收入水平的差异程度（乡乡比较）。由此，假设政府以县为单位，在县的农村区域连片开展土地利用变化的生态补偿。以退耕还林为例，县可以分为退耕还林县和非退耕还林县，县的内部又包括城镇区域和乡村区域，连片开展退耕还林的县的农户群体的经济福利变化是本书要研究的内容。

其次，确立比较因素的比较基准。选择合理的比较基准是核算农户群体经济福利的关键。在比较因素中，习惯性比较和社会性比较选取的比较基准分别是开展退耕还林县的农村区域过去的收入和开展退耕还林县的城镇区域当前的收入，这是相对容易确立的。在众多非退耕还林县中如何选取合理的比较基准，则需要谨慎对待。选取非退耕还林县的基本思路是，先选取退耕还林规模较低的县，再在退耕还林规模较低的县中挑选与退耕还林规模高的县，且在人文、地理和经济等方面共性最高的县，以此作为非退耕还林县。这主要是考虑到，全国范围内完全没有开展退耕还林的县很少，这些县大多是平原或经济中心，与退耕还林县没有可比性，而选择退耕还林规模较低的县作为比较基准，更具有可比性和合理性。

二、构建基于土地利用变化的生态补偿的农户群体的经济福利函数

（一）生态补偿农户群体的经济福利函数的一般形式

借鉴 Boskin 和 Sheshinski（1978）的效用函数形式 $u = u(c, \bar{c}, \theta)$，其中 c 是自身消费水平，$\bar{c}$ 是所有人消费的平均水平，θ 是反映个人对相对位置的在意程度的参数，本书建立考虑城乡比较、乡乡比较和习惯性比较的效用函数。

假设存在退耕还林的和非退耕还林的两类县，每个县内部又划分为城镇区域 U 和乡村区域 R，那么，i 县农村区域的经济福利表示为：

$$w_i = u\left[V_0(x_{i,R}),\ V_1(x_{i,R},\ x^*_{i,R}),\ V_2(x_{i,R},\ x_{i,U}),\ V_3(x_{i,R},\ y_{j,R});\ \theta_1,\ \theta_2,\ \theta_3\right]\big|_{z_{i,j}} \tag{3-18}$$

其中，$x_{i,R}$ 代表县 i 的农村收入水平，$x_{i,U}$ 代表县 i 的城镇收入水平，$y_{j,R}$ 代表县 j 的农村收入水平和城镇收入水平，$x_{i,R}^{*}$ 是县 i 农村收入与其过去比较的基准点。V_0 是仅考虑农村收入水平的效用函数形式，V_1、V_2、V_3 分别是习惯性比较、城乡比较和乡乡比较的函数形式，θ_1、θ_2、θ_3 是反映相对因素在效用函数中重要程度的参数，$z_{i,j}$ 是确保地区 i 和地区 j 具有可比性的地区特征。

假设式（3-18）具有以下性质：①县 i 的农村收入越大，其经济福利越大，且 $\partial w/\partial x_{i,R} > 0$，$\partial^2 w/\partial x_{i,R}^2 < 0$。②县 i 当前的农村收入水平高于自身过去的收入水平，其经济福利增加；反之减少。③县 i 的农村收入水平与城镇收入水平的差异越大，越不利于县 i 经济福利的增加。④县 i 农村收入水平与县 j 农村收入水平的差异越大，越不利于县 i 经济福利的增加。⑤当 $\theta_1 = \theta_2 = \theta_3 = 0$ 时，退耕地区经济福利只取决于当地农民收入水平；当 θ_1、θ_2 和 θ_3 不全为零时，退耕地区经济福利还取决于其他相对因素。

根据新古典效用主义的社会福利函数，所有退耕还林县的经济福利是 w_i 之和，$W = \sum_{i=1}^{n} w_{io}$。由于习惯性比较、城乡比较和乡乡比较导致退耕地区农村的福利损失 ρ 定义为：

$$\rho = (W_{\theta_1=\theta_2=\theta_3=0} - W_{\theta_1=\theta_2=\theta_3\neq0})/W_{\theta_1=\theta_2=\theta_3=0} \tag{3-19}$$

显然，$\rho = (0, 1)$，ρ 值越大，比较因素导致的福利损失越大；ρ 值越小，比较因素导致的福利损失越小。

（二）生态补偿农户群体的经济福利函数的特殊形式

借鉴 Clark 等（2008）的效用函数形式 $u_{it} = \beta_1 \ln(y_{it}) + \beta_2 \ln(y_{it}/y_t^*)$，可将地区 i 的经济福利表示为：

$$\omega_i = x_{i,R}(x_{i,R}/x_{i,R}^*)^{\theta_1}(V_{i,UR})^{\theta_2}(V_{ji,R})^{\theta_3} \tag{3-20}$$

式（3-20）取对数可得：

$$w_i = \ln(x_{i,R}) + \theta_1 \cdot \ln(x_{i,R}/x_{i,R}^*) + \theta_2 \cdot \ln(V_{i,UR}) + \theta_3 \cdot \ln(V_{ji,R}) \tag{3-21}$$

则所有退耕地区农村的经济福利 W 为：

$$W = \sum_{i=1}^{n} \ln(x_{i,R}) + \theta_1 \sum_{i=1}^{n} \ln(x_{i,R}/x_{i,R}^*) + \theta_2 \sum_{i=1}^{n} \ln(V_{i,UR}) + \theta_3 \sum_{i=1}^{n} \ln(V_{ji,R})$$

$$(3-22)$$

其中，$\theta_1 \sum_{i=1}^{n} \ln(x_{i,R}/x_{i,R}^*)$ 是习惯性比较，$\theta_2 \sum_{i=1}^{n} \ln(V_{i,UR})$ 是城乡比较，

$\theta_3 \sum_{i=1}^{n} \ln(V_{ji,R})$ 是乡乡比较。

三、建立土地利用变化的生态补偿中农户群体经济福利的比较基准

(一) 建立退耕还林县与非退耕还林县的比较基准

首先，采用聚类算法区分退耕还林县和非退耕还林县。聚类时选取的特征指标是反映各县退耕还林规模的指标，包括退耕地还林面积、荒山造林面积和封山育林面积。所有退耕还林地区构成集合 $X = \{x_1, \cdots,$ $x_I, \cdots, x_N\}$，所有非退耕还林地区构成集合 $Y = \{y_1, \cdots, y_J, \cdots, y_M\}$，集合中的每一个元素代表一个地区。我们将集合 X 称为处理组 (Treatment Group)，集合 Y 称为控制组 (Control Group)。

其次，用倾向得分匹配法寻找匹配对，得到 $\{(X, Y)\} = \{(x_1, y_1), \cdots,$ $(x_i, y_j), \cdots, (x_n, y_n)\}$。具体而言，建立二元选择 Logit 模型 $P(X) =$ $Pr[D=1|X_i] = \exp(\beta_i X_i)/[1+\exp(\beta_i X_i)]$，D=1 表示该县属于处理组，D= 0 表示该县属于控制组，X_i 是地区的特征变量，包括降水量、地形地貌、提供生态效益的能力等自然地理特征和人口结构的人文地理特征。再估计 β_i 的值并代入原模型，得到倾向得分 P (X)，根据得分进行匹配，最终得到 (x_i, y_j)。

(二) 建立习惯性比较的比较基准

习惯性比较的比较基准是农户群体过去的收入，即 $x_{i,R}^*$。

根据 Clarks 等 (2008) 对比较基准点的定义，县 i 收入比较的基准

点为：

$$x^*_{i,R} = (x_{i,R,t-1})^{\alpha} (x_{i,R,t-2})^{\beta} (x_{i,R,t-3})^{1-\alpha-\beta} \tag{3-23}$$

其中，α 和 β 是反映某时间节点重要程度的参数，$\alpha > 0$，$\beta > 0$，且 $\alpha + \beta < 1$。一种特殊的情况是，$\alpha = \beta = 1/3$，这意味着过去三年的时间节点重要程度相同。

（三）建立乡乡比较和城乡比较的比较基准

乡乡比较的比较基准是与退耕还林县匹配的非退耕还林县农村区域的农户收入，即 $V_{i,UR}$。城乡比较的比较基准是退耕还林县城镇区域的农户收入，即 $V_{ji,R}$。

根据任国强和尚金燕（2011）对个体相对剥夺和群间相对剥夺的测度公式，我们定义县 i 的城乡比较、县 j 对县 i 的乡乡比较。

若 $x_{i,U} > x_{i,R}$，$y_{i,R} > x_{i,R}$，县 i 的城镇对乡村的城乡比较：

$$V_{i,UR}(x_{i,U}, x_{i,R}) = (x_{i,U} - x_{i,R})/\mu_{i,U} \tag{3-24}$$

县 j 的乡村对县 i 的乡村的乡乡比较：

$$V_{ji,R}(y_{j,R}, x_{i,R}) = (y_{j,R} - x_{i,R})/\mu_{j,R} \tag{3-25}$$

进一步，我们定义所有县的城乡比较：

$$V(X_U, X_R) = \frac{1}{N} \sum_{i=1}^{n} (x_{i,U} - x_{i,R})/\mu_{i,U} \tag{3-26}$$

所有县的乡乡比较：

$$V(Y_R, X_R) = \frac{1}{N} \sum_{i=1}^{n} (y_{j,R} - x_{i,R})/\mu_{j,R} \tag{3-27}$$

其中，$\mu_{i,U} = X_U/N$，是集合 X 中所有县城镇收入的平均水平，$\mu_{j,R} = Y_R/N$，是集合 Y 中所有县农村收入的平均水平。

最后，将式（3-23）、式（3-24）和式（3-25）代入式（3-21），可得到县 i 的农村经济福利 w_i，进而得到总体经济福利 W 以及福利损失 ρ。

第四节　基于土地利用变化的生态补偿对区域整体的经济福利效应分析

我国生态补偿的目标不仅在于修复和改善生态，也在于惠民生和调经济。前文分析了基于土地利用变化的生态补偿对农户个体和农户群体的经济福利效应，反映到宏观层面上，就是对区域整体的经济福利效应。退耕还林工程的启动和暂停，规模的大小，都将对实施地区的经济增长产生影响。一方面，退耕还林提供的生态效益既是生产要素投入，也是消费产品；另一方面，中央政府提供的补偿资金也为区域发展注入了资金。因此，本部分将利用具有微观基础的宏观经济增长模型，拉姆塞—卡斯—库普曼经济增长模型，将生态补偿提供的生态效益和补偿资金作为经济增长所需要素纳入模型中，以退耕还林为例分析基于土地利用变化的生态补偿对区域整体的经济增长路径和经济增长率的影响。

一、分析思路和基本假定

政府主导的基于土地利用变化的生态补偿具有规模大和投资期长的特点，在微观层面上对土地利用方式的改变和农户经济福利的改变，反映到宏观层面上则是劳动、资本、环境等生产要素的变化。对于地方而言，中央政府向地方划拨的生态补偿资金是一种资金注入，生态补偿提供的生态效益既是一种特殊的生产要素，也是提供给人们的消费产品。本书建立一个具有微观个体基础的宏观增长模型，将基于土地利用变化的生态补偿过程中的环境要素和资本要素纳入增长模型中，分析基于土地利用变化的生态补偿对区域整体的经济福利效应。

拉姆塞—卡斯—库普曼（Ramsey-Cass-Koopmans，RCK）模型是具有

微观基础的宏观经济增长模型，是对现实世界的高度抽象。该模型描述的是一个封闭经济系统，假定整个经济系统内包括厂商和家庭两个部门，竞争性厂商利用劳动和资本进行生产活动，永续家庭提供劳动、持有资本并进行消费和储蓄，在每个时点上，家庭将其收入在消费与储蓄之间进行分配，以最大其终身效用。因此，本书选取 RCK 模型作为基本模型进行改进。

在 RCK 模型的基本假定之外，考虑基于土地利用变化的生态补偿对区域经济增长的影响，还应在生态补偿的投入和产出方面做以下假定：一是生态补偿的投入资金是中央政府向地方政府直接提供的，是对地方的资金注入，即绿色投资；二是生态补偿的产出，即生态效益，既是厂商的生产要素，也是家庭的消费产品。

二、考虑基于土地利用变化的生态补偿的 RCK 经济增长模型

在 RCK 模型的基础上，本书把人力资本和环境要素纳入经济增长模型中，重点考察环境因素对经济增长的作用。首先，我们按照 Lucas (1988) 人力资本积累是经济增长的根源的观点，将人力资本作为一种生产要素纳入生产函数。其次，考虑到生态系统可以直接提供清洁水、沃土等环境生产要素，我们把环境消耗 R 当作一种特殊的生产要素纳入生产函数。最后，鉴于生态系统可以提供防风固沙、控制水土流失、改善小气候等生态系统服务，满足人们的休闲和精神需求，我们把生态系统提供的环境要素 E 纳入消费者的效用函数中。因此，生产过程包括劳动 L、资本 K、人力资本 H 和环境消耗 R 四种投入要素，生产函数为：

$$Y(t) = L(t)^{\alpha} K(t)^{\beta} H(t)^{\gamma} R(t) \qquad (3-28)$$

其中，α、β、γ 分别代表各生产要素产出的弹性系数，时间 t 通过投入要素间接引入生产函数中。

与 RCK 模型一致的是，我们假设 L 和 H 以指数增长，增长速度分别为 n 和 δ，其演化过程分别为 $\dot{L}(t) = nL(t)$，$\dot{H}(t) = \delta H(t)$。

在 RCK 模型的基础上，将生态补偿资金纳入经济增长所需的资本要素中。假设地方经济增长所需的投资增量不仅包括 t 期产出减去消费的部分 Y(t) - C(t)，还包括国家向地方提供的开展退耕还林工作的投资 M(t)，且不存在资本折旧，那么 K 的演化过程表示为：

$$K(t) = Y(t) - C(t) + M(t) \tag{3-29}$$

将生态补偿带来的生态系统服务纳入经济增长所需的环境要素中。假设环境初始水平为 E(0)，一方面生态系统自身以指数增长进行自我修复，修复速度为 μ，另一方面生态补偿提供的生态系统服务增量为 θM(t)，θ 是退耕还林工程资金投入的转化效率。那么，E 的演化过程表示为：

$$\dot{E}(t) = \mu E(t) + \theta M(t) - R(t) \tag{3-30}$$

RCK 模型的效用函数仅考虑了商品消费的效用 $U[C(t)] = C(t)^{1-\sigma}/(1-\sigma)$，其中 σ 是相对风险厌恶系数。本书还考虑了环境消费的效用，假设消费和环境存量带来的效用可加分，用 ω 表示消费者对环境消费的偏好程度，则瞬时效用函数表示为：

$$u(C, E) = \frac{C(t)^{1-\sigma}}{1-\sigma} + \frac{E(t)^{1+\omega}}{1+\omega} \tag{3-31}$$

三、模型分析

我们的目标是在各生产要素演化过程的约束下，最大化全社会的福利水平，最终得到稳态经济增长率。此动态优化问题表示为：

$$\max_{C,R} \int_{t=0}^{\infty} e^{-\rho t} u(t) dt \tag{3-32}$$

其中，ρ 是贴现率，反映消费者对当期消费和未来消费的偏好。

为了求解这个优化问题，我们定义汉密尔顿函数：

$$H = u(t) + \lambda_1 \dot{L} + \lambda_2 \dot{K} + \lambda_3 \dot{H} + \lambda_4 \dot{E} \tag{3-33}$$

对 H 函数关于控制变量 C 和 R 求偏导数，取对数得：

$$\ln C = \frac{\ln Y - \ln R - \ln \lambda_4}{\sigma} \tag{3-34}$$

将式（3-28）代入式（3-34）中，关于 t 求导数，得到消费增长率 g_C，即稳态经济增长率 g_Y，

$$g_Y = \frac{1}{\sigma}\left(an + \beta\frac{Y-C+M}{K} + \gamma\delta\right) \tag{3-35}$$

式（3-35）有以下两个含义。第一，影响经济增长率的因素包括劳动、资本和人力资本的产出弹性 α、β 和 γ，以及劳动、资本和人力资本的增长率 n、（Y-C+M）/K 和 δ，它们都与经济增长率呈正向关系。第二，在模型中引入生态补偿这个因素后，稳态经济增长率 g_Y 从 1/σ [an+β（Y-C）/K+γδ] 变为现在的 1/σ [an+β（Y-C+M）/K+γδ]，差值为 βM/K。造成此差值的原因是投资增量由原来的（Y-C）变为现在的（Y-C+M）。我们把这种稳态增长率的变化称为生态补偿对经济增长的作用强度 S_M，有 $S_M = g_{Y,M\neq0} - g_{Y,M=0} = g_{K,M\neq0} - g_{K,M=0} = \beta M/K$。这意味着补偿资金 M 通过提高投入资本的增长率推动了地区的经济增长，且补偿资金 M 对经济增长的作用强度与资本产出的弹性系数 β、资本要素的存量水平 K 有关。

根据要素产出弹性的定义，有 $an = Y_L/Y$，$\gamma\delta = Y_H/Y$，代入 $g_Y > 0$ 的均衡增长路径中。若 $\dot{K}(t) > 0$，在不等式 $g_Y > 0$ 两边同时乘以 Y/c，整理可得 $Y_L + Y_K + Y_H > 0$，这意味着当劳动、资本和人力资本的边际产出之和为正时，产出的增长是可持续的。进一步，考虑生态补偿后的投资增量由 $\dot{k} = Y-C$ 变为 $\dot{K} = Y-C+M$，则在生产函数为增函数的情况下，资本的边际产出 $Y_K > Y_k$，这说明考虑生态补偿以后，补偿资金的增加提高了资本的边际产出，进而提高了最优增长率。

第五节　理论分析框架

综上所述，根据研究目标和理论分析，根据我国基于土地利用变化

的生态补偿现状，特别是退耕还林的实践现状，归纳出基于土地利用变化的生态补偿的经济福利效应的理论分析框架，为下文的实证研究提供了统一的逻辑框架，如图3-7所示。

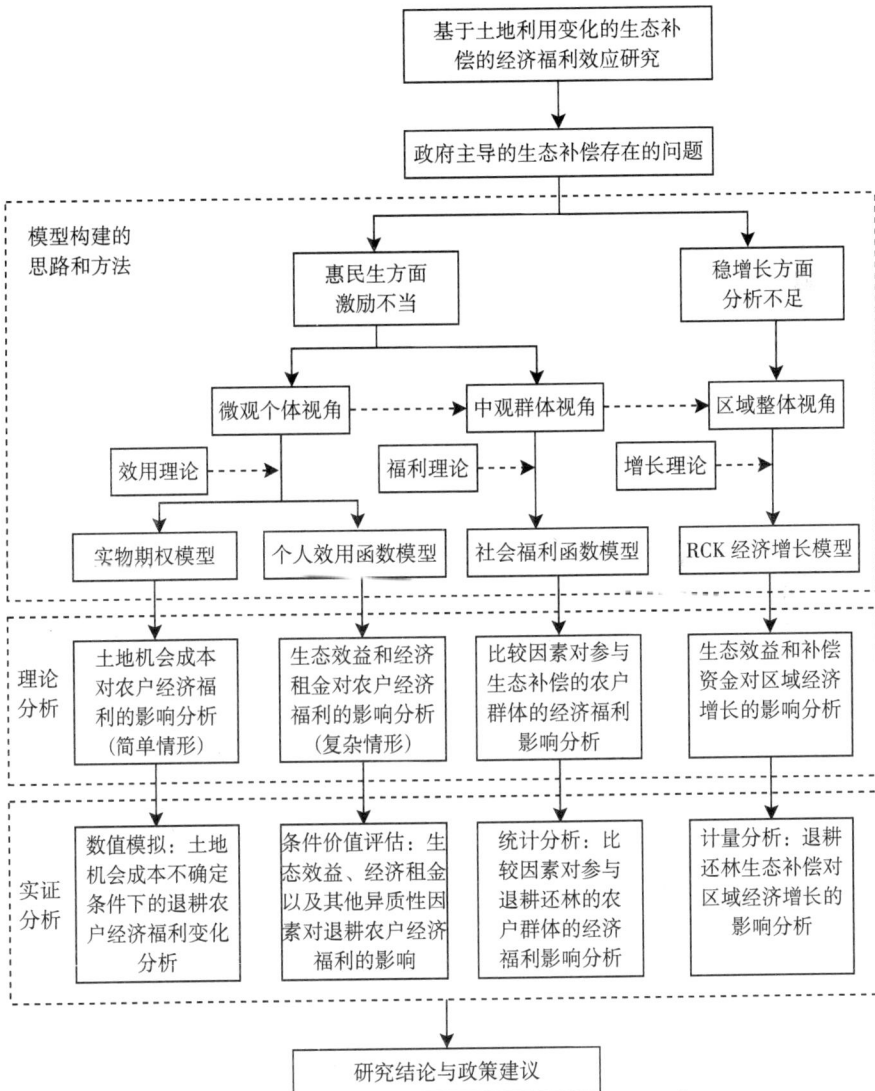

图3-7　退耕还林生态补偿的经济福利效应分析框架

第六节　小　结

我国先后于 1999 年、2014 年启动两轮退耕还林工程，为改善生态环境和惠及民生做出了重大贡献。2016 年，财政部等七部门联合印发了《关于扩大新一轮退耕还林还草规模》的通知，明确指出，国家推进退耕还林工程有利于促进生态文明建设和可持续发展，是惠民生、稳增长的一项重要政策。然而，在当前的退耕还林补偿制度下，存在补偿标准不当、参与农户满意度不高等现象，造成惠民生方面激励不当的问题。另外，当前针对稳增长方面的研究不足，缺乏退耕还林与经济增长之间的理论分析和实证分析。为弥补上述不足，本书利用效用理论构建理论模型，分析生态补偿造成的利益变化和生态变化对退耕农户经济福利的影响；利用福利理论构建理论模型，分析外围环境对退耕农户经济福利的影响；利用增长理论构建理论模型，分析生态补偿资金投入对退耕地区经济增长的影响。最终，形成了研究基于土地利用变化的生态补偿的经济福利效应的"微观个体—中观群体—区域整体"三级分析框架，为下文分析提供理论基础，具体如下：

首先，在微观个体视角下，分析土地机会成本、生态效益和经济租金对农户的经济福利效应，结果表明，在未来农产品价格不确定的情况下，确保农户参与退耕还林的条件是退耕还林收益的现值不低于土地他用收益的现值；在不改变农户效用水平的情况下，生态正效益增加（或生态负效益减少）有利于改善农户的经济福利，经济租金增加则不利于改善农户的经济福利，生态正（负）效益的边际效果取决于所在地区的生态环境状况。

其次，在中观群体视角下，分析比较因素对农户经济福利的影响，结果表明，习惯性比较和社会性比较会影响退耕农户群体的经济福利，比较因素导致了退耕农户的福利损失。

最后，在区域整体视角下，分析退耕还林生态补偿对区域经济增长的影响，结果表明，退耕还林产生的生态效益和生态补偿资金投入是区域经济增长所需的生产要素，补偿资金提高了资本的边际产出和区域经济增长的最优增长率。

第四章
土地机会成本对退耕农户经济福利的影响

生态补偿的核心要素是补偿标准，补偿标准是农户是否参与退耕还林的首要因素，也是决定退耕农户利益变化的关键原因。现阶段退耕还林政策执行的补助水平是根据农户的土地机会成本确定的，然而，土地机会成本具有波动性和不确定性，这使得当前政策制定的补助水平难以全面反映农户的利益变化，造成实践过程中出现了农户毁林复耕和退耕意愿不足等问题，直接影响着工程开展的进度和工程效果。为了考察现行补助标准是否造成退耕农户的利益损失，以及更合理地依据土地机会成本确定补偿标准，本章依据第三章第二节的理论分析，在仅考虑土地机会成本的情况下，分析土地机会成本对退耕农户经济福利的影响，以实现补偿标准的有效激励。

第一节 我国退耕还林补助标准的政策变迁

现行退耕还林补助主要是依据静态的土地机会成本确定的"一刀切"式补助标准，忽略了土地机会成本的波动和不确定性，导致补助水平与土地机会成本的不一致性，造成了退耕农户的利益损失和过度补偿并存的问题。本节梳理了我国退耕还林政策的补助标准。

自 1999 年起，国家在四川、陕西和甘肃进行为期三年的退耕还林试点，随后 2002 年国务院决定全面启动退耕还林工程。大致来看，退耕还林工程历经了"启动—成果巩固—再启动"三个阶段，前两个阶段的补助期限都是生态林 8 年，经济林 5 年，第三阶段不再区分生态林和经济林，补助期限都是 5 年，如表 4-1 所示。

表 4-1   折算前后的退耕还林工程分阶段补助标准

实施阶段	国家政策	南方地区	北方地区
第一阶段：启动	2002 年《国务院关于进一步完善退耕还林政策措施的若干意见》	粮食：150 千克/(亩·年) 生活补助：20 元/(亩·年) 种苗造林补助：50 元/亩	粮食：100 千克/(亩·年) 生活补助：20 元/(亩·年) 种苗造林补助：50 元/亩
		折合[1]：280 元/(亩·年) 折合[2]：235 元/(亩·年)	折合[1]：210 元/(亩·年) 折合[2]：180 元/(亩·年)
第二阶段：成果巩固	2007 年《国务院关于完善退耕还林政策的通知》	现金：105 元/(亩·年) 生活补助：20 元/(亩·年) 合计：125 元/(亩·年)	现金：70 元/(亩·年) 生活补助：20 元/(亩·年) 合计：90 元/(亩·年)
第三阶段：再启动	2014 年《新一轮退耕还林还草总体方案》	共补助 1500 元/亩，第一年 800 元（包含 300 元种苗造林费）、第三年 300 元、第五年 400 元 合计：300 元/(亩·年)	

注：①按照《国务院关于进一步完善退耕还林政策措施的若干意见》中的规定，补助粮食（原粮）的价款按每千克 1.4 元折价计算。②徐晋涛（2004）指出，按 1.4 元价款折算的补贴水平存在高估的问题，补助粮食（原粮）的价款按 1999 年调查地区玉米和水稻市场价格的算术平均数折算，1.1 元/千克折价计算。

在第一阶段中，国家设定的补偿水平根据长江流域及南方地区和黄河流域及北方地区（以下分别简称"南方地区"和"北方地区"）有所区分，补偿中包含了粮食补助、生活补助和种苗造林补助，折合价值分别为 235 元和 180 元。

在第二阶段中，国家继续对退耕还林补助期满后的退耕农户进行直接补助，并不再安排新增退耕任务，以确保"十一五"期间耕地不少于 18 亿亩。2014 年，国家出台《新一轮退耕还林还草总体方案》，明确给出中央政府确定的退耕还林补助标准。

从补助标准的大小看,第一阶段的补助标准高于第二阶段的补助标准,第三阶段的补助标准比前两阶段的补助标准都高。特别地,第一阶段以粮食补助为主,主要是因为在退耕还林试点和启动之际,正值我国国有粮食部门库存积压和潜在亏损挂账增加之时,以粮食补助为主的退耕还林补偿方式有助于降低国有粮食部门库存和减少亏损挂账。第二阶段国家全面暂停新增退耕还林任务,并在补助期满后对退耕农户再提供一轮现金补偿,主要是因为粮食价格逐渐上扬增加了中央向粮食部门购买补助粮的财政负担,耕地减少造成粮食产量下降可能影响国家粮食安全。

从补助标准的操作模式看,第三阶段退耕还林补助不再区分南方地区和北方地区。2014 年 9 月 25 日,《发改委关于启动新一轮退耕还林答记者问》中提到,这是因为南方地区退耕地块的农业收益较高,但造林成本低,北方地区退耕地块的农业收益较低,但造林成本较高,综合考虑,南北方地区实行统一的补助政策较为合理。

第二节　我国退耕还林政策下的退耕 农户利益分析

由于土地收益受到耕地质量、气候变化、附着农作物种类等多重因素影响,在核算不同土地利用方式下的土地收益时,本节以一块代表性土地为例,根据地域不同分别设定具有地域特点的附着农作物,据此核算土地的机会成本。同时,根据地域不同,分别设定具有地域特点的还林林种,据此核算退耕后的土地收益。

一、代表性地块的土地机会成本测度

为了方便考察南方地区和北方地区退耕农户的耕种净收益,这里分

113

别选取稻谷和小麦作为两地区内具有代表性的农作物。根据《中国农产品成本收益资料汇编》中 2002~2013 年的稻谷和小麦亩产量、亩产值、物质与服务费用的数据，按照稻谷亩产值 150 千克和小麦亩产值 100 千克（第一阶段退耕还林补助所规定的粮食数量）计算退耕农户放弃种植业所损失的潜在净收益（见表 4-2）。

表 4-2　2002~2013 年耕种小麦和稻谷的净收益

年份	亩产量（千克）（A）		亩产值（元）（B）		物质与服务费用（元）（C）		收益（元/千克）（D）＝（B－C）/A		退耕地块的机会成本（元）	
									$(E_1)=$100D	$(E_2)=$150D
	小麦	稻谷	小麦	稻谷	小麦	稻谷	小麦	稻谷	小麦	稻谷
2002	261.9	420.4	290.0	453.4	190	207	0.38	0.59	38.2	88.0
2003	255.2	408.8	309.4	514.0	185	207	0.49	0.75	48.7	112.5
2004	339.8	450.9	525.5	739.7	200	226	0.96	1.14	95.7	170.8
2005	325.8	431.0	469.0	686.0	216	243	0.78	1.03	77.5	154.4
2006	351.8	436.3	522.5	720.6	231	255	0.83	1.07	83.0	160.0
2007	359.9	450.2	563.9	784.3	245	276	0.89	1.13	88.6	169.4
2008	388.3	464.2	663.1	900.7	279	341	0.99	1.20	99.0	180.7
2009	378.1	462.5	717.5	934.3	318	334	1.06	1.30	105.8	194.8
2010	370.0	447.8	750.8	1077	318	359	1.17	1.60	116.9	240.5
2011	389.2	464.5	830.2	1268	357	409	1.22	1.85	121.5	277.4
2012	382.8	478.8	851.7	1341	397	454	1.19	1.85	118.9	278.0
2013	374.3	471.7	901.9	1306	417	469	1.30	1.78	129.5	266.3

注：①鉴于表格宽度限制，每列数据小数点后保留位数不同，因此用表中数据推算时存在误差；②在计算种植农作物的成本时，与徐晋涛等（2004）和韩洪云等（2014）类似，只考虑农户的现金费用而不考虑人工成本；③物质与服务费用包括种子费、化肥费、农家肥费等直接费用和销售费等间接费用。

资料来源：2003~2014 年《中国农产品成本收益资料汇编》。

需要说明的是，用小麦 100 千克、稻谷 150 千克的每亩产量作为北方地区和南方地区退耕地块生产能力的一般水平是合理的，因为根据 2002~2013 年小麦和稻谷的历年亩产量计算可得，小麦和稻谷的平均亩产量分别为 348 千克和 449 千克，用退耕还林第一阶段国家规定的北方地区粮食补助数量 100 千克、南方粮食补助 150 千克分别除以它们的平均亩产量得到的比值为 0.287 和 0.33，这两个比值都较小，说明退耕地块的产能是普通耕地产能的 30% 左右，这两个比值比较接近，说明南方地区和北方地区退耕地块的质量相近。

表 4-2 给出了计算退耕地块机会成本的具体过程，结果如表中的 E_1 和 E_2 列所示。可以看出，首先，本书通过统计数据得到时点机会成本的时间序列，可以动态地反映每年的机会成本，弥补时点机会成本、时点机会成本的均值、时期机会成本的现值在衡量机会成本时的局限性，可以考察农户在参与退耕后每年的损益。其次，模拟价格随机过程时一般采用均值返回过程（Mean-reverting Process）和几何布朗运动，均值返回过程描绘的运动趋势是存在波动的不变趋势，几何布朗运动描绘的运动趋势是存在波动的上升趋势。从表 4-2 中可以看出，2002~2013 年各年小麦和稻谷净收益的趋势是存在波动的上升趋势，因此，用几何布朗运动描述退耕农户的机会成本及其波动是符合现实情况的。最后，在退耕地块质量相似（小麦亩产 100 千克，稻谷亩产 150 千克）的情况下，种植小麦的潜在净收益普遍低于种植稻谷的潜在净收益，说明南方地区退耕农户的机会成本高于北方地区农户的机会成本。

二、代表性地块的造林成本测度

退耕还林农户的造林净收益是退耕还林补贴和造林成本之差。退耕还林补贴是国家退耕还林政策决定的，因此，确定了南方地区和北方地区造林成本，就可以得到退耕还林后的土地净收益。

有关于造林成本的计算，于金娜（2012）在研究保证退耕农户在最优轮伐期内不砍伐林木的退耕还林补偿水平时，将造林成本归结为育苗成本、抚育管护费和除草成本等。仲伟周（2012）在分析我国各省区的固碳成本收益时，用各省的造林拨贷资金跟造林面积的比值作为单位公顷的造林成本。但这两种计算造林成本的方法，都不能直接用于计算农户营造生态林的造林成本，因为营造生态林是要利用自然地理形成和恢复林分植被，禁止采取大面积的复垦、松土、除草等抚育措施，可以忽略除草等成本。用单位面积造林拨贷资金代表造林成本则是从政府工程投入的角度看待造林成本，除了直接造林费用之外，还包含了政府运营的其他开支。因此，本书将农户营造生态林的造林成本定义为购买造林种苗需要的花费。

为了简化分析，本书选取刺槐和杉木这两种乔木分别代表北方地区和南方地区营造纯林的造林树种，因为刺槐是我国中西部重要的人工林树种，杉木是长江流域、秦岭以南地区栽培最广的用材树种。根据《退耕还林工程生态林与经济林认定标准》（以下简称《认定标准》）的规定，刺槐和杉木的初植密度分别为 2000~2500 株/公顷、1050~2500 株/公顷，认定为生态林的标准分别为 1800 株/公顷、2250 株/公顷。由于杨俊媛（2011）调查了呼和浩特市区刺槐保存率（栽植 3 年后成活株数与初植株数的比例）平均为 42%，陈代喜（2002）研究了实现广西杉木保存率在90% 以上的栽培技术，本书假定营造刺槐林和杉木林的保存率分别为60% 和 90%。

在以上数据的基础上，若按初植密度分别为 2250 株/公顷、1775 株/公顷计算，为达到生态林认定标准，每公顷土地需要种植 3000 株刺槐或2500 株杉木（具体计算过程见表 4-3）。又已知刺槐（规格：米径 4 厘米）和杉木（规格：地径 0.4 厘米以上，高 27 厘米以上）种苗的价格分别为 4 元/株和 0.5 元/株，由此可得刺槐和杉木的造林成本分别为 800 元/亩、83 元/亩。

三、我国退耕还林政策下的补助标准与农户损益

在核算了退耕地块机会成本和造林成本后，结合退耕还林的相关政策规定的补助标准，可以判断退耕农户的损益情况。用 5% 的贴现率将以

表 4-3 刺槐和杉木的造林成本

树种	初植密度 (株/公顷) (A)	认定标准 (株/公顷) (B)	成活率 (%) (C)	栽种总数 (株) (D) = [(B) − (A)(C)]/C	种苗价格 (元) (E)	造林成本 (元/亩) (F) = (D) (E)
刺槐	2250	1800	60*	3000	4	800
杉木	1775	2250	90	2500	0.5	83

注：①计算农作物成本时未考虑人工成本，因此造林成本也不计人工成本，假定种植农作物与营造生态林所需的人工成本相等；②*60%的保存率高于呼和浩特的42%，这是因为保存率与气候条件密切相关，呼和浩特是北方地区气候条件较差地区，有理由假设北方地区刺槐保存率的平均水平高于42%；③种苗价格来源于中国苗木网，http://www.miaomu.com/bj/search.asp?txtitle=%B4%CC%BB%B1；④对照河北省退耕还林工程造林支出五年共计750元，http://www.helby.gov.cn/showarticle.php?id=4346，与本书计算的造林成本基本一致，说明假设具有合理性。

2014年种苗价格计算的造林成本折算至2002年的价格水平，即北方地区445元/亩，南方地区46.2元/亩，均摊至五年内，得出平均每年的造林成本分别为89元/亩、9.2元/亩。

假设南方地区和北方地区各有一个具有代表性的农户，自2002年起参与退耕还林，开始营造生态林，种植的树木分别为杉木和刺槐。根据退耕还林补偿政策，补偿期限共16年，在第一个8年内，补助标准为北方地区180元/亩，南方地区235元/亩；在第二个8年内，补助标准为北方地区90元/亩，南方地区125元/亩。由此可得，南方地区和北方地区退耕农户的机会成本和造林净收益，结果如图4-1所示。

图中的虚线表示造林净收益，实线表示潜在净收益，较粗的两条线代表北方地区，较细的两条线代表南方地区。通过比较两地区的潜在净收益和造林净收益，可以看出，在第一个8年的补偿期限（2002~2009年）内，造林净收益高于潜在净收益，农户因参与退耕还林而获益；在第二个8年的补偿期限的前4年（2010~2013年）内，造林净收益低于潜在净收益，农户的利益受损。图4-1中第一个8年期农户损益的结论，与徐晋涛（2004年）（使用中国科学院农业政策研究中心2003年对西部三省退耕还林地区的农户抽样调查数据）得出的有关农户损益的结论相

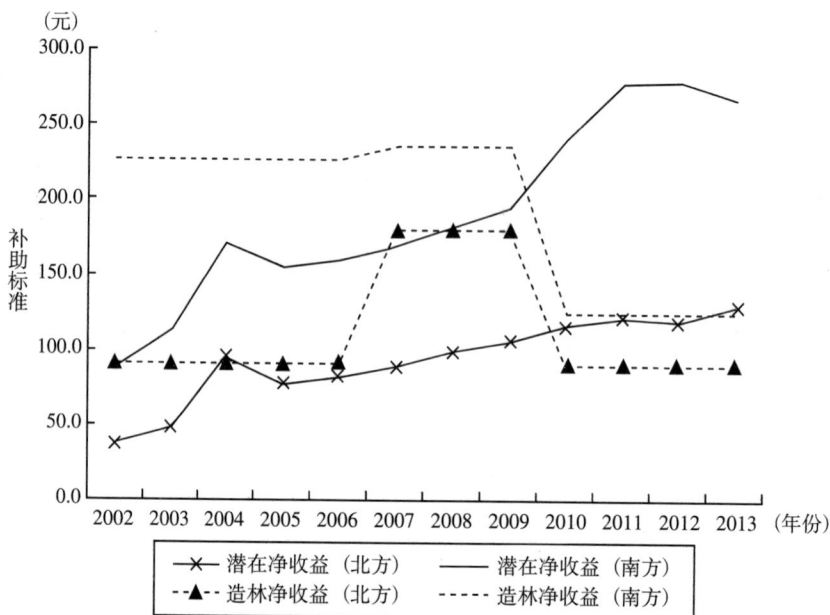

图 4-1　2002~2013 年退耕还林的造林净收益与潜在净收益：南方地区和北方地区

同，这说明了对潜在净收益和造林成本的参数设置在符合实际情况的范围内，并且可以正确反映退耕农户的损益情况。需要说明的是，图 4-1 中北方地区造林净收益在 2007 年时突然增加，是因为本书将造林成本均摊至 2002~2006 年，相对减少了这几年的造林净收益，而计算 2007~2009 年的造林净收益时视造林成本为 0。本书同样将造林成本均摊 8 年，不改变第一个 8 年补偿期限内造林净收益高于潜在净收益的结论。

第三节 机会成本不确定情况下的补偿标准与退耕农户利益分析

一、模型参数设置

数值模拟所需要的参数包括政府提供的货币形式的补偿 R，造林成本 C_F，贴现率 r，描述种植农作物净收益变化的漂移参数 μ 和变异系数 σ。

（1）以南方地区为例，对不同补偿标准下的土地利用行为转换边界进行分析。具体如下：其一，用表 4-2 中 E_2 列历史数据的均值和标准差代表退耕农户的种植业潜在净收益 P 随机过程的漂移参数 μ 和变异系数 σ，即南方地区农业净收益的 μ 为 0.117，σ 为 0.165。其二，用表 4-3 中造林成本均摊至前五年内，得出平均每年的造林成本分别为 16.6 元/亩。其三，结合目前我国退耕还林的政策规定，设定补偿标准 R 分别为 200、350、500。需要说明的是，设置的补偿标准与我国目前退耕还林补助标准相近，并且 R 的大小不改变转换边界的形状和趋势。其四，模型所需参数还包括贴现率 0.05，补偿期限 16 年。这里设置补偿期限为 16 年，主要考虑到刺槐和杉木的主伐期一般为 15~16 年，政策实践中的补偿期为 16 年。以上数据整理后如表 4-4 所示。

表 4-4 不同补偿标准下的土地利用转换边界分析：参数设置的含义、表示及数值

描述	参数	数值
政府提供的货币形式的补偿	R	200/350/500
造林成本	C_F	16.6
贴现率	r	0.05
农作物净收益变化的漂移参数	μ	0.117

描述	参数	数值
农作物净收益变化的变异系数	σ	0.165
补偿期限	n	16

（2）分别针对南方地区和北方地区，对新一轮退耕还林政策规定的补偿标准下的土地利用行为转换边界进行分析。具体如下：其一，根据新一轮退耕还林的补助标准 300 元/亩，确定参数 R 为 300。其二，用表 4-2 中 E_1 和 E_2 列的历史数据确定北方地区农业净收益的 μ 为 0.150，σ 为 0.294，南方地区农业净收益的 μ 为 0.117，σ 为 0.165。其三，用表 4-3 中造林成本均摊至前五年内，得到北方地区和南方地区平均每年的造林成本分别为 160 元/亩、16.6 元/亩。以上数据整理后如表 4-5 所示。

表 4-5　新一轮退耕还林补助标准下的土地利用转换边界分析：参数设置的
含义、表示及数值

描述	参数	北方地区（小麦）	南方地区（稻谷）
政府提供的货币形式的补偿	R	300	300
造林成本	C^F	160	16.6
贴现率	r	0.05	0.05
农作物净收益变化的漂移参数	μ	0.150	0.117
农作物净收益变化的变异系数	σ	0.294	0.165
补偿期限	n	16	16

二、数值模拟分析

（一）不同补偿水平下的土地利用方式转换边界

根据第三章第二节的理论分析，求解在 $\pi^A = \pi^F$ 时的土地价值 g（P，t），它反映了农户土地利用方式的转换边界。因此，农户行为决策满足下式：

$$\frac{\partial g}{\partial t} + \mu P \frac{\partial g}{\partial P} + \frac{1}{2}\sigma^2 P^2 \frac{\partial^2 g}{\partial P^2} - rg + R - C^F = 0 \qquad (4-1)$$

将表 4-4 中的参数代入式（4-1），求解可得不同补偿水平下的 g（P，t）。结果如图 4-2 所示。横轴为补偿期数，纵轴为农户获得的净收益，三条曲线代表农户营造生态林时每期补偿水平分别为 200、350 和 500，共 16 个补偿期的情况下，两种土地利用方式（营造生态林和种植农作物）的转换边界。图 4-2 中每条曲线上的点都代表种植农作物和营造生态林的净收益相等（$\pi^A = \pi^F$）时的情况，此时农户选择种植农作物和营造生态林是无差异的，因为两种土地利用方式都不会带来更多的利益。每条曲线右上方区域内代表种植农作物的净收益大于营造生态林的净收益（$\pi^A > \pi^F$）的情况，此时理性的农户选择种植农作物，以获取更多的利益。每条曲线左下方区域内代表种植农作物的净收益小于营造生态林的净收益（$\pi^A < \pi^F$）的情况，理性的农户选择营造生态林。

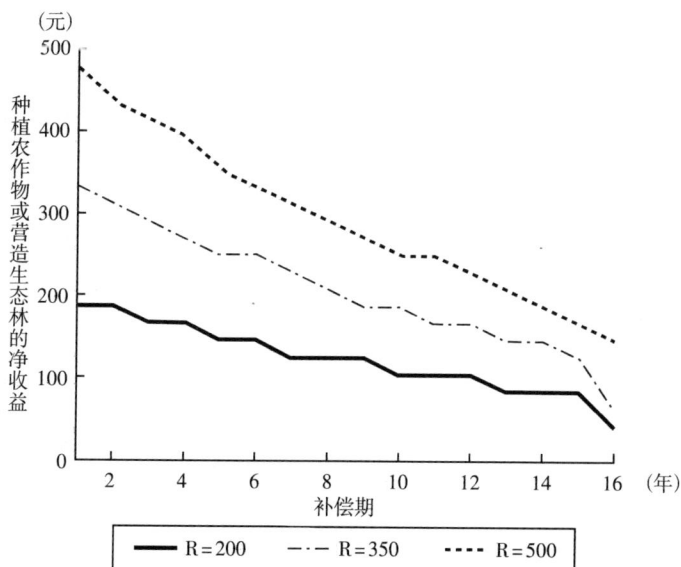

图 4-2　三种补偿水平下土地利用方式的转换边界

由图 4-2 可以看出：其一，随着补偿水平 R 的增加，土地利用方式的转换边界向右下方移动，转换边界左下方的面积越大，这是因为农户营造生态林得到的补偿越高，营造生态林更加有利可图。其二，无论每期的补偿水平为多少，随着时间的推移，单位土地上农作物净收益的名义货币价值随时间的推移而增加，使未来种植农作物更加有利可图，转换边界都向右下方倾斜。其三，在农户开始营造生态林并且在补偿期内不得转换土地利用方式的情况下，当机会成本（种植农作物的净收益）随时间变化而变化，由转换边界的左下方上升到右上方，说明此时的补偿水平不足以弥补农户的机会成本，使农户的净收益受到损失；反之，若随时间变化的机会成本始终在转换边界以下的区域内变化，即补偿水平能够弥补农户的机会成本，农户因营造生态林而受益。

（二）退耕还林补偿政策下的土地利用方式转换边界

将表 4-5 中的参数代入式（4-1）求解可得退耕还林南方地区和北方地区的 g（P，t），结果如图 4-3 所示。

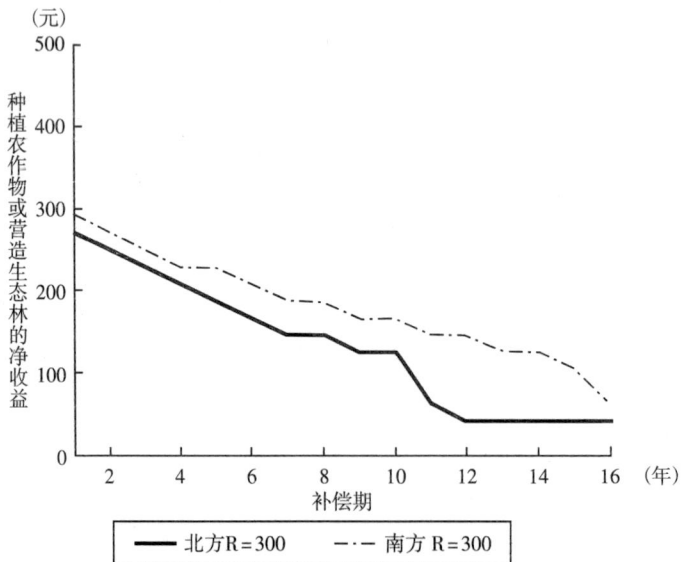

图4-3 相同补偿水平下土地利用方式的转换边界：南方地区和北方地区

可以看出：其一，当每年的退耕还林补贴都为 300 时，南方地区的土地利用方式转换边界高于北方地区的，且随着时间的推移，两地区之间的差异变得越来越大；其二，在农户选择是否参与退耕还林的时期，若种植业净收益在转换边界之上的区域，农户选择参与退耕还林，若种植业净收益在转换边界之下的区域，农户选择种植业；其三，在已经选择参与退耕还林之后，农户不得再改变土地用途，只能营造生态林，在此期间内，若当期的潜在种植业净收益在转换边界之上，农户因参与退耕还林而受损，若当期的潜在种植业净收益在转换边界之下，农户因参与退耕还林而受益。

因此，在退耕还林之初，两种土地利用方式的转换边界是农户是否参与退耕还林的决策的一把"标尺"，农户通过比较种植农作物和营造生态林的净收益做出选择。在退耕还林之后，是判断退耕还林农户是否利益受损的一把"标尺"，两种土地利用方式下的净收益差异造成了农户的经济福利变化。

三、不同土地机会成本和补偿标准下的农户损益

给定退耕地块亩产量 Q 和退耕补偿标准 R，以及其他参数（见表 4-5）的情况下，可以计算农户在补助期限内受到损失的概率。

首先，用几何布朗运动模拟 2014~2030 年退耕地块潜在净收益的一种可能走势（以下简称为"可能走势"），比较在这种可能走势中 16 个补偿期内农户因退耕而受损还是受益，若一个补偿期内退耕地块的潜在净收益高于营造生态林的净收益，记为农户受损状态，反之记为受益状态。

其次，计算在这种可能走势的 16 个补偿期内受损状态的次数与补偿期总数的比值，以此比值作为一种可能走势下的受损频率。

最后，将这种可能走势模拟 5000 次（模拟次数超过 5000 次基本不改变表 4-6 和表 4-7 的结果），计算每种可能走势下的受损频率，用 5000 个受损频率的平均值作为农户的受损概率。

表 4-6 和表 4-7 分别给出了在不同亩产量、补偿标准下，南方地区和北方地区退耕农户的受损概率。以表 4-6 为例进行说明，第一行从左到右依次为退耕地块小麦亩产量的不同可能情况，第一列从上到下依次为农户获得的退耕还林补偿标准的不同可能情况，每一种小麦亩产量和补偿标准的组合为一个可能发生的情况，对应一个农户受损概率。每一个小麦亩产量还对应一个退耕农户潜在净收益的初始值 P_0，用于模拟退耕地块潜在净收益的可能走势。P_0 的数值是计算表 4-2 中 E_1 列 2013 年小麦收益（1.30 元/千克）与小麦亩产量的乘积得到的，如表 4-6 中小麦亩产量为 120 千克时，退耕农户潜在净收益的初始值 P_0 等于 1.30 与 120 的乘积。

表 4-6　小麦亩产量、补偿标准与农户受损概率之间的关系（北方地区）

	产量（千克/亩）	100	120	140	150	180	200
	P_0（元/亩）	129.5	155.4	181.3	194.3	233.2	259.1
补偿标准（元/亩）	200	0.43	3.23	13.56	32.18	52.86	60.46
	220	0.17	1.37	6.62	19.01	42.85	55.18
	240	0.07	0.66	3.64	11.14	30.55	46.17
	260	0.04	0.40	2.35	7.66	18.61	40.05
	280	0.01	0.09	0.71	3.23	9.18	19.89
	300	0	0.02	0.23	1.53	4.73	11.13
	320	0	0.01	0.09	0.75	2.38	6.29
	340	0	0.01	0.07	0.59	1.84	4.80
	360	0	0	0.02	0.28	0.96	2.58
	380	0	0	0.02	0.20	0.73	2.04
	400	0	0	0.01	0.16	0.51	1.34

从表 4-6 和表 4-7 可以看出，其一，在产量为 100~200 千克/亩、补偿标准为 200~400 元/亩的范围内，以生产小麦为主的北方地区的农户受损概率维持在 0~60.46% 之间，以生产稻谷为主的南方地区的农户受损概

率维持在 0~100%。其二，在粮食亩产量既定的情况下，农户受损概率随补偿标准的增加而减小；在补偿标准既定的情况下，随着粮食亩产量的增加，退耕农户潜在净收益的初始值 P_0 逐渐增加，农户受损概率逐渐增加。其三，在补偿标准和亩产量分别相等时，南方地区农户受损概率比北方地区的大，尤其是在两地区退耕地块的质量相近时，即北方地区小麦产量为 100 千克/亩，南方地区稻谷产量为 150 千克/亩时，两地区农户受损概率差异较大。按照《新一轮退耕还林还草总体方案》中规定的南方地区和北方地区的补助标准，300 元/（亩·年），种植小麦的北方地区农户受损概率为 0，南方地区为 17.09%，即现阶段设定的补助标准使南方地区退耕农户利益受损的概率更大。

表 4-7 稻谷亩产量、补偿标准与农户受损概率之间的关系（南方地区）

	产量（千克/亩）	100	120	140	150	180	200
	P_0（元/亩）	177.5	213	248.5	266.3	319.6	355.1
补偿标准（元/亩）	200	3.64	53.90	92.06	98.98	99.92	100.00
	220	1.11	21.03	80.91	97.51	99.80	100.00
	240	0.35	7.09	53.57	91.16	99.11	99.93
	260	0.01	0.64	13.39	66.17	90.42	96.84
	280	0	0.13	4.59	36.48	82.61	95.12
	300	0	0.07	2.06	17.09	68.10	91.87
	320	0	0	0.35	5.44	32.55	80.38
	340	0	0	0.11	2.03	16.16	53.01
	360	0	0	0.11	1.66	11.02	39.75
	380	0	0	0.01	0.24	3.25	18.12
	400	0	0	0	0.09	1.52	9.26

从表面上看，南方地区农户因参与退耕还林而受到损失的概率较大，但我国南北区域发展不平衡，长久以来我国南方地区享受了优先发展的国家政策，拥有发达的海陆交通和雄厚的经济基础，南方地区的农户通

过其他途径获取收入的机会较多，容易实现收入结构的转换，南方地区的地方政府也有更强的财政实力来进一步追加对退耕农户的补偿。相反，北方退耕地区为内陆交通欠发达的经济落后地区，农户主要依赖耕地为生，而且北方地区水土流失严重，生态系统脆弱，更需要依靠退耕还林来改善现状。因此，综合南北地区的生态和经济现状来看，国家退耕还林政策向北方地区倾斜实为一种公平的选择。

第四节　主要结论及政策建议

通过估算 2002~2013 年退耕地块上退耕农户的机会成本和造林收益，可见退耕农户的机会成本呈现波动上升的状态，退耕农户在 2002~2009 年因补助标准高于机会成本而受益，在 2010~2013 年因补助标准低于机会成本而受损。基于退耕农户未来机会成本的不确定性，运用实物期权法估算不确定条件下种植农作物的净收益的现值，通过比较种植农作物和营造生态林的净收益的现值得到我国退耕农户行为选择的转换边界，以转换边界为判断基准讨论了农户在既定退耕还林补助标准下的行为选择和损益状况。通过数值模拟比较转换边界和未来机会成本的可能走势，得出新一轮退耕还林政策下农作物产量、补偿标准与农户受损概率之间的关系。结果表明，退耕农户的受损概率随农作物产量的增加而增加，随补偿标准的增加而减小，在相同立地条件和相同补偿标准下南方地区退耕农户受损的概率更大。

主要的政策建议包括以下三方面：

第一，明确规定退耕还林地块的产量标准，保证宜耕地面积，提高退耕还林的瞄准效率。杨子生等（2011）的研究表明，云南芒市退耕还林的地块中有 96% 属于"不该退"的宜耕地。应以农作物产量、补偿标准与农户受损概率之间的关系作为选择退耕地块的依据，在既定补偿标准下决定低产地块退耕，限制高产地块退耕，如补助标准为300元/亩时，耕地亩产在150千克（小麦）和140千克（稻谷）以下的地块应进行退耕，而亩产在此之上的地块不应退耕。本书表4-6和表4-7给出了不同区域退耕地块在不同产量情况下农户退耕的补助标准和受损概率，这可以作为选择退耕还林地块的参考。

第二，因地确定退耕还林补助标准，避免"一刀切"政策的局限性。我国南方地区退耕地块的潜在净收益一般来说远高于北方地区，而新一轮退耕还林的补助标准却不再区分南方地区和北方地区，虽然这在一定程度上减少了执行成本，但会使南方地区退耕农户利益受损概率增加，影响该区域农户的退耕积极性，不利于国家退耕目标的实现。根据本书测算，在补助标准为300元/亩时，南方地区宜退耕地的亩产应在140千克及以下，然而稻谷亩产在140千克及以下的地块数量较少，很可能造成稻谷亩产在140千克以上的耕地也可能被退耕。因此，在中央政府既定300元/亩的补助标准之外，南方地区的地方政府可以根据实际情况追加对退耕农户的补助，以减少退耕农户的损失。如此一来，"一刀切"的中央政府补助不仅减少了交易成本，也体现了面向全国的公平性。南方地区省市普遍经济状况较好，地方政府也具有追加退耕还林补偿的经济实力，通过地方政府的追加补偿，使得南方地区农户利益受损的情况得到缓解。建立中央政府和地方政府同补制度，是实现多元化差异化补偿标准的第一步。

第三，因时确定退耕还林补助标准，避免退耕农户毁林复耕的发生。本章图4-3的数值模拟结果表明，随着时间推移，农户退耕的机会成本增加，在"一刀切"式的补偿标准下，农户退耕还林后利益受损的概率逐渐增加，这是由土地机会成本在波动中上升决定的。为了确保退耕还林的可持续性，减少和避免毁林复耕的发生，政府确立的补助标准应随时间推移农户退耕的机会成本的变动而相应变动，充分补偿不同时期农户退耕的真实机会成本。正如我国石油价格锚定国际原油价格进行调整一样，退耕还林补偿标准也需要锚定，根据代表性地块的原粮产量和市场价格进行调整，并将通货膨胀等因素考虑在内。这是实现多元化差异化补偿标准的第二步。

第五节　小　结

依据土地机会成本确定生态补偿的补偿标准是理论界普遍认可且具有合理性的，也是实践政策中常被采纳的。但是，受农作物产量和价格的影响，土地机会成本具有波动性和不确定性。土地机会成本的动态变化与退耕还林补偿标准的稳定静态直接造成了前期过度补偿和后期补偿不足的现状。为提高补偿资金的使用效率，调动农户的参与积极性，就必须结合动态的土地机会成本合理地制定补偿标准。

本章依据第三章第二节简单情形下的农户土地利用变化决策模型，对退耕还林补偿标准与农户利益关系进行实证分析。

首先，梳理我国退耕还林政策关于补助标准的政策变迁，可知我国退耕还林补助标准是以土地基本成本为依据的"一刀切"政策。

其次，根据 2002~2013 年相关统计数据，以小麦和稻谷为代表估算南北方不同地区退耕地块上退耕农户的机会成本，结合相关政策规定的初植密度和生态林认定标准以杉木和刺槐为代表估算南北方不同地区的造林成本，进而得到退耕还林的造林净收益，通过比较历年种植农作物和造林的净收益，表明种植农作物的净收益呈波动上升的状态，2002~2009年的退耕还林净收益高于种植农作物的净收益，农户因退耕收益，2010~2013 年的退耕还林净收益地域种植农作物的净收益，农户因退耕受损。随后，利用几何布朗运动模拟 2014~2030 年的退耕还林机会成本的可能走势并与转换边界进行比较，得到粮食产量、补偿标准与农户受损概率之间的关系，结果表明，新一轮退耕还林政策下退耕农户的受损概率随农作物产量的增加而增加，随补偿标准的增加而减少，在相同立地条件和相同补偿标准下南方地区退耕农户受损的概率更大。

最后，根据实证结果提出三点建议：一是把控退耕还林地块的质量，避免宜耕地被退；二是建立中央和地方同补制度，鼓励南方地区地方政府追加补偿，以减少农户利益损失；三是结合土地机会成本的变化定期调整补助标准，以保证退耕还林的可持续性。

第五章
生态效益和经济租金对退耕农户经济福利的影响

　　退耕还林为全社会提供了生态效益，也改变了劳动的机会成本和土地的机会成本。从更广的范畴上看，退耕农户的效用水平不仅局限于土地机会成本的变化，而是由生态效益和经济租金（劳动和土地的机会成本之和）共同决定的。在退耕还林实践过程中发现，退耕还林提供的生态效益对农户带来了正面影响，如减少了水土流失等自然灾害对山区农户的生存威胁和经济损失的概率，但也对农户造成了负面影响，如野生动物增加导致良田被啃食、林缘农地因缺乏光照而使产量降低等问题。此外，退耕还林还改变了农户的生活方式，进而影响了农户的整体收入。为了全面考察退耕还林对农户经济福利的影响，以及因地制宜制定差异化的补偿标准，本章依据第三章第二节的理论分析，在考虑多重因素的情况下，分析生态效益、经济租金以及其他个体特征对陕西退耕还林农户受偿意愿的影响，以期在更贴近现实的状况下分析农户的经济福利变化。

第一节 调研问卷设计

一、研究区域确定

在选择调研地区上，为了使样本总体尽可能地具有代表性，我们采用"全国—省市—区县—乡镇—行政村"的逐级筛选办法，选择退耕还林的重点地区和典型地区，并在选点时充分考虑了陕西省林业厅退耕还林办公室以及相关县级林业部门的建议。

第一，将陕西的退耕还林情况放在全国范围内来看，从整体上了解陕西的退耕还林情况。

第二，根据陕西省的地理特征，分别在陕西省内的陕北地区和陕南地区选择退耕还林重点市县，根据第一轮退耕还林的规模大小，在陕南地区和陕北地区分别确定选择旬阳县、吴起县。

第三，考虑到吴起县退耕还林在全国具有重点示范作用，为了寻找更具一般性的样本区域，根据距离函数确定县域之间的相似性，选取了与吴起县退耕规模相近，但经济发展水平不同的榆林靖边县。

第四，采用多阶段抽样方法，在旬阳县、吴起县和靖边县内进一步选择乡镇和行政村，最终选取了7个镇25个村。具体分析过程和分析结果如下：

（一）从全国各地区中选择陕西省

初步选取陕西作为研究地区。原因有以下三点：一是1999年首批开始试点的地区有三个，分别是陕西、四川和甘肃，说明了陕西的自然条件、经济条件和社会条件决定了陕西是适合退耕还林的地区。二是陕西的退耕还林补助规模在全国范围内位居前列。表5-1数据显示，截至

2012 年，陕西参与退耕还林的农民约 17.7 万户，位居全国第五，累计补助金额 35 亿元，补助规模在全国排名第二，这说明陕西参与退耕还林的农户众多，且退耕还林面积大。三是陕西具有特殊的地理位置特征，退耕还林地区既有南方地区，也有北方地区。

表 5-1　全国各地退耕还林的参与规模和补助规模（截至 2012 年）

地点	户数（户）	地点	当年补助（万元）	地点	合计补助（万元）
四川	4402415	甘肃	56357	内蒙古	367055
重庆	2100493	重庆	48316	陕西	351640
湖南	1889863	内蒙古	39016	四川	314949
河北	1850020	宁夏	38963	甘肃	242125
陕西	1770654	云南	31685	重庆	206532
内蒙古	1294298	陕西	27430	河北	193668
湖北	1205769	四川	25088	山西	183162
甘肃	1029226	湖南	21148	湖南	182926
河南	916579	河北	18751	云南	172182
云南	838752	辽宁	15724	宁夏	167488
安徽	792819	山西	12929	贵州	108511
贵州	730323	广西	12445	湖北	103197
山西	695813	安徽	11324	新疆	98237
广西	657950	新疆	10356	黑龙江	96146
江西	405105	河南	9130	广西	92666
辽宁	313646	湖北	7935	河南	88977
新疆	276790	吉林	6630	安徽	81933
青海	257268	黑龙江	6072	青海	81773
吉林	236513	青海	5220	辽宁	75688
黑龙江	139711	新疆兵团	4403	吉林	73955
宁夏	139408	江西	3717	江西	55209
北京	128570	西藏	2452	新疆兵团	33984
海南	67903	海南	1358	西藏	10681

续表

地点	户数 （户）	地点	当年补助 （万元）	地点	合计补助 （万元）
西藏	46611	贵州	737	北京	9072
天津	20500	北京	677	海南	8357
新疆兵团	10736	天津	94	天津	1404

资料来源：2013 年《中国林业统计年鉴》。

（二）在陕西选择吴起县、旬阳县

陕西省内的工程实施重点地区分布于陕南丘陵山区和陕北黄土高原。陕南地区和陕北地区在地理环境、气候条件、农业种植、经济环境以及文化风俗方面差异很大。陕南地区位于秦岭以南的秦巴山区，属巴楚文化，分属亚热带湿润气候，生态环境优美，水资源和生物资源丰富，年平均气温 14℃~16℃，年平均降水量 839.56 毫米，具有明显的中国南方特点，特色种植烤烟、板栗、核桃、桑树、菜籽、魔芋、药材等经济作物，野猪、獐子等野生动物损害农户利益。陕北地区位于秦岭以北的黄土高原区，属塞外文化，基本上都属于中温带干旱大陆性季风气候，生态环境脆弱，年平均气温 7℃~12℃，年平均降水量 278.73 毫米，具有中国北方地区的特点，煤炭、石油以及天然气资源丰富，以能源化工产业为主导，特色种植糜子、荞麦、麻籽、辣椒和豆类等粮食作物，猫、狐狸等野生动物损害农户利益。在地理界线上，陕南属退耕还林的南方地区，陕北属退耕还林的北方地区。因此，分别从陕南地区和陕北地区选取研究区域。

表 5-2 给出了 1999~2007 年陕西各区县的退耕地还林面积。陕北地区包括榆林、延安两市的 25 个县（区）、352 个乡（镇）、8944 个村委会，是黄河中游的重点区，也是全国水土流失最为严重的地区之一，两市 25 个县（区）中，就有 85%属于黄河中游水土流失严重县。可以看出，延安的退耕地还林总计 502.38 万亩，高于榆林。在延安的各县内，吴起县的退耕规模为 93.98 万亩，显著高于其他区县。陕南地区包括汉

中、安康和商洛，其中安康旬阳县和紫阳县是退耕还林重点地区。由于紫阳县和旬阳县的经济发展以及农民人均纯收入差异不大，选二者之一即可。因此，选择吴起县和旬阳县作为研究区域。

表 5-2　陕西省各市（区/县）退耕地还林面积

单位：万亩

陕北地区			陕南地区					
延安市	502.38	榆林	278.90	汉中	127.64	安康	214.08	商洛	110.45
宝塔区	59.92	榆阳区	27.23	汉台区	1.16	汉滨区	23.67	商州区	8.98
延长县	42.83	神木县	26.42	南郑县	7.15	汉阴县	13.74	丹凤县	17.51
延川县	43.78	府谷县	17.37	城固县	8.50	石泉县	14.40	商南县	15.06
子长县	72.65	横山县	20.66	洋县	9.81	宁陕县	9.31	山阳县	21.63
安塞县	61.56	靖边县	31.03	西乡县	17.16	紫阳县	29.86	镇安县	25.26
志丹县	62.51	定边县	28.54	勉县	12.98	岚皋县	27.89	柞水县	9.61
吴起县	93.98	绥德县	29.24	宁强县	23.15	平利县	28.66	洛南县	12.40
甘泉县	19.13	米脂县	21.55	略阳县	18.29	镇坪县	9.27	宝鸡市	12.93
富县	9.78	佳县	24.41	镇巴县	22.19	旬阳县	34.67	凤县	9.95
洛川县	3.24	吴堡县	8.08	留坝县	3.03	白河县	22.61	太白县	2.98
宜川县	22.25	清涧县	20.66	佛坪县	4.22				
黄龙县	6.33	子洲县	23.71						
黄陵县	4.42								

数据来源：陕西省林业厅。

（三）在陕西选择靖边县

除吴起县外，本书还选择了与吴起县退耕规模相近但经济水平差异大的地方——靖边县。具体的选择过程如下：

第一步，建立截面数据库，得到陕西省境内黄河流域内各县（除去汉中、安康、商洛以及宝鸡凤县和太白县之外的 65 个县）的 7 个经济指标和退耕地还林面积。选取的经济指标包括年底总人口数、生产总值、地方财政收入、农村居民人均纯收入、常用耕地面积、粮食产量和农林牧渔业总产值。数据来自 2014 年《陕西省区域年鉴》。

第二步，对截面数据进行归一化，剔除量纲影响，计算各县的经济水平和退耕规模的特征向量与吴起县之间的欧氏距离。计算经济水平的欧氏距离的过程如下：$D_i = \sqrt{\sum_{j=1}^{7} (x_{ij} - x_j^*)^2}$，其中 D_i 是 i 县与吴起县之间经济水平的欧氏距离，x_{ij} 是 i 县的第 j 个经济水平指标，x_j^* 是吴起县的第 j 个经济水平指标。同理，退耕规模的欧氏距离 $D_i = \sqrt{\sum_{k=1}^{3} (x_{ik} - x_k^*)^2}$，其中 x_{ik} 是 i 县的第 k 个退耕还林指标，x_k^* 是吴起县的第 k 个退耕还林指标。选取的退耕还林指标包括退耕地还林面积、荒山荒地造林面积和封山育林面积，相关数据来自陕西省林业厅。

第三步，根据其余 65 个县与吴起县的经济水平和退耕规模的欧氏距离进行顺序排序，结果如图 5-1 所示。可以看出，各县和吴起县的退耕相似程度从小到大排序后，呈现"升—平"的走势，即排名前十的区县与吴起县是最相似的，排名十位以后的县大部分直接彼此相似。靖边县位列退耕相似程度排序中的第八，却在经济相似程度排序中位列第四十

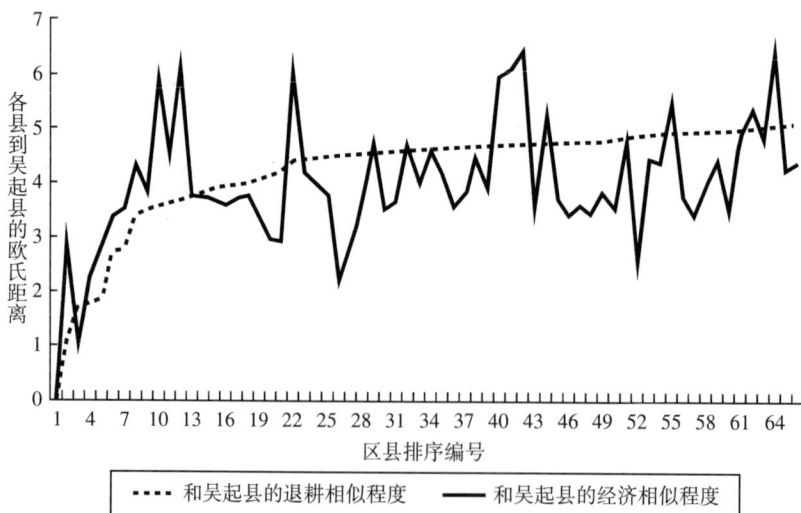

图 5-1　各县与吴起县的退耕规模和经济水平的相似程度

四，是与吴起县退耕还林程度最相似，但经济发展差异最大的县，因此，选择靖边县作为研究区域。

（四）抽样方案与样本容量

在调研时，当总体的规模特别大，或者总体分布的范围特别广时，一般采用多阶段抽样的方法来抽取样本。李静和王月金（2015）在研究农民健康与主观福祉时，采用多阶段抽样法，抽取了5个省10个县50个村1000个农户，每个县选5个样本村，在每个村随机选取20位农户，每户原则上由1位16周岁以上成年人接受问卷调查。熊凯等（2016）在研究鄱阳湖生态补偿受偿意愿时，采用多阶段抽样法，抽取了24个镇24个村共288位农户。

本书借鉴文献中的多阶段抽样方法，选择调研样本。第一阶段，按照各乡镇与县城之间的距离分为远近两类或远中近三类，在每一类中随机抽取一个乡镇。第二阶段，按照25%的采样率在该乡镇抽取行政村。第三阶段，在每个村选择35位农户。最终，走访了7个镇25个行政村875位退耕还林农户，每户原则上由户主接受问卷调查，只保留了明确回答受偿意愿的问卷，得到有效问卷851份。抽样方案及抽样结果如表5-3所示。

表5-3　抽样方案及抽样结果

名称	抽样阶段	第一阶段	第二阶段		第三阶段
抽样方案	抽样单位	镇	村		农户
	抽样方法	分层抽样	PPS		简单随机抽样
	抽样数量	2或3	25%采样率		35位
抽样结果	吴起县	庙沟镇	中台村、吴水口村		70份
		铁边城镇	新寨村、吕沟村、箭杆岭村、王洼子村、南庄畔村、海眼沟村、刘泉沟村		245份
抽样结果	靖边县	王渠则镇	王渠则村、羊圈湾村		70份
		杨米涧镇	韩伙场村、新庄湾村		70份
		东坑镇	东坑村、毛窑村、三岔渠村、大阳湾村、四十里铺村		175份

续表

名称	抽样阶段	第一阶段	第二阶段	第三阶段
抽样结果	旬阳县	麻坪镇	钱河梁村、枫树村、柳村、麻平村	140 份
		桐木镇	桐木村、梅花村、岔园村	105 份

二、问卷设计

条件价值评估法（Contingent Valuation Method，CVM）是在环境成本收益分析和环境影响评估方面广泛应用的非市场价值评估方法。在环境经济学中，CVM 被用于估计环境资源的非使用价值和非市场价值（Kotchen，2000；Lee，2002）。近年来，CVM 常用于揭示建设基础公共设施的个人偏好，如供水、公共卫生等（Origill，2018）。常见的 CVM 引导技术包括投标博弈、开放式、支付卡式、二分式选择等，引导技术的选取需结合研究目标、受访者特征、调查成本等因素（Venkatachalam，2004）。针对本章的研究内容——农户退耕还林的受偿意愿，首先，调研对象的受教育程度普遍偏低，直接询问其受偿意愿虽然问卷设计简单，但无法避免受访者极端乱答，导致开放式引导技术的不适用。其次，为保证调研的高效进行，避免引起受访者的厌恶情绪，较为复杂的二分式选择也被排除在外。最后，虽然支付卡的范围尤其是投标值的最大值会影响受访者的回答，但通过预调研，考察受访者的实际情况，设计一个较为合理的最大投标值，则可以将受访者的极端乱答控制在可接受的范围内。因此，本章选择支付卡式引导技术询问农户的退耕还林受偿。

在预调研阶段，调查者与农户面对面开展半开放式访谈，并据此修改问卷的问题、选项以及受偿意愿的投标值。在正式调研阶段，调查者采用支付卡形式的 CVM 获取农户的受偿意愿。问卷内容主要包括五个部分：①退耕还林工程的实施效果评价；②受访者参与退耕还林的情况；③采用支付卡形式引导农户退耕还林的受偿意愿；④家庭耕地质量和收益情况；⑤受访者的家庭社会状况。考虑到估计生态效益量是一个复杂的过程，受访者无法精确给出具体数量，问卷中关于生态正效益和生态负效益的问题为退耕还林后受访者感知到的生态效益种类，以此代表生态效益的变化程度。考虑到受访者对问题的理解力以及访谈高效顺利进行，与劳动的经济租金相关的问题设定为退耕还林后是否有更多的务工机会。预调研时受访者普遍反映，受栽植树种和技术等因素所限，退耕还林后的土地收益甚微且相对滞后，因此，与土地的经济租金相关的问题被简化为耕地产出和土地租金收入，具体问题设定及赋值如表5-4所示。

表5-4　变量描述性统计

变量	变量说明	均值	标准差	最小值	最大值
受偿意愿	退耕还林受偿意愿（元/亩·年）	365.16	242.20	40	2000
生态正效益	实施退耕还林，给本地区的生态环境带来了哪些好处?[a]（多选频数之和）	3.55	1.55	1	6
生态负效益	退耕还林后，本地区野生动物变多，野猪、猕等对良田庄稼的损害严重程度。（非常严重=1，一般严重=2，存在，但不严重=3，不存在=4）	2.74	1.24	1	4
耕地产出	1亩耕地的年利润[b]（1-6）	3.55	0.98	1	5
土地租金	转让土地经营承包权受偿意愿（元/户·年）	264.95	234.77	0	3000
劳动收益	退耕还林后有了更多的务工机会，家庭收入因此提高。（完全不同意=1，不同意=2，没影响=3，同意=4，完全同意=5）	2.26	1.45	1	6
性别	男=0，女=1	0.18	0.39	0	1
年龄	岁	53.32	12.26	22	84
受教育程度	小学以下=1，小学=2，初中=3，高中=4，高中以上=5	2.16	1.02	1	5
家庭总人口数	家庭总人口数（人）	4.94	1.93	1	12
务农劳动力	主要务农劳动力（人）	1.64	1.18	0	6
家庭月收入	家庭所有成员的月收入[c]（1-10）	4.73	2.86	1	10

变量	变量说明	均值	标准差	最小值	最大值
区域差异	所在县 2015 年人均 GDP 的自然对数	10.94	0.56	10.21	11.45

注：a ①植被得到快速恢复；②水土流失大幅减少；③冰雹、沙尘暴等灾害性天气明显减少；④野生动物数量和种类明显增多；⑤水质变好，水量变多；⑥空气变得干净清洁。b 300 元以下 = 1，300~500 元 = 2，500~700 元 = 3，700~900 元 = 4，900~1100 元 = 5，1100 元以上 = 6。c 500 元以下 = 1，500~1000 元 = 2，1000~1500 元 = 3，1500~2000 元 = 4，2000~2500 元 = 5，2500~3000 元 = 6，3000~4000 元 = 7，4000~5000 元 = 8，5000~8000 元 = 9，8000 元及以上 = 10。

第二节　样本数据统计分析

一、变量的描述性统计

表 5-4 报告了样本总体中解释变量和被解释变量的描述性统计情况，可以粗略地了解陕西农户的退耕还林受偿意愿和生活状况。

总体来看，农户退耕的受偿意愿为 365.16 元/（亩·年），农户间的受偿意愿差异巨大，最高可达 2000 元，最少仅 40 元。受访者认为退耕还林带来的生态正效益最多 6 项，最少 1 项，平均 3.55 项，问卷中可供选择的生态正效益选项及其频率分别为：植被得到快速恢复（0.747）、水土流失大幅减少（0.810）、灾害性天气大幅减少（0.525）、野生动物数量和种类明显增加（0.481）、水质水量改善（0.303）、净化空气（0.613），以"植被得到恢复（0.747）"为例，表明有 74.7% 的受访者认为退耕还林后可以使植被得到恢复。然而，野生动物，尤其是野猪变多，又会损害良田庄稼，其损害程度为 2.74，在"一般严重"和"存在"之间，更接近于"存在"。关于退耕还林能否提高家庭收入，受访者的回答均值为 3.55，介于"没影响"和"同意"之间。农户转让土地经营承包权的平均受偿意愿为 264.95 元/（亩·年），低于参与退耕还林的平均受偿意愿

（365.16）。农户每亩耕地的年利润平均值为 2.26（相当于 500 余元），其中种植小麦、玉米等粮食作物的利润较低，种植烟草的利润较高，最高可达到 1100 及以上。受访者为户主，大多数为男性，平均年龄为 53.32，普遍是小学至初中文化水平，家庭人口数平均 4.94 人，其中务农劳动力 1.64 人，家庭月收入平均为 4.73（相当于 1000 元左右）。受访者所在县 2015 年人均 GDP 的自然对数代表了地区差异（左翔和李明，2016）。此外，据调研掌握的信息来看，满足当前退耕还林条件的地块的立地条件往往较差，存在摞荒和赔钱种地的现象，极少数土地被出租。

二、关键量的地区差异

鉴于陕南（或陕北）地区受访者的选择不会对陕北（或陕南）样本造成影响，我们采用独立样本 t 检验，分析陕南地区和陕北地区两个子样本在关键变量上的区别，具体如表 5-5 所示。结果表明：

表 5-5　关键变量在两地区间的差异（独立样本 t 检验）

	陕南地区	陕北地区	t 统计量
受偿意愿	376.64±170.06	339.87±209.45	2.773***
生态正效益	1.79±0.94	3.69±1.48	−3.456***
生态负效益	1.77±0.94	3.03±1.18	−14.095***
耕地产出	2.14±1.58	2.32±1.37	−1.692*
土地租金	266.85±164.81	260.32±253.82	0.433
劳动收益	3.73±0.84	3.46±1.04	4.057***

注：①*，**，*** 分别代表 0.1，0.05，0.01 的显著性水平；②±后的数代表子样本的标准差；③受偿意愿和土地租金的单位为元/（亩·年）。

（1）陕南地区农户退耕还林的平均受偿意愿（MWTA）为 376.64 元/（亩·年），陕北地区为 339.87 元/（亩·年），陕南地区显著更高。

（2）陕南地区受访者感受到的生态正效益平均有 3.31 项，陕北地区 3.69 项，陕北地区显著更高。

（3）陕南地区受访者感受到的环境负效益平均为 2.67，陕北地区是 3.31（一般严重 = 2，存在 = 3，不存在 = 4），陕南地区的生态负效益显著更高。退耕还林后，陕南秦岭山区的森林覆盖率大大提高，野生动物的数量和种类增加，导致动物践踏庄稼的事件屡有发生，造成农户经济损失，甚至威胁生命安全。

（4）陕南地区的劳动收益平均为 3.73，陕北地区为 3.46（没影响 = 3，同意 = 4），陕南地区显著更高，这表明退耕还林的劳动力流出效应在陕南更大。

（5）受访者出租土地的平均心理价位在两地区间的差异不显著，分别为 266.85 元/（亩·年）和 260.32 元/（亩·年）。

（6）陕南地区受访者汇报的耕地产出平均为 2.14，陕北地区为 2.32，标准差分别为 1.58 和 1.37。

这表明陕北地区的平均耕地产出更高，陕南地区的耕地产出差异更大。陕南的立地条件更适宜耕种，尤其是种植烤烟、桑树和药材等经济作物的收益可观，可高达 800~1000 元或 1000 元以上，与此同时，陕南地区土地撂荒情况也比较多见，于是呈现出均值低、标准差大的特点。撂荒原因多见以下两种：一是青壮年劳动力外出打工，无暇顾及家中农事，留守人员难以承担繁重的农业劳动；二是林缘耕地产出低下，农业种植入不敷出。相反，陕北地区存在耕地投入大于产出却不撂荒的现象，受访者表示，这是当地文化所决定的，如果自家不种地，会被邻里笑话为家人懒惰和家境落寞。

第三节　右端截取模型分析

一、模型设定

调研样本显示，有 5.2%受访者的受偿意愿高于支付卡的上限值 1000 元/（年·亩）。针对农户倾向于虚报受偿意愿的情况，若直接采用最小二乘估计法，会导致估计结果有偏，且估计量不一致；若剔除这些超出支付卡上限的数据，又会产生策略性偏误。因此，本书在受偿意愿为 1000 处进行了右审查（Right Censored），而不是把观测不到的 WTA^* 简单地从样本中除掉，根据研究需要，建立以下 Tobit 模型：

$$WTA_i^* = \alpha_0 + \alpha_1 PosEnvi_i + \alpha_2 NegEnvi_i + \alpha_3 LaborR_i + \alpha_4 LandR_i + X_i' \beta +$$
$$Z_i' \gamma + \mu \tag{5-1}$$

其中，WTA^*是潜变量，关键解释变量包括生态正效益 $PosEnvi_i$、生态负效益 $NegEnvi_i$、劳动的经济租金 $LaborR_i$ 以及土地的经济租金 $LandR_i$；X_i 是影响受偿意愿的特征变量，包括受访者的性别、年龄、受教育程度、家庭总人口数、务农劳动力数和家庭月收入；Z_i 代表地区特征的解释变量，α_0、α_1、α_2、α_3、α_4、β 和 γ 是待估计系数，μ 是随机误差项。农户报告的受偿意愿 WTA 与潜变量 WTA^* 之间的关系如下：

$$WTA = \begin{cases} WTA^*, & \text{若 } WTA^* < 1000 \\ 1000, & \text{若 } WTA^* \geqslant 1000 \end{cases} \tag{5-2}$$

二、生态效益对受偿意愿（WTA）的影响：假说 1 的检验

表 5-6 报告了模型的回归结果，Stata 13.0 自动删减了少量存在缺失值的样本。在回归 A 和回归 B 中，关键解释变量包括环境正效益、环境

表5-6 生态效益和经济租金对受偿意愿的影响

	回归一		回归A		回归二		回归B	
	coefficient	dx/dy	coefficient	dx/dy	coefficient	dx/dy	coefficient	dx/dy
生态正效益	-14.00*** (-2.96)	-13.90*** (-2.96)	-15.10*** (-2.88)	-14.97*** (-2.88)	-12.99*** (-2.95)	-12.85*** (-2.95)	-13.79*** (-2.84)	-13.65*** (-2.84)
生态负效益	—	—	-27.69*** (-4.20)	-27.46*** (-4.20)	—	—	-23.22*** (-3.88)	-22.97*** (-3.89)
耕地产出	8.44* (1.76)	8.38* (1.76)	11.45* (2.01)	11.35* (2.01)	—	—	—	—
土地租金	—	—	—	—	0.39*** (11.06)	0.38*** (11.73)	0.39*** (10.58)	0.38*** (10.69)
劳动收益	5.22 (0.70)	5.18 (0.70)	1.83 (0.23)	1.81 (0.23)	7.73 (1.14)	7,64 (1.14)	5.62 (0.79)	5.56 (0.79)
性别	69.22*** (3.44)	68.72*** (3.44)	79.49*** (3.23)	78.84*** (3.23)	71.65*** (3.94)	70.90*** (3.94)	76.88*** (3.47)	76.05*** (3.48)
年龄	-3.38*** (-5.76)	-3.36*** (-5.77)	-3.04*** (-4.70)	-3.01*** (-4.71)	-2.01*** (-3.69)	-1.98*** (-3.69)	-1.60*** (-2.69)	-1.58*** (-2.69)
学历	1.34 (0.18)	1.32 (0.18)	3.88 (0.47)	3.85 (0.47)	4.22 (0.64)	4.18 (0.64)	7.64 (1.03)	7.56 (1.03)
家庭总人口数	14.09*** (3.40)	13.99*** (3.40)	16.11*** (3.68)	15.98*** (3.68)	13.31*** (3.54)	13.17*** (3.54)	14.39*** (3.62)	14.23*** (3.62)
主要务农劳动力	30.37*** (4.19)	30.15*** (4.20)	32.78*** (4.11)	32.51*** (4.12)	19.89*** (3.08)	19.68*** (3.08)	22.25*** (3.15)	22.01*** (3.15)
家庭月收入	-11.29*** (-4.30)	-11.20*** (-4.31)	-12.24*** (-4.18)	-12.14*** (-4.18)	-4.93** (-2.08)	-4.88** (-2.08)	-4.99* (-1.90)	-4.94* (-1.90)

续表

	回归一		回归 A		回归二		回归 B	
	coefficient	dx/dy	coefficient	dx/dy	coefficient	dx/dy	coefficient	dx/dy
县人均 GDP 对数	-20.89 (-1.52)	-20.74 (-1.52)	-6.90 (-0.38)	-6.84 (-0.38)	-22.93* (-1.85)	-22.69* (-1.86)	-5.46 (-0.34)	-5.40 (-0.34)
常数项	696.86*** (4.58)	—	591.95*** (3.07)	—	535.22*** (3.86)	—	376.49** (2.17)	—
LR χ^2	126.13	—	122.53	—	269.69	—	240.07	—
Pseudo R^2	0.0126		0.0145		0.0278		0.0296	
样本量	767		646		743		621	

注：①coefficient 列括号内是 t 统计量，dx/dy 列括号内是 z 统计量。②***，**，* 分别表示 0.01，0.05，0.10 的显著水平。③四个回归模型的区别在于关键解释变量，回归一的关键解释变量是生态正效益和耕地产出，回归一的基础上增加了生态负效益，回归 A 在回归一的基础上添加了生态正效益和土地租金，回归 B 在回归二的基础上添加了生态负效益。

负效益、劳动的经济租金和土地的经济租金。二者的区别是，代表土地的经济租金的指标不同，前者是耕地产出，后者是土地租金，这是因为土地用途要么是自用，要么是出租，二者不可能同时存在，因此土地租金和耕地产出没有同时出现在同一个回归中。coefficient 列是 Tobit 回归的系数，dx/dy 列是变量的边际效应（Marginal Effect）。本节主要探讨的是回归 A 和回归 B，关于回归一和回归二的分析详见第四节稳健性分析。

在回归 A 和回归 B 中，生态正效益在 1%的显著性水平下通过检验，生态正效益的回归系数为负，生态正效益的增加有助于减少受偿意愿。从生态正效益均值处的边际效应看，以回归 A 为例，回归系数是-14.97，表明生态正效益每增加 1 项，受偿意愿减少了 14.97%。

生态负效益在 1%的显著性水平下通过检验，生态负效益的回归系数为负，生态负效益的增加使得受偿意愿增加。从生态负效益均值处的边际效应来看，以回归 A 为例，回归系数是-27.46，表明生态负效益每降低 1 个等级，受偿意愿减少 27.46%。

上述结果很好地支持了假说 1 的结论。

三、经济租金对受偿意愿（WTA）的影响：假说 2 的检验

如表 5-6 所示。在回归 A 中，耕地产出在 5%的显著性水平下通过检验，耕地产出与受偿意愿之间存在正向关系，耕地产出的回归系数为 11.35。退耕还林前的土地收益越高，退耕还林的受偿意愿越大。在回归 B 中，土地租金在 1%的显著性水平下通过检验，土地租金与受偿意愿之间存在正向关系，土地租金的回归系数为 0.38。农户出租土地的心理价位越高，退耕还林的受偿意愿越大。耕地产出和土地租金都代表了土地的经济租金，可见，土地的经济租金越大，受偿意愿越大。

然而，劳动收益的回归系数不显著。劳动的经济租金与受偿意愿之间的关系未得到有效验证，这与以往研究一致（李树苗等，2010）。可能的解释是，伴随着城市化和现代化进程，农业收入和打工收入相差巨大，

农户外出打工的动机不仅为了改善生活，还为了体验生活和追求梦想（赵春雨等，2013）。

四、生态效益和经济租金的边际效果：假说 3 的检验

我们将陕南地区和陕北地区的受访农户作为两个子样本，分别进行回归分析，结果如表 5-7 所示。回归 C 和回归 D 是分别针对陕南地区和陕北地区的一组回归，回归 E 和回归 F 是两地区间的另一组回归。两组回归之间的区别是，回归 C 和回归 D 以耕地产出代表经济租金，回归 E 和回归 F 以土地租金代表经济租金。以下对回归 C 和回归 D 的结果加以说明，回归 E 和回归 F 的说明详见稳健性分析。

（一）生态效益的边际效果分析

对比回归 C 和回归 D 的生态效益变量（包括生态正效益和生态负效益）的回归系数，可知：

（1）在回归 C（陕南地区）中，生态正效益的回归系数为 -7.64，变量未通过显著性检验，而在回归 D（陕北地区）中，生态正效益的回归系数为 -17.14，且在 1% 的显著性水平下通过检验，即环境正效益每增加一项，受偿意愿减少 17.14%。回归 D（陕北地区）中生态正效益的回归系数绝对值更大，表明生态环境脆弱地区的生态正效益的边际改善对受偿意愿的降低作用更大。

（2）生态负效益的回归系数在回归 C（陕南地区）和在回归 D（陕北地区）中分别为 -33.68 和 -22.90，且均通过变量显著性检验，即生态负效益每降低一个等级，受偿意愿分别减少 33.68% 和 22.9%。回归 C（陕南地区）中生态负效益的回归系数绝对值更大，这表明生态环境好的地区的生态负效益的边际改善对受偿意愿的降低作用更大。

上述结果很好地支持了假说 3 的结论。

（二）经济租金的边际效果分析

如表 5-7 所示，通过对比回归 C 和回归 D 的经济租金变量（包括劳

表5-7 生态效益和机会成本对受偿意愿的影响的地区差异

	陕南地区				陕北地区			
	回归C		回归E		回归D		回归F	
	coefficient	dx/dy	coefficient	dx/dy	coefficient	dx/dy	coefficient	dx/dy
生态正效益	-7.65 (-1.02)	-7.64 (-1.02)	-8.48 (-1.09)	-8.47 (-1.09)	-17.31*** (-2.68)	-17.14*** (-2.69)	-15.58*** (-2.66)	-15.37*** (-2.66)
生态负效益	-33.73** (-2.27)	-33.68** (-2.27)	-28.82** (-2.05)	-28.77 (2.11)	-23.12*** (-3.07)	-22.90*** (-3.08)	-19.04*** (-2.83)	-18.78*** (-2.83)
耕地产出	16.20* (1.54)	16.17* (1.54)	—	—	11.51* (1.75)	11.40* (1.75)	—	—
土地租金	—	—	0.23** (2.30)	0.23** (2.30)	—	—	0.41*** (10.24)	0.41*** (10.37)
劳动收益	6.70 (0.43)	6.69 (0.43)	10.66 (0.72)	10.64 (0.72)	2.17 (0.24)	2.15 (0.24)	7.50 (0.93)	7.40 (0.93)
性别	63.60** (2.19)	63.51** (2.19)	52.18* (1.77)	52.10* (1.77)	98.09*** (2.83)	97.13*** (2.83)	99.57*** (3.23)	98.19*** (3.24)
年龄	0.77 (0.67)	0.77 (0.67)	1.00 (0.86)	1.00 (0.86)	-3.70*** (-4.96)	-3.67*** (-4.97)	-2.21*** (-3.28)	-2.19*** (-3.29)
学历	49.23*** (2.86)	49.15*** (2.86)	54.82*** (3.26)	54.73*** (3.27)	-0.11 (-0.01)	-0.11 (-0.01)	-0.54 (-0.07)	-0.54 (-0.07)
家庭总人口数	21.10** (2.50)	21.07** (2.50)	22.65** (2.75)	22.61** (2.75)	16.83*** (3.38)	16.67*** (3.38)	13.31*** (2.97)	13.12*** (2.97)
主要务农劳动力	34.06** (2.40)	34.01** (2.41)	28.82** (2.10)	28.77** (2.11)	31.90*** (3.40)	31.59*** (3.41)	23.61*** (2.86)	23.29*** (2.86)

续表

	陕南地区				陕北地区			
	回归 C		回归 E		回归 D		回归 F	
	coefficient	dx/dy	coefficient	dx/dy	coefficient	dx/dy	coefficient	dx/dy
家庭月收入	-14.36*** (-3.43)	-14.34*** (-3.43)	-9.56** (-2.21)	-9.58* (-2.21)	-13.70*** (-3.74)	-13.56*** (-3.75)	-6.04* (-1.87)	-5.96* (-1.87)
常数项	216.75** (2.01)	—	120.72 (1.05)	—	550.46*** (7.97)	—	351.67*** (5.51)	—
χ^2	37.59	—	42.29	—	98.76	—	211.67	—
Pseudo R^2	0.0195	—	0.0222	—	0.0149	—	0.0334	—
样本量	150		148		505		484	

注：①coefficient 列下方括号内是 t 统计量，dx/dy 列下方括号内且是 z 统计量；②*** , ** , * 分别表示统计量在 0.01、0.05、0.10 的显著水平；③回归 C 和回归 E（回归 D 和回归 F）的区别在于 dx/dy 土地经济租金的变量不同，前者是耕地产出，后者是土地租金。

149

动收益、耕地产出）的回归系数，可知：

（1）劳动收益的回归系数分别为 6.69 和 2.15，均未通过显著性检验。

（2）耕地产出与受偿意愿之间存在正向关系，陕南地区农户的耕地产出每上移一个等级，受偿意愿增加 16.17%，陕北地区农户的耕地产出每上移一个等级，受偿意愿增加 11.4%。这是因为陕南地区的平均耕地产出更高，在一个相对高水平的耕地产出上，让农户退耕还林需要补偿的更多。

（3）土地租金与受偿意愿之间存在正向关系，土地租金每增加 1%，陕南地区和陕北地区的受偿意愿分别增加 0.23% 和 0.41%。土地租金在两地区间没有显著差异，因为其对受偿意愿的影响在两地之间也没有显著差异。

五、其他特征变量与受偿意愿的关系

如表 5-6 所示。在回归 A 中，性别、年龄、家庭总人口数、主要务农劳动力以及家庭月收入均在 1% 显著性水平下通过检验，学历、县人均 GDP 对数与受偿意愿之间的关系不显著。各变量与受偿意愿的关系以及该变量在均值处的边际效应具体如下：

（1）女性的平均受偿意愿比男性高 78.84%，过往的受偿意愿调研结果也表明女性的受偿意愿普遍更高（Wang 等，2016）。可能的解释是，男性与女性在风险偏好上存在差异，大量文献表明，女性比男性更惧怕风险（Croson 和 Gneezy，2009），女性更担心退耕还林后将面临的不确定性，因此受偿意愿更高。

（2）年龄每增加 1 岁，受偿意愿减少 3.01%。

（3）家庭总人口数每增加 1 人，受偿意愿增加 15.98%。

（4）主要务农劳动力每增加 1 个单位，受偿意愿增加 15.98%。

（5）家庭月收入每上升一个层次，受偿意愿减少 12.14%。

第四节　稳健性检验

首先，从变量出发，对回归 A 和回归 B 进行稳健性检验。在回归 A 的基础上，剔除变量"生态负效益"，得到回归一。回归一的变量回归系数的数值、符号以及显著性与回归 A 相比未发生显著变化。在回归 B 的基础上，剔除变量"生态负效益"，得到回归二。回归二中变量县人均 GDP 的对数由 -5.40 变为 -22.69，且该变量在 10% 的显著性水平下通过检验，其余变量回归系数的数值、符号以及显著性与回归 B 相比未有显著变化。

其次，在回归 C 和回归 D 的基础上，将土地的经济租金变量由"耕地产出"替换为"土地租金"，分别得到回归 E 和回归 F。回归 E 和回归 F 的变量回归系数的数值、符号以及显著性与回归 C 和回归 D 相比未发生显著变化，如表 5-7 所示。

最后，从数据出发，回归 A、回归 C 和回归 D 中选取的解释变量相同，但样本容量分别为 646、150 和 505，样本容量改变仅改变了变量数值的大小，未改变解释变量的符号和显著性。回归 B、回归 E 和回归 F 选取的解释变量相同，但样本容量分别为 621、148 和 484，样本容量改变也没有改变解释变量的符号合显著性。

综上所述，表明本书建立的模型具有稳健性。

第五节　主要结论及政策建议

退耕还林是国家重大生态修复工程，是生态文明建设的重要环节。农户作为实践退耕还林的微观个体，掌握其受偿意愿及其影响因素对高效推动工程实施具有重要意义。基于农户成本收益视角的现有文献研究了生态正效益对受偿意愿的弱化作用，以及机会成本与受偿意愿的同步变化关系。但现有研究没有考虑生态负效益对农户利益的影响，也没有指出机会成本影响受偿意愿的本质是经济租金，这不利于深入了解农户受偿意愿。

本书将生态效益对受偿意愿的影响分解为两种作用：生态正效益的弱化作用和生态负效应的强化作用。将经济租金对受偿意愿的影响分解为土地的经济租金和劳动的经济租金。将生态效益和经济租金变量同时引入农户的效用函数，采用控制变量分析思路，分情景讨论其对受偿意愿的影响。利用陕西851位退耕农户的大样本实地调研数据，运用右端截取模型实证检验生态正效益、生态负效益、土地的经济租金和劳动的经济租金对受偿意愿的影响。得到以下结论：

（1）生态正效益能显著降低受偿意愿，生态负效益显著提升受偿意愿。计量结果表明，生态正效益每增加1项，受偿意愿减少14.97%，生态负效益每降低一个等级，受偿意愿减少27.46%。因此，生态正效益对受偿意愿的弱化作用、生态负效益对受偿意愿的强化作用在陕西退耕还林农户身上确实存在。

（2）土地经济租金、劳动的经济租金与受偿意愿同步变化。计量结果显示，耕地产出和土地租金的回归系数显著为正，而劳动收益的回归系数不显著，即劳动的经济租金与受偿意愿的影响尚不明确。这表明，当前现实情况下，农户的打工决策与是否退耕还林的联系并不紧密，土地收益是农户是否退耕还林的依据。

（3）生态环境脆弱地区的生态效益改善对受偿意愿的弱化作用更大，生态环境优越地区的生态效益改善对受偿意愿的强化作用更大。分别对陕南陕北地区的计量分析表明，陕北地区生态正效益对受偿意愿的降低作用比陕南地区大，陕南地区生态负效益对受偿意愿的提升比陕北地区大。生态效益的边际效应确实存在。

基于此，为了提高补偿资金的使用效率、确保农户利益和实现农户公平，我们对退耕还林工作提出以下建议：

首先，确定生态补偿标准时应结合当地的生态环境条件，因地制宜将生态正效益和生态负效益对农户利益的影响考虑在内。在生态环境脆弱地区，将工作重点放在如何改善生态环境上；在生态环境良好地区，应关注如何减少或避免对农户造成生态负效益，考虑在环境负效益问题严重的地区开展针对生态负效益的补偿制度。

其次，应瞄准耕地收益低下的土地开展退耕还林工作，在人地关系紧张的集中连片特困地区，要考虑劳务输出、生态移民等措施，激发退耕农户谋出路的内生动力，切实提高退耕农户的经济收入，推动劳动的经济租金对参受偿意愿的弱化作用。

最后，建立省际退耕还林任务配额交易制度，解决某些地区退耕还林实施难而另一些地区超计划退耕的问题，通过任务配额交易实现退耕还林任务向生态环境脆弱地区倾斜。

第六节　小　结

合理的退耕还林补偿标准，不仅基于退耕土地的机会成本，而且要建立在农户的受偿意愿基础之上，掌握农户退耕还林的受偿意愿及其影响因素对高效推动工程实施具有重要意义。然而，已有文献在研究退耕还林受偿意愿的过程中，仅考虑了与农户社会经济特征相关的因素以及与农户对生态建设的认知，忽视了与农户切身利益相关的生态因素和经济因素，使得我们对农户受偿意愿的理解还不够全面。为了充分保护退耕农户的经济福利，就必须在考虑与农户切身利益相关因素的情况下分析农户的受偿意愿。

本章依据第三章第二节复杂情形下的农户受偿意愿影响因素模型，对退耕还林受偿意愿及其影响因素，尤其是与农户切身利益相关的生态因素和经济因素进行实证分析。

第一，通过逐级筛选法确定调研区域，利用条件价值评估法设计支付卡式调查问卷。根据地区退耕还林规模确定调研区域为陕西；以距离函数作为县域之间相似性的判定依据确定调研县域包括退耕还林规模大但经济发展水平不同的吴起县、靖边县和旬阳县；采用多阶段抽样法得到 7 个镇 25 个行政村 875 位受访者；通过比较不同 CVM 引导技术，选取支付卡式 CVM 设计问卷。

第二，对样本数据的关键变量进行统计分析，得到样本平均受偿意愿 365.16 元/(亩·年)，陕南地区和陕北地区在平均受偿意愿、生态效益、耕地产出和劳动收益四个变量上存在地区差异。

第三，采用右端截取模型对样本总体和分地区样本分别进行计量分析，验证第三章第三节提出的三个假说。对全样本的实证分析结果表明，环境正效益对受偿意愿显著产生负向影响，环境负效益对受偿意愿显著产生正向影响，假说 1 得到验证。土地的经济租金显著正向影响受偿意愿，劳动的经济租金影响不显著，假说 2 得到部分验证。区分南北地区的实证分析结果表明，陕北地区的生态正效益的边际改善对受偿意愿的降低作用更大，假说 3 得到验证。

第四，通过剔除变量"生态负效益"、替换变量"耕地产出"、改变样本容量三种方式进行稳健性检验，结果表明本书建立的模型具有稳健性。

第五，根据本章的实证分析提出以下政策建议：一是生态正效益和生态负效益影响受偿意愿的过程具有不同的平均效应，应结合当地生态环境条件合理确定补偿标准和工作重点；二是理论上劳动的经济租金具有弱化受偿意愿的作用，但实证分析表明，退耕还林对劳动的经济租金影响尚不显著，应通过劳务输出、生态移民等措施切实增加退耕农户劳动力的收入；三是生态正效益和生态负效益影响受偿意愿的过程具有不同的边际效应，应建立地区间退耕还林任务配额交易制度，将退耕还林任务转移至生态环境脆弱地区。

第六章
比较因素对退耕农户群体的经济福利影响

除了生态效益和经济租金等内部因素，外部社会环境也会影响退耕农户的经济福利，人群之间的比较就是一种典型的外部社会因素，退耕还林农户群体与其他群体之间在权利和利益等方面的差异直接影响着农户对退耕还林政策的接纳程度以及生态补偿长效机制的建立。通过梳理已有研究发现，退耕还林生态补偿后，虽然退耕农户的收入水平整体上有所提高，但是诸多调研结果表明，农户对退耕还林的满意度不高，如退耕还林农户群体收入普遍偏低、农用地和耕地的征占补偿标准高于林地的征占补偿标准等因素造成了退耕还林农户群体的剥夺感。针对退耕农户群体的收入与满意度背离问题，本章根据第三章第三节的理论分析，在比较视角下构建退耕农村地区的经济福利函数，用影响农户经济福利的比较因素造成的效用变化率度量福利损失，以陕西省各县为例，实证分析这种收入与满意度的背离。

第一节　比较因素及实证分析步骤

一、相对剥夺理论和相对收入理论

相对剥夺（Relative Depriation，RD）是源于社会心理学中测量态度的概念。20世纪50年代，相对剥夺用于解释部队中出现的反常现象。在美国，宪兵的晋升速度比空军慢，但是宪兵对自己晋升的满意度更高，同样地，美国南部营地的非裔士兵比北部营地的士兵更满意，尽管当时南部的种族隔离仍然很严重。哈佛大学教授 Stouffer 等（1949）认为，这是因为满意度取决于比较的对象，在晋升的过程中，宪兵们的比较对象通常是其他宪兵，而非空军，同样地，南部营地的非裔士兵的比较对象通常是南部的黑人平民，而不是北部营地的士兵。自 Stouffer 提出相对剥夺之后，诸多学者进一步扩展了相对剥夺的思想（Davis，1959；Pettigrew，1967；Walster 和 Bershcheid，1978）。Runciman（1966）认为，相对剥夺包括个体间的相对剥夺（Individual RD，IRD）和群体间的相对剥夺（Group RD，GRD），IRD 应与以个人为中心的态度和行为联系在一起，如学术成就、涉财犯罪等，GRD 则与以群体为中心的态度联系在一起，如集体行动、群体之外的偏见等。因此，人们的满意度不仅取决于自身情况，还取决于其比较对象，看似反常的现象，其深层次原因是比较对象的选择问题。相对剥夺理论试图从比较对象的合理选择上解释自身状况与满意度之间的背离。

在经济学领域内，与相对剥夺的概念类似，另一位哈佛大学教授 Duesenberry（1949）在同年提出了经济学中的相对收入（Relative Income）假说，认为消费者的行为具有示范效应和棘轮效应。示范效应是指消费者的行为受到其他消费者支出的影响，即消费者在进行消费时，会试图超过或不低于同一阶层的其他人。棘轮效应是指，人们的消费行为受到自己过去消费水平的影响，即消费行为像"棘轮机"一样只能上升很难下降，当收入减少时，消费者在较短时期内仍旧维持过去更高的消费水平。因此，相对收入理论是一种消费理论，用于说明消费与经济周期之间的关系。

无论是相对剥夺，抑或是相对收入，都是在比较视角理解人们的心理和行为，在福利经济学中用于分析人们的收入与幸福感之间的关系。在宏观的范畴内，经济学家 Easterlin（1974）发现，国家与国家之间存在着收入与幸福感背离的反常现象，即国与国之间的经济发展水平不同，但幸福水平几乎一样高。在微观层面大量研究表明，个人收入与个人主观福祉（Subjective Well-being）之间存在正向关系。利用发达国家和发展中国家的截面调查数据进行的回归分析表明，个人收入对幸福感的影响是正向显著的（Blanchflower 和 Oswald，2004；Lelkes，2006）。表面上看，宏观范畴和微观层面上关于收入与幸福感的关系的结论不同，而 Clark（2008）从比较视角的分析表明宏观和微观的分析结论具有一致性，其关键因素是在效用函数中考虑相对收入，这种比较收入包括与他人进行比较的社会性比较（Social Comparison）和与自己过去进行比较的习惯性比较（Habituation）。

二、比较因素

根据 Clark（2008），本书将社会性比较和习惯性比较引入退耕还林农户的效用函数中。与 Clark（2008）不同的是，本书依据社会性比较在确定比较对象时，汲取了相对剥夺理论和相对收入理论的思想。通过对第六章第一节的梳理可知，相对剥夺理论认为，解释群体间的满意度背离现象的关键是该群体选择的比较对象，其比较对象的特点不仅是具有相似性的群体，更加强调的是地理位置相近的群体。相对收入理论则认为，人们在进行比较的时候，倾向于选择与自己处于同一阶层的群体。综合相对剥夺理论和相对收入理论，因此，本书在确定比较对象时，既考虑了地理位置相近的群体，又考虑了同一阶层的群体。

与退耕还林农户群体地理位置相近的群体，理想情况下应当是退耕还林县的非退耕还林农户。一方面，若直接在各县内比较退耕还林农户群体和非退耕还林农户群体之间的收入差异，可能会造成因数量差异带来的代表性差的问题。由于退耕还林是连片集中开展的，各县的非退耕还林农户群体与退耕农户群体的比例不等，以大多数退耕还林农户的收入水平与小部分非退耕还林农户的收入水平进行比较，显然是不合理的。另一方面，以抽样方法询问农户收入水平，不仅需要大量人力财力，还存在抽样代表性偏误的问题。因此，本书在确定地理位置相近的比较对象时，选择同地区内的居民群体，称之为城乡比较。

与退耕还林农户群体处于同一阶层的群体，理想情况下应当是与退耕还林县经济、地理、文化等方面具有相似性的非退耕还林县的农户群体。值得注意的是，这里的比较对象应具有两个特征：一是农户群体所处的县为非退耕还林县；二是该非退耕还林县与退耕还林县应具有相似性。用处于黄土高原的非退耕农户群体与处于秦岭以南丘陵山区的退耕农户群体进行收入比较，显然是不合理的。考虑到陕西各县都不同程度地参与了退耕还林，绝对非退耕还林县几乎不存在，在选择比较对象时，用具有相似性的退耕还林规模低的县的农户群体作为比较对象，称之为乡乡比较。

综上，本书选取城乡比较、乡乡比较和习惯性比较作为比较因素。

三、实证分析步骤

陕西是最先开展退耕还林的试点地区和重点地区之一。受限于可获取数据的最小范围是县级数据，本章以陕西各县为例，实证检验退耕还林县和非退耕还林县是否在农民收入水平和城乡收入差距上存在区别，实证检验城乡比较、乡乡比较和习惯性比较对退耕还林地区经济福利的影响。

本章分析步骤如图 6-1 所示。首先，计算城乡比较，$V_{i,UR}(x_{i,U}, x_{i,R}) = (x_{i,U} - x_{i,R})/x_{i,U}$，其中，$x_{i,U}$ 和 $x_{i,R}$ 分别是 i 县城镇居民人均可支配收入和 i 县农村居民人均纯收入。其次，计算习惯性比较，$x_{i,R}/x^*_{i,R}$，其中，$x^*_{i,R} = (x_{i,R,t-1})^\alpha (x_{i,R,t-2})^\beta (x_{i,R,t-3})^{1-\alpha-\beta}$。再次，计算乡乡比较 $V_{ji,R}$，寻找与退耕还林县具有可比性的非退耕还林县，其分析步骤分为以下两步。具体而言：第一步，采用聚类分析法，根据退耕还林的规模大小将陕西省内各县分为两类，高退耕还林县和低退耕还林县，用低退耕还林县作为非退耕还林县的代表。第二步，采用倾向匹配得分法，将高退耕还林县组与低退耕还林县组进行配对，得到可供比较的基础。最后，利用城乡比较、习惯性比较和乡乡比较，依据下式计算经济福利和福利损失，$W = \sum\limits_{i=1}^{n} \ln (x_{i,R}) + \theta_1 \sum\limits_{i=1}^{n} \ln (x_{i,R}/x^*_{i,R}) + \theta_2 \sum\limits_{i=1}^{n} \ln (V_{i,UR}) + \theta_3 \sum\limits_{i=1}^{n} \ln (V_{ji,R})$，其中，$\theta_1 = \theta_2 = \theta_3 = 1/3$。

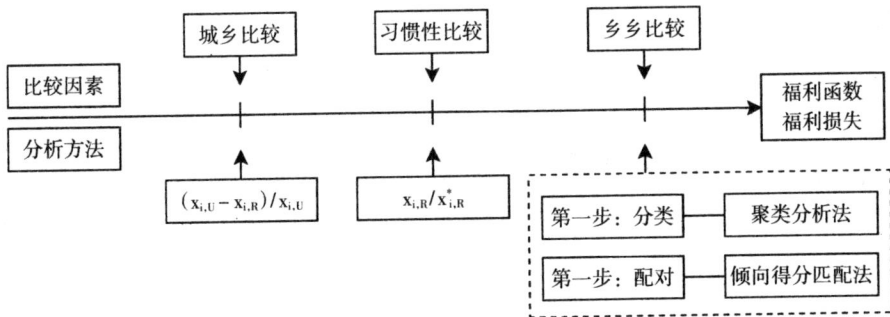

图 6-1　比较因素对退耕农户群体经济福利影响的分析步骤

表 6-1 汇总了区分退耕还林地区和非退耕还林地区、对退耕还林地区和非退耕还林地区进行配对、计算经济福利和福利损失这三个分析过程中采用的方法和需要的变量。在样本选择上，剔除了陕西省内 108 个

县中的 25 个区，以及数据不完整的 4 个县，最后得到 79 个退耕还林样本县。

表 6-1 经济福利效应的分析过程及变量说明

分析过程	变量符号	变量说明
退耕县和非退耕县的分类	TS_i	1999~2006 年 i 县的退耕还林总面积 （退耕地还林面积、荒山造林面积和封山育林面积之和）
	S_i	1999~2006 年 i 县的退耕地还林面积
退耕县和非退耕县的配对	R_i	1981~2010 年 i 县的累年 2009~2008 时年均降水量
	DGE_i	i 县的地理特征的虚拟变量（黄土高原、平原和山地） （DGE_i = 1 代表黄土高原；DGE_i = 0 代表其他）
	$DGEO_i$	i 县的地理特征的虚拟变量（黄土高原、平原和山地） （$DGEO_i$ = 1 代表平原，$DGEO_i$ = 0 代表其他）
	PS_i	i 县的人口结构（2003 年农村人口与年末总人口的比值）
	ECO_i	i 县的退耕还林单位面积生态效益
经济福利及福利损失	$x_{i,R}$、$x_{j,R}$	2000~2014 年历年各县的农村居民人均纯收入
	$x_{i,U}$、$x_{j,U}$	2008~2014 年历年各县的城镇居民人均可支配收入
	α 和 β	α = 1/3，β = 1/3
	θ_1、θ_2 和 θ_3	$\theta_1 = \theta_2 = \theta_3 = 1/3$；或 $\theta_1 = \theta_2 = \theta_3 = 0$

资料来源：《中国区域经济统计年鉴》《陕西区域统计年鉴》《陕西省志·黄土高原志》《退耕还林工程生态效益监测国家报告》、陕西省林业厅退耕还林办公室和中国气象数据网。

第二节　退耕还林区县的划分：基于二步聚类法

一、聚类方法及变量选取

聚类分析将样本集合分为由类似的对象组成的类别，是通过数据建模简化数据的一种方法。常用的聚类算法包括 K 均值聚类、系统聚类、二步聚类等，这些算法的特点各不相同，具体如表 6-2 所示。

表6-2　四种聚类方法的对比

聚类算法	基本思想	优点	缺点
K均值聚类	从对象中选取质心,测量每个对象到质心的距离,根据距离大小将对象归到该质心所在的类,不断重复直到准则函数收敛	算法快速、简单、效率高,可用于大数据	聚类数目K是事先给定的,很多时候,事先难以知道数据集应该分成多少个类别才最合适
系统聚类	每个对象自成一类,每次合并具有最小距离的两类,合并后重新计算类与类之间的距离,重复这个过程直到所有的样品归为一类为止,并把这个过程画成一张聚类图	聚类过程清晰可见,可根据研究需要自主决定聚类类别个数;计算复杂度较大适用于小数量级	定义类与类之间的距离的方法众多,不同的距离定义可能造成分类结果的差异
DBSCAN	确定半径eps的值,只要临近区域的密度(数据点的数目)超过某个阈值,就继续聚类,最后在一个圈里的就是一个类	对噪声不敏感,能发现任意形状的聚类	对参数的设置非常敏感
二步聚类	第一步,将原始数据压缩为可管理的子聚类集合;第二步,使用层级聚类方法将子聚类一步一步合并为更大的聚类	自动估计最佳聚类数	不允许丢失值

各种聚类算法都具有自己的特点,需要根据研究目标和数据特征合理确定聚类算法。结合本书的研究特点,首先,由于各县实施退耕还林的规模不同,存在诸如吴起县这样的离群值,而基于划分的方法(Partition-based Methods)对离群值非常敏感,导致K均值聚类的不适用。其次,陕西省内共有79个退耕还林县,而基于层次的方法(Hierarchical Methods)时间复杂度高,更适用于较小的样本量,导致系统聚类也不适用。最后,基于密度的方法(Density-based Methods)需要根据经验调整预设参数Eps和MiniPts的值,而在此之前尚未有相关研究分析退耕还林县的聚类问题,缺乏聚类前的经验,使得DBSCAN聚类算法不合适。与此同时,二步聚类的优势在于,可以自动估计最佳聚类数,不需要先期经验,对离群值相对不敏感。因此,本书选择二步聚类法,并以AIC最小信息准则作为聚类的判断依据。

聚类的特征变量是代表退耕还林规模的指标,包括各县退耕还林总

面积 TS_i 和退耕地还林面积 S_i, 起止时间为 1999~2006 年, 因为 2007~2014 年没有新增退耕还林任务。数据来自陕西省林业厅。

二、二步聚类的前提假设

二步聚类算法的前提假设是变量服从正态分布, 变量之间不存在多重共线性。对于不服从正态分布的变量, 可以应用对数变换、平方根变换等方法, 将不服从正态分布的资料转化为近似正态分布。为判断聚类因子是否满足聚类的前提假设, 本书采用 K-S 检验判断变量的正态性, 用 Pearson 相关系数检验变量是否存在多重共线性。

K-S 检验结果如表 6-3 所示, TS_i 和 S_i 未通过正态分布假设, 但经过对数变换 $ts_i = \lg(TS_i + 1)$ 和 $s_i = \lg(S_i + 1)$, ts_i 和 s_i 通过检验。ts_i 和 s_i 的 Person 相关系数为 0.151, 不存在相关性。因此, 本书选取的聚类因子是 ts_i 和 s_i。

表 6-3 单样本 Kolmogorov-Smirnov 检验

	均值	标准差	显著性
TS_i	41.85	31.70	0.031
S_i	17.13	16.26	0.021
ts_i	1.53	0.32	0.482
s_i	1.12	0.35	0.502

三、二步聚类的结果

表 6-4 给出两类县域的样本数量以及聚类因子的平均水平。陕西各退耕还林县被分为 2 类, 第 1 类包含 40 个县, 第 2 类包含 39 个县, 第 2 类县 ts_i 和 s_i 的均值分别为 1.39 和 1.74, 都高于第 1 类县的 0.85 和 1.30, 说明第 2 类县的平均退耕程度更高。

表 6-4　二步聚类结果

聚类	第 1 类	第 2 类
标签	对照组	处理组
大小	40（50.6%）	39（49.4%）
ts_i 的均值	0.85	1.39
s_i 的均值	1.30	1.74

图 6-2 进一步给出聚类因子的概率密度分布，说明两类中各县的聚类因子的整体情况。横轴代表聚类因子 ts 或 s，纵轴代表聚类因子的频数，黑色线条勾勒了聚类因子的总体概率分布，灰色阴影部分是分类后的分布情况。图 6-2 中，（a）和（c）分别是第 1 类县的 ts、s 以及总体的概率密度分布，（b）和（d）是第 2 类县的 ts、s 以及总体的概率密度分布。可见，第 1 类县的 ts 和 s 的分布集中在总体的左侧部分，第 2 类县的 ts 和 s 的分布集中在总体的右侧部分，说明第 2 类县的退耕程度普遍更高。凝聚和分离的平均轮廓是 0.6，表明聚类质量是"好"。

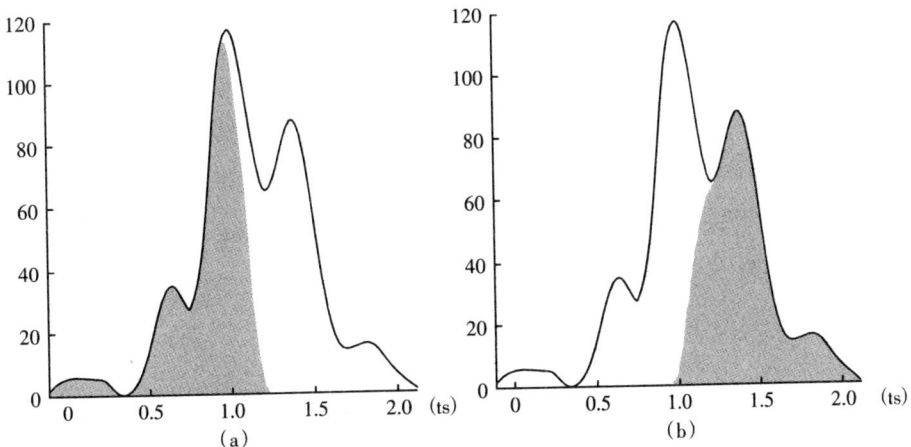

图 6-2　聚类因子的频数分布

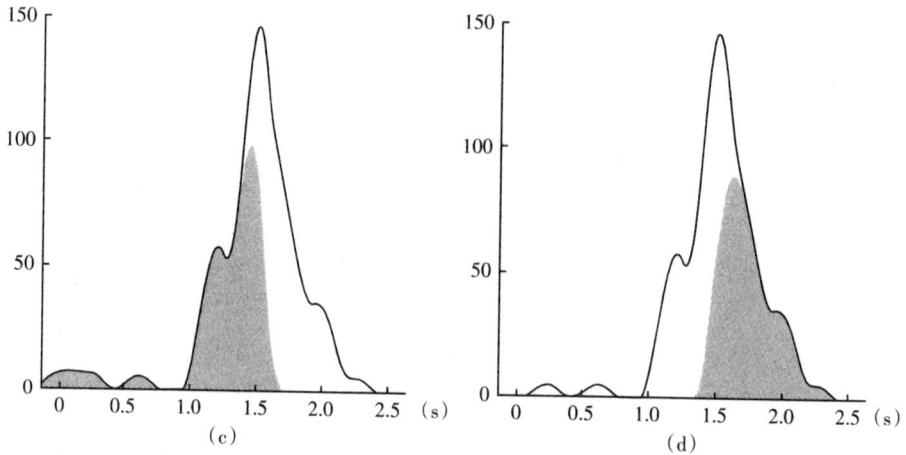

图 6-2　聚类因子的频数分布（续图）

　　县域的空间分布特征如图 6-3 所示，深灰色表示 1 类地区，浅灰色表示 2 类地区，白色地区包括市政府所在区和数据不完整地区。可以看出，退耕还林规模以西安市为中心呈现环状辐射分布，这是由陕西省内的地貌特征决定的。西安周边处于关中平原地区，满足退耕还林要求的坡耕地较少。自西安以北逐渐进入黄土高原，生态环境逐渐恶化，以常县、洛川县、黄龙县为分界线，分界线以南为 1 类地区（退耕还林规模低），分界线以北为 2 类地区（退耕还林规模高）。自西安以南逐渐进入秦岭山区和丘陵地区，各县的交通便捷程度、产业发展状况、生态区位重要性等因素决定了该县退耕还林的程度，尤其汉中、安康和商洛下辖县属秦巴山区连片特困地区，又是国家南水北调工程和陕西引汉济渭工程的重要水源地，自然集中了退耕还林规模较大的县。

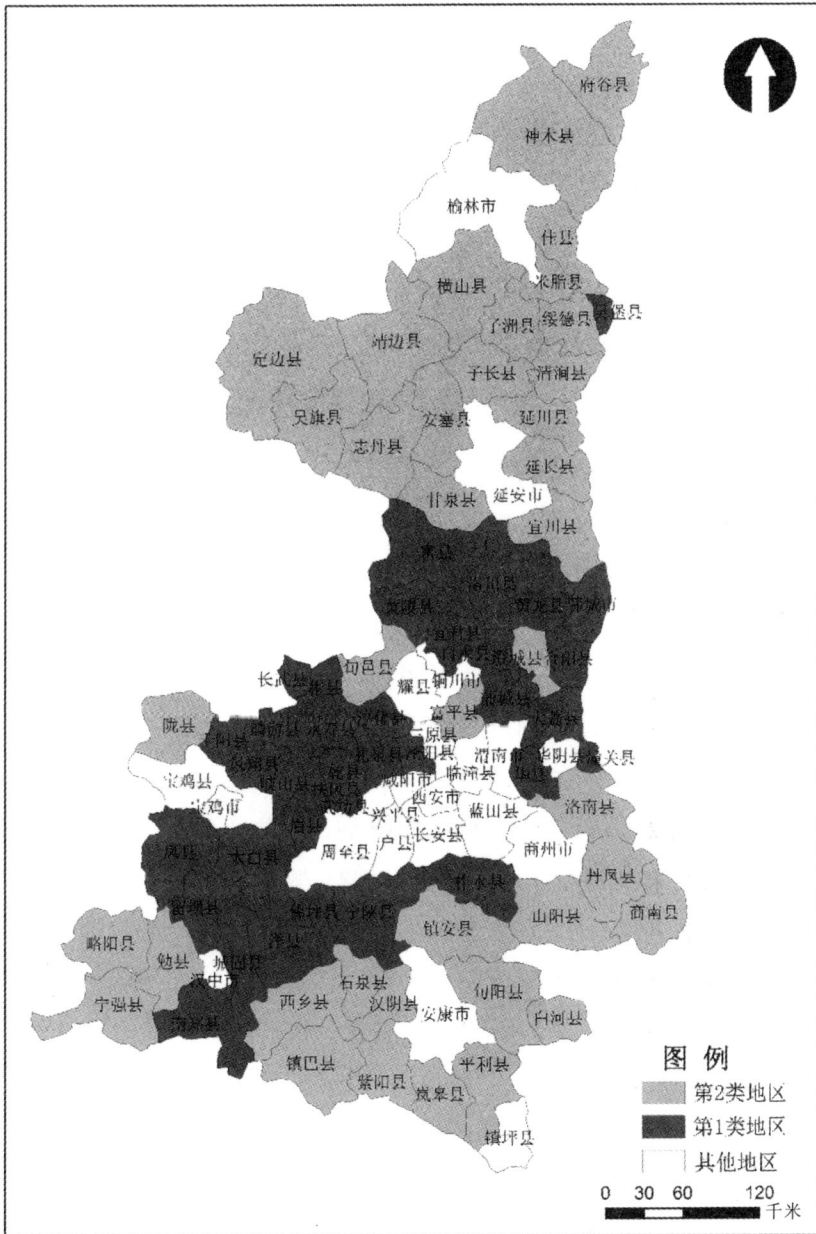

图6-3　陕西省退耕还林程度类型空间分布

第三节　处理组和控制组的配对关系：基于倾向得分匹配法

一、配对方法及变量选取

倾向得分匹配法（Propensity Score Matching）是基于反事实推断的一种研究方法，在医学和公共卫生领域，常用于分析对照试验中某种医学治疗手段或药物的有效性，在经济学领域，用于研究某项政策的影响效果。针对本章的研究问题——高退耕还林规模的县和低退耕还林规模的县的农民收入差异，我们得到的是观察研究数据，而不是随机对照实验数据，如果不加调整，很容易获得错误的结论，比如用陕南地区的高退耕还林规模县与陕北地区的低退耕还林县的农民收入进行比较，得出的结论是不可靠的，这是因为高退耕还林县类别和低退耕还林县之间存在混杂变量，不配对很容易产生自选择偏差。因此，采用倾向匹配得分法对退耕还林地区和非退耕还林地区进行配对。

倾向得分匹配要求特征变量满足条件：①在处理组和控制组之间不存在显著差异；②不仅影响农村居民收入，也是退耕还林程度的重要影响因素。因此，本书选取的特征变量反映县域自然地理特征（R_i、DGE_i、$DGEO_i$、ECO_i）和人文地理特征的指标（PS_i）。

各县降水量 R_i 用 1981~2010 年 i 县的累年 2009~2008 时年均降水量表示。数据来自中国气象数据网。

各县地理特征用两个虚拟变量 DGE_i 和 $DGEO_i$ 表示，$DGE_i = 1$ 代表黄土高原，$DGEO_i = 1$ 代表平原，$DGE_i = DGEO_i = 0$ 代表山地。数据来自《陕西省志》。

各县单位面积生态效益 ECO_i 是按照各县所在市的退耕地还林、宜林荒山荒地造林和封山育林的单位面积生态效益折算得到的。$ECO_i = \left(\sum_{j=1}^{3} \frac{B_{ji}}{A_{ji}} s_{ji} \right) / \sum_{j=1}^{3} s_{ji}$，其中 A_{1i}、A_{2i}、A_{3i} 分别是 1999~2006 年 i 县所在市退耕地还林、宜林荒山荒地造林和封山育林任务的完成面积，B_{1i}、B_{2i}、B_{3i} 是 i 县所在市退耕地还林、宜林荒山荒地造林和封山育林的生态效益，s_{1i}、s_{2i}、s_{3i} 分别是 1999~2006 年 i 县退耕地还林、宜林荒山荒地造林和封山育林任务的完成面积。以延安市安塞县为例，根据《退耕还林工程生态效益监测国家报告》，1999~2006 年，延安市退耕地还林、宜林荒山荒地造林和封山育林任务的完成面积分别是 502.38 万亩、389.75 万亩和 24.60 万亩；延安市退耕地还林、宜林荒山荒地造林和封山育林的生态效益价值量分别是 119.48 亿元/年、93.21 亿元/年和 5.71 亿元/年；安塞县退耕地还林、宜林荒山荒地造林和封山育林任务的完成面积分别为 119.16 万亩、54.9 万亩和 2.7 万亩。将以上数据代入可得，安塞县单位面积生态效益价值量 $ECO_{安塞}$ 为 2383.1 元/（亩·年）。

PS_i 采用 2003 年的数据，因为人口结构的年度变化不大，且 2003 年为开展退耕还林的高峰期。

常见的匹配算法包括最邻近匹配、半径匹配和核匹配，本书选择最邻近匹配法，对控制组和处理组进行 1∶1 匹配，默认卡钳值 0.2。

二、用 PSM 对两类地区进行配对

根据第六章第二节二步聚类分析得到处理组县域 40 个，控制组县域 39 个。采用 PSM 匹配后处理组有 38 个样本，控制组有 22 个样本，剔除了样本总体中的 19 个未得到匹配的地区，由此消除了自选择偏差。结果如表 6-5 所示。

表 6-5　倾向得分匹配的样本量

匹配前		匹配后		未匹配	
处理组	控制组	处理组	控制组	处理组	控制组
40	39	38	22	2	17

匹配平衡性良好。第一,"Relative multivariate imbalance L1"统计量理论上介于 0~1,匹配后的结果越小说明平衡性越好(Lucas 等,2009;Lucas 等,2012)。本书中,匹配前的 L1 统计量为 0.747,匹配后 L1 统计量为 0.605,说明匹配良好。第二,"Relative multivariate imbalance L1"中,不存在 $|d| > 0.25$ 的变量,即不存在匹配后不平衡的变量。

三、平均干预效果

平均干预效果是用倾向得分进行匹配的分别属于处理组和控制组的个体差异平均水平,计算公式为 $ATT = E[(Index - Index')|P(x)]$。若 $ATT \neq 0$,说明处理组和控制组在收入上存在差异(Stuart,2010)。本书对比农村居民人均纯收入和城乡居民收入比在处理组和控制组之间是否有显著差异。

检验两样本均值是否存在显著差异,常用方法是独立样本 t 检验、配对样本 t 检验、独立样本 Mann-Whitney U 秩和检验、相关样本 Wilcoxon 符号秩检验。前两个方法属于参数检验,后两个方法属于非参数检验。参数检验的前提是样本服从正态分布,如果样本分布非正态,则使用非参数检验。由于处理组和控制组是配对样本,本书首先用 K-S 检验判断样本是否服从正态分布,然后使用配对样本 t 检验或相关样本 Wilcoxon 符号秩检验。经检验,农村居民人均纯收入和城乡居民收入比均服从正态分布假设,使用配对样本 t 检验,结果如表 6-6 所示。

表6-6 处理组和控制组的平均参与效应（ATT）

年份	农村居民人均纯收入	城乡居民收入比	年份	农村居民人均纯收入	城乡居民收入比
2000	-303.00***	—	2008	-286.35*	0.258**
2001	-274.88***	—	2009	-333.33**	0.244***
2002	-247.36***	—	2010	-339.33*	0.208**
2003	-273.63***	—	2011	-421.70	0.202**
2004	-262.15***	—	2012	-495.97	0.206***
2005	-296.72***	—	2013	-647.21*	0.224***
2006	-303.07***	—	2014	-853.46**	0.244***
2007	-401.36***	—			

注：①***，**，* 分别表示在1%，5%，10%的水平上显著；②各县城镇居民人均可支配收入自2008年起才有完整数据，这里只分析2008年以后城乡居民收入比的差异。

农村居民人均收入水平的ATT。2000~2014年，处理组的农村居民人均收入水平始终低于控制组。2000~2006年，处理组和控制组的收入差距呈先缩小后增大的趋势，这和前期大力开展退耕还林，后期逐步减小规模的时间跨度高度吻合，说明农户收入得到改善与国家退耕还林补贴有关。2007~2014年，处理组和控制组的收入差距先减小后扩大，这和2007年国家为巩固退耕还林成果、延长补助期限的时间节点相一致。

城乡居民收入比的ATT。自2008年起，也就是后退耕还林时代下，处理组和控制组的城乡收入差距比较稳定，处理组的城乡收入差距始终高于控制组。

第四节 退耕还林对农村地区的经济福利效应：考虑比较因素的效用函数

计算经济福利和福利损失时，由于自2008年起才有各县城镇居民人均可支配收入的完整数据，本书只分析 2008 年以后的城乡差异。这里要说明的是，最早于 1999 年参与退耕还林的农户，其补偿期结束于 2014 年，故本书将实证的时间节点是 2014 年。根据前文计算得到各县的城乡比较、乡乡比较和习惯性比较的相关数据代入下式：

$$w_i = \ln(x_{i,R}) + \theta_1 \ln(x_{i,R}/x^*_{i,R}) + \theta_2 \ln(V_{i,UR}) + \theta_3 \ln(V_{ji,R}) \tag{6-1}$$

求和后，可得退耕还林县的经济福利。参数设定上，假定习惯性比较、城乡比较和乡乡比较具有同等重要程度，$\theta_1 = \theta_2 = \theta_3 = 1/3$，且习惯性比较的基准点中每个时间节点也具有同等重要程度，$\alpha = \beta = 1/3$。

一、比较因素的特征描述

利用式（3-26）和式（3-27）得到所有地区城乡比较和乡乡比较的平均水平。结果如表 6-7 所示，可知：①乡乡比较和城乡比较同时存在，二者都呈逐年下降趋势；②城乡比较整体上高于乡乡比较。

表 6-7　所有地区城乡比较和乡乡比较的平均水平

年份	乡乡比较	城乡比较	年份	乡乡比较	城乡比较
2000	0.3187	—	2008	0.2485	0.7237
2001	0.3182	—	2009	0.2202	0.7262
2002	0.2667	—	2010	0.2165	0.7124
2003	0.2770	—	2011	0.2184	0.6921
2004	0.2471	—	2012	0.2180	0.6899
2005	0.2606	—	2013	0.2196	0.6581
2006	0.2451	—	2014	0.2091	0.6824
2007	0.2803	—			

注：各县城镇居民人均可支配收入自 2008 年起才有完整数据，这里只分析 2008 年以后城乡居民收入比的差异。

利用式（3-23）得到退耕地区农村当前与过去收入水平相比项 $\ln(x_{i,R}/x^*_{i,R})$，即习惯性比较。表 6-8 给出习惯性比较的平均水平 $E[\ln(x_{i,R}/x^*_{i,R})]$。可见，随着时间的推移，退耕地区农民收入水平逐年提升，收入水平提升的幅度经历了"小—大—小"的过程，总体上促进了经济福利的改善。

表 6-8　农村历年收入与过去收入水平相比的平均水平

年份	习惯性比较	年份	习惯性比较
2003	0.1305	2009	0.4480
2004	0.2066	2010	0.4392
2005	0.2008	2011	0.4426
2006	0.2222	2012	0.3860
2007	0.2799	2013	0.3091
2008	0.4318	2014	0.2476

二、考虑比较因素的福利及福利损失

若不考虑比较因素，退耕还林地区农村的经济福利表示为 $W_{\theta_1=\theta_2=\theta_3=0}$。我们计算可得考虑三种比较因素的经济福利 $W_{\theta_1=\theta_2=\theta_3=1/3}$。表 6-9 给出了考虑比较因素和不考虑比较因素两种情况下的总体经济福利。可以看出：①不考虑相对因素的情况下，退耕地区农民人均纯收入随时间呈上升趋势，经济福利总体逐年增加；②考虑相对因素的经济福利总体低于不考虑相对因素的经济福利；③比较因素冲抵了平均 19.28% 的收入增加带来的福利增加。

表 6-9　两种情况下的经济福利

年份	2008	2009	2010	2011	2012	2013	2014
$W_{\theta_1=\theta_2=\theta_3=0}$	304.65	312.43	320.41	329.31	335.39	340.12	344.35
$W_{\theta_1=\theta_2=\theta_3=1/3}$	248.32	248.67	255.52	266.57	272.75	276.11	278.00
ρ (%)	18.49	20.41	20.25	19.05	18.68	18.82	19.27

注：ρ 是比较因素造成的福利损失，其算式为 $\rho = (W_{\theta_1=\theta_2=\theta_3=0} - W_{\theta_1=\theta_2=\theta_3=1/3})/W_{\theta_1=\theta_2=\theta_3=0}$。

第五节　主要结论及政策建议

本书梳理了微观层面上退耕还林生态补偿对农户经济福利影响的研究，发现退耕还林在改善农民收入和农民满意度较低二者之间存在矛盾，针对此问题，尝试在福利经济学的比较视角下，借鉴国外解释伊斯特林悖论的相对剥夺理论和相对收入理论，综合考虑重点退耕还林县的农村地区与非重点退耕还林县的农村地区的收入差异（乡乡比较）、重点退耕还林县内的城乡收入差异（城乡比较）和重点退耕还林县当前与过去的收入差异（习惯性比较）这三个比较因素，构建了退耕还林县收入水平的效用函数，以度量地区经济福利，解释收入水平与满意度之间的悖论。

在实证方面，以陕西 79 个县域数据为样本进行测算，在对各县聚类和匹配的基础上，计算得到城乡比较、乡乡比较和习惯性比较，最后计算得出特定形式的地区经济福利。结果表明：第一，在陕西省内，退耕还林地区广泛分布于陕北、关中和陕南地区，从地理位置上看，重点退耕还林地区围绕在非重点退耕还林地区之外，以比较偏远的地区为主。第二，重点退耕地区（处理组）和非重点退耕地区（控制组）在相对水平方面存在差距，处理的农民收入显著低于控制组的农民收入，处理组的城乡收入差距显著高于控制组城乡收入差距。第三，习惯性比较有助于增加经济福利，城乡比较和乡乡比较阻碍了经济福利的增加，考虑相对因素的经济福利明显低于仅考虑收入因素的经济福利，这解释了为什么农民收入改善但满意度较低。

值得说明的是，本书理论上构建的效用函数比较的是退耕地区与非退耕地区之间的差异，而实证过程中比较的是退耕重点地区和非重点地区之间的差异，这是由于非退耕地区主要是城区和发达地区，少有能与退耕地区匹配的非退耕地区。另外，由于难以获得全国范围内各县退耕程度的相关数据，本书仅以陕西省为例进行实证，若后续可获取相关数据，下一步将尝试在全国范围内进行实证分析，以充分支持实证结论。

结合本书分析，我们提出以下政策建议：第一，根据社会普遍收入水平适时合理地提高退耕还林补助标准，从而推动退耕还林工程的顺利进展，提高资金使用效率维持政策的可持续性；第二，通过加大农业基础设施建设力度、培育本土农业特色产业和提高农业产业化经营水平等配套措施加快本土农业发展，提高农业从业人员收入水平，缓解退耕地区农村和非退耕地区农村收入差距；第三，在大力扶持和发展当地的第三产业的同时，积极开展农村人员培训和再培训工作，提高劳动力的文化素质和技能水平，促进农村剩余劳动力流向城市，减小退耕地区的城乡收入差距，从根本上增进退耕地区农村经济福利，充分发挥退耕还林在增进地区公平上的政策作用，加快建设退耕还林长效机制。

第六节　小　结

退耕还林农户的经济福利不仅受到农户自身因素的影响，也受到社会外部因素的影响。已有研究发现，退耕农户群体中存在收入与满意度背离的问题，这是由社会群体之间的比较造成的。为了全面保护退耕农户的经济福利，必须在考虑社会外部因素的情况下分析农户的经济福利。

本章依据第三章第三节建立的农户群体经济福利函数即群体间比较基准模型，对退耕还林农户群体的经济福利及福利损失进行实证分析，以解释收入与满意度背离的现象。

第一，梳理相对剥夺理论和相对收入理论的主要观点，据此确定本章分析所需的比较因素包括城乡比较、乡乡比较和习惯性比较。

第二，以陕西 79 个退耕还林县为样本，采用二步聚类法，依据退耕还林规模将 79 个县域分为退耕还林规模高和低的两类，发现退耕还林重点地区以贫困偏远山区为主。

第三，采用倾向得分匹配法，根据各县的自然地理特征和人文地理特征将对已经分成两类的退耕还林县进行 1∶1 配对，通过计算平均参与效应（ATT）可知，在退耕还林规模高的县，2000~2014 年历年农村居民人均纯收入显著更低，城乡收入差距显著更大。

第四，通过计算城乡比较、乡乡比较和习惯性比较因素，以及不考虑比较因素和考虑比较因素的社会福利函数，发现在不考虑比较因素的情况下退耕农户群体的经济福利呈逐年增加的态势，但比较因素冲抵了平均 19.28% 的收入增加带来的福利增加，从而揭示了退耕还林农户群体收入与满意度背离的原因。

第五，根据本章的实证分析提出以下政策建议：一是补偿标准应根据社会普遍收入水平有所调整，增加习惯性比较对农户经济福利的促进作用；二是采取相关措施提升退耕还林地区农户群体的收入，减少乡乡比较对农户经济福利的负面影响；三是促进退耕还林农户群体的劳动力转移，减少城乡比较对农户经济福利的负面影响。

第七章
生态效益和补偿资金对区域经济增长的影响

　　退耕还林不仅在微观层面上影响农户的经济福利，也在宏观层面上影响着县域经济增长，已有研究却较少从宏观视角考虑生态补偿对区域经济增长的影响。根据 2015 年《关于扩大新一轮退耕还林还草规模的通知》（财农〔2015〕258 号）文件规定，退耕还林作为政府主导下的生态补偿，其政策目标具有多重性，既包括修复生态的核心目标，也被赋予了扶贫、推动产业结构升级和经济增长的功能。退耕还林带来的生态效益不仅提供了社会生产所需的环境要素，也提供了可供消费的最终产品和服务，且退耕还林补偿资金为地方注入了大量资金，通过消费和投资的方式影响着区域经济增长。为了全面刻画退耕还林规模与县域经济增长的关系，本章根据第三章第四节的理论分析，以陕西 79 个退耕还林县为例，实证分析退耕还林的生态效益和补偿资金对区域经济增长的平均效应和边际效应。

第一节 生态效益和补偿资金的经济增长作用分析

经济增长的主要动力包括消费、投资、政府购买和净出口额。区域经济增长的动力除上述四个方面之外，还包括自然条件、劳动力和人口、区域间贸易等因素。对退耕还林而言，工程建设不仅提供了巨量的生态效益，也向该地区注入了大量的生态建设资金。生态效益是经济增长所需的生产要素，也是可供人们消费的产品和服务，可见，生态效益的增加将促进社会生产和人们消费。另外，中央政府下拨到地方的生态补偿资金，可视为中央政府购买生态效益的行为，也可视为中央政府向地方的投资。可见，开展退耕还林带来的补偿资金，为区域经济增长注入了新的动力。综合来看，生态效益和补偿资金以要素投入、消费和投资的方式影响着区域经济增长。

一、生态效益与经济增长

退耕还林提供的生态效益既是厂商生产的要素投入，也是人类消费的最终产品。这就决定了生态效益对经济增长的促进作用，主要通过投入和产出两个方面表现出来。

从投入的角度看，传统的生产函数模型仅把资本和劳动作为主要的要素投入，没有体现出生态系统对经济系统的支持。根据生态经济学观点，人类所有的生产最终都必须以自然提供的资源为基础，这些自然资源通过经济生产转化成对人类有价值的东西，再以废弃物的形式返回到生态系统中，即社会生产将低熵原材料和能量转变为高熵废弃物和不可利用能量，在这个过程中实现经济增长。在生态环境压力日益增加的今天，越来越多的学者从可持续发展的角度出发，认为反映环境性内容的生产要素，即环境要素应当内化到生产过程中，如李利军（2009）探讨了环境生产要素供求过程中的宏观经济调控意义，认为政府可以借助环境生产要素市场调控经济生产总规模和经济内部结构。

从产出的角度看，消费是拉动经济增长的重要动力。首先，开展退耕还林以来，区域生态环境得以修复和改善，为当地发展休闲、旅游等产业提供了坚实的自然基础，激发了人们消费生态效益的服务。其次，退耕还林激发了人们消费生态效益的产品，如开展经济林种植产出了山地苹果、沙棘果等经济作物，开展林下经济，培育中药材等。最后，生态效益的增加有助于降低环境风险，如泥石流、山洪等自然灾害，减少了当地人因天灾遭受生命和经济损失的概率，实际上间接地增加了人们的长期收入和预期收入，进而增进消费。

二、补偿资金与经济增长

宏观经济中，投资和政府购买也是拉动经济增长的重要动力。生态效益具有公共产品的属性，通常需要政府直接投资或购买。对退耕还林而言，集中开展荒山荒地造林和封山育林的工作，属于政府向环境领域内的投资；面向农户开展的退耕地还林，属于政府对农户提供的生态效益进行购买。这就决定了补偿资金对经济增长的促进作用，主要从投资和政府购买两个方面表现出来。

政府投资和政府购买都是通过乘数达到推动经济增长的目的。根据乘数理论，政府购买支出增加 Δg，引起国民收入变动 Δy，且政府购买支出变动与国民收入变动之间的关系满足 $kg = \Delta y/\Delta g = 1/(1-\beta)$，其中 β 是边际消费倾向，kg 被称为政府购买支出乘数。同理，投资增加 ΔI，引起国民收入变动 Δy，且投资和国民收入二者之间的关系满足 $k = \Delta y/\Delta I = 1/(1-\beta)$，$k$ 被称为投资乘数。投资和政府购买之所以具有乘数作用，是因为经济各部门具有关联性，退耕还林投资不仅会改变农户的收入，而且会在各经济部门中引起连锁反应,从而带动相关产业的发展,相关产业的发展又会拉动就业和收入水平、刺激消费等,最终使区域经济成倍增长。

第二节 面板回归模型分析

标准的跨区域增长回归分析框架为:

$$\gamma = \alpha + \beta X + \eta Z + \varepsilon \qquad\qquad (7-1)$$

其中,γ 是被解释变量,通常是经济增长率,X 是研究中需要重点考察的解释变量,Z 是影响经济增长的一组常规解释变量,又称为控制变量(Barro,1989)。在此分析框架下采用面板数据回归分析,可得到一单位自变量的变化造成的经济增长率的平均变化。面板数据的结构中包含了截面数据和时间序列数据,能够同时反映截面数据的共性和样本个体的特殊性。利用面板数据进行计量分析,具有处理遗漏变量、增加观测值和提高估测精度等优势。已有大量研究采用面板数据分析县域经济增长的影响因素(杨万江和朱允卫,2005;林寿富,2009;郭燕燕,2011)。学者们选取的主要自变量可概括为资本、劳动、人力资本和经济结构四类,比如郭燕燕(2011)选取的被解释变量是县域从业人员人均产出,解释变量包括人均固定资产净值年平均余额、外商投资企业与港澳台商投资企业总产值占规模以上工业企业中产值的比重、人力资本溢出效应、人口密度、城镇化率和工业化率。

一、模型设定

在理论模型分析的基础上,综合借鉴学者们的变量和指标选取方法,采用面板数据回归方法,选取陕西省内退耕还林县为样本,建立 2004~

2012年共9年的面板数据，实证检验退耕还林程度高低对县域经济增长的平均影响。样本剔除了陕西省内108个县中的25个区，以及数据不完整的4个县，最后得到79个退耕还林样本县。因此，根据式（7-1）建立考虑退耕还林程度的县域经济增长回归模型，如下：

$$Y'_{it} = \alpha + \beta D + \eta_1 FIX_{it} + \eta_2 FIX_{it} + \eta_3 SAVE_{it} + \eta_4 EM_{it} + \eta_5 SCH_{it} + \eta_6 SEC_{it} + \eta_7 URP_{it} + \varepsilon_{it}$$

$$(7-2)$$

其中，被解释变量是人均GDP增长率，用Y'表示，$Y'_{it} = (Y_{it} - Y_{i(t-1)})/Y_{i(t-1)}$。核心解释变量是退耕还林程度，用D表示，D=1代表高退耕还林程度，D=0代表低退耕还林程度，退耕还林程度高意味着补助资金总水平高。控制变量包括社会投资水平FIX、政府投资水平FIN、储蓄发展水平SAVE、劳动投入EM、人力资本投入SCH、工业化水平SEC和城镇化水平URP。预期结果是退耕还林促进地区经济增长，高退耕还林程度地区的人均GDP增长率更高。

需要说明的是，式（7-2）中采用虚拟变量D主要是由于林业部门只提供了1999~2006年退耕还林总面积数据，我们也难以通过新闻、政府文件和已有文献等渠道整理得到各县退耕还林投资额或退耕还林面积的时间序列数据，所以采用虚拟变量作为反映县域退耕还林情况的关键变量。若以2007年为截面进行计量分析，则可以直接以林业部门提供的退耕还林面积作为关键解释变量。于是，我们在下文中进一步以2007年的截面数据进行分位数回归分析。若面板回归分析与分位数回归分析的结果一致，都能得到退耕还林对县域经济增长的促进作用，则表明在获取有限数据的情况下，使用虚拟变量进行面板分析并不影响"退耕还林有助于地方经济增长"这一结论的稳健性。

二、数据来源

解释变量的选取和预期效应如表7-1所示，退耕还林规模D的数据来自第六章二步聚类的分析结果。其他数据来自2004~2013年《陕西区域统计年鉴》《中国区域经济统计年鉴》和《中国县域统计年鉴》。地区生产总值、城乡居民储蓄存款余额、财政支出和固定资产投资根据 GDP 缩减指数进行折算。

表 7-1　解释变量及其指标选取

变量	经济含义	代表指标	预期效应
D	退耕还林规模	D=0 代表退耕还林规模小的县 D=1 代表退耕还林规模大的县	正
FIX	社会投资水平	全社会固定资产投资占地区生产总值的比重	正
FIN	政府投资水平	政府财政支出占地区生产总值的比重	正
SAVE	储蓄发展水平	城乡居民储蓄存款余额占地区生产总值的比重	正
EM	劳动投入量	地区就业总人数（城镇就业人数+乡村就业人数）	正
SCH	地区教育水平	普通中学在校学生数占总人口的比重	正
SEC	工业化水平	第二产业增加值占地区生产总值的比重	正
URP	人口结构	乡村人口占总人口的比重	负

三、实证结果

为确保建模估计结果的有效性，避免经济时间序列趋同变化造成的伪回归，先用 LLC 单位根检验面板数据的平稳性。若变量为平稳序列，则可以进行多元回归分析。单位根检验结果如表 7-2 所示，各序列的滞后长度依据参照 SIC 准则确定，结果表明，被解释变量和控制变量均拒绝存在单位根的原假设，说明各序列是平稳的。

表 7-2　变量时间序列的单位根检验结果

变量	LLC 检验	变量	LLC 检验
Y′	−39.4010***	EM	−15.1505***
FIX	−21.5173***	SCH	−3.4201***
FIN	−9.3248***	SEC	−20.9616***
SAVE	−8.6641***	URP	−19.4128***

注：***，**，* 分别表示 1%，5%，10%的置信水平。

考虑到经济增长率受到国家政策和全球经济环境外部冲击，且外部冲击存在时间变化，本书选择为时点个体固定效应模型，采用广义最小二乘法（GLS）进行逐步回归，回归结果如表 7-3 所示。

表 7-3　对人均生产总值增长率回归的结果

变量	回归 1	回归 2	回归 3	回归 4	回归 5	回归 6
	0.2362***	0.1389***	0.1390***	0.1839***	0.2511***	0.2328***
	(13.9782)	(5.7002)	(5.4038)	(6.4493)	(7.9984)	(7.1565)
FIN	0.0921***	0.1131***	0.1130***	0.0307	−0.0280	0.0220
	(3.1963)	(3.8122)	(3.5879)	(0.8066)	(−0.7096)	(0.5599)
SAVE	−0.0862***	−0.0964***	−0.0971***	−0.0897**	−0.0634***	−0.0656***
	(−5.0551)	(−5.6521)	(−5.6229)	(−5.1496)	(−3.6469)	(−3.8082)
SEC	0.1184***	0.1019***	0.1012***	0.0909***	0.1094***	0.1056***
	(8.7322)	(7.6528)	(7.4659)	(6.7185)	(8.1222)	(7.8825)
SCH	—	1.5114***	1.5070***	1.5776***	1.5980***	1.7117***
		(5.4820)	(5.4127)	(5.7217)	(5.9588)	(6.3869)
FIX	—	—	0.0016	0.0037	−0.0164	−0.0156
			(0.0940)	(0.2145)	(−0.9610)	(−0.9171)
EM	—	—	—	−0.0020***	−0.0034***	−0.0032***
				(−3.0565)	(−4.8972)	(−4.6371)
URP	—	—	—	—	−0.3093***	−0.3044***
					(−5.4191)	(−5.3026)
D	—	—	—	—	—	0.0157**
						(1.8457)
修 R^2	0.2789	0.3024	0.2993	0.3050	0.3343	0.3426
样本量	711	711	711	711	711	711

注：①***，**，* 分别表示1%，5%，10%的置信水平；②括号内为 t 统计量数值。

回归分析的结果表明：

我们最为关注的是退耕还林程度 D 的回归系数。由回归 6 可知，D 的回归系数是 0.0261，且在 1% 的置信水平上显著，表明高退耕还林程度县的人均 GDP 增长率比低退耕还林程度县平均高 2.61%。和其他变量的回归系数相比，回归系数 0.0261 不算大，看似退耕还林生态补偿对促进地方经济增长的作用力度不大，实则不然。这是因为陕西省内几乎所有县域都不同程度地参加了退耕还林，本书的退耕还林程度虚拟变量不是以退耕或非退耕加以区分的，而是以高退耕还林程度和低退耕还林程度加以区分的。在控制其他变量的情况下，高退耕还林程度县的人均 GDP增长率更高，反映了退耕还林生态补偿能够促进地方经济增长。

对于其他控制变量而言，以下从变量的显著性水平、回归系数数值和重要控制变量上加以说明：

（1）从变量的显著性上看，在单个回归模型中，政府投资水平 FIN、储蓄发展水平 SAVE、工业化水平 SEC、人力资本水平 SCH 和城镇化水平URP 都在 1% 的置信水平上显著影响县域经济增长，劳动投入情况仅在回归 6 中具有显著性，社会投资 FIX 对县域经济增长的作用不显著。造成固定资产投资低效率的主要原因有二：一是陕西省内服务业的固定资产投资集中于房地产行业，造成投资结构与产业结构不相匹配；二是近年来，部分行业的固定资产投资出现了重投入、轻效益的问题，制约了产业结构的优化升级（魏四新和郑娟，2014）。

（2）从变量的回归系数符号上看，除储蓄发展水平 SAVE 以外，其余控制变量的回归系数符号与前文所述的预期效应一致。实证结果中，储蓄发展水平 SAVE 与县域经济增长率 Y′呈负相关，这是因为县域内储蓄转化为投资的效率不足。我国大部分的县域经济以中小企业居多，但中小企业普遍面临着融资难、融资成本高的困境。2014 年陕西省统计局发布的《陕西实体经济借（贷）情况调查报告》显示，中小企业资金短缺的达 87.5%、资金缺口在 50% 以上的占 15%、资产负债率在 50% 以上的占32.5%。金融体系为企业提供的有效融资不足，不利于企业扩大生产规模、更新设备和工艺等。另外，县域内农村人口众多，但农户面临着存款易、贷款难的"金融排斥"问题。据李春霄（2013）对陕西 13 个县472 位农户的调查统计，69.49% 的农户没有受到储蓄排斥，但 62.5% 的农户受到贷款排斥，主要表现为农户无法全额得到申请的贷款和贷款产品利率过高。可见，在县域经济中，从企业到个人都面临着储蓄存款多、经济建设资金少的"一多一少"问题，导致储蓄没能发挥促进县域经济增长的作用。

（3）从变量的回归系数的绝对值大小上看，人力资本水平的回归系数基本在 1.5 左右，是所有回归系数中最大的，这说明当前的人力资本基础比较薄弱，人力资本的边际收益较高，也说明人力资本对县域经济增长的促进作用最强。本结论与已有相关研究在全国、省域和县域层面上的实证分析结果一致，例如，李德煌和夏恩君（2013）把人力资本存量引入索洛模型，实证分析表明人力资本是我国经济增长的主要影响因素；钱晓烨等（2010）利用省级数据实证分析表明人力资本通过创新间接影响经济增长；刘儒等（2014）测算得出陕西 44 个贫困县中人力资本对经济增长的贡献率显著，且人力资本较高的县域拥有较高的经济增长。由于陕西退耕还林县中不乏贫困县，因此大力发展退耕还林县的教育工作，是促进退耕还林县经济增长的有效措施。

（4）城镇化水平和劳动投入情况的回归系数维持在 0.4—0.2，是所有回归系数中绝对值较大的，说明当前的城镇化进程和农村劳动力转移是阻碍县域经济增长的主要原因。由于陕西省内绝大部分县域以农村人口为主，农村人口又以从事农业生产为主，且农业生产的边际产出远低于第二、第三产业的边际产出，所以农村人口比重和农业人口比重较大的县域的经济增长率较小。根据拉尼斯—费景汉的"经济发展三阶段论"，当城市实际工资高于农业的边际收益时，农村剩余劳动力将转移至城市，农业劳动力减少后，农业部门的边际生产率开始提升，进而促进县域经济增长。然而，我国的二元户籍制度和二元土地制度在一定程度上制约了城镇化进程，城市下岗失业情况严重也不利于农村劳动力转移。

第三节　分位数回归模型分析

Koenker（1978）最早提出分位数回归。与线性回归假设方差齐性和正态性不同，分位数回归考虑了异方差性，弥补了均值回归的不足，能够更好地处理离群值，估计解释变量对整个分布的微小影响。可以说，分位数回归是均值回归的拓展，是一种更一般化的回归分析。县域之间的退耕还林规模有所差异，如吴起县作为全国退耕还林第一县，其退耕规模远远超过其他县域，为了更好地处理这种离群值，本书进一步采用分位数回归模型进行分析，考察不同退耕还林规模程度下退耕还林对县域经济增长的促进作用。

假设某变量 x 的分布函数为 $F(x)$，该分布函数下的第 p 分位数 $x^{(p)}$ 满足 $F(x \leqslant x^{(p)}) = p$，我们称函数 $x^{(p)}$ 是 $F(x)$ 的分位数函数。对于任何 $p \in (0, 1)$，x 与特定分位数 q 之间的绝对距离为：

$$d_q(x, q) = \begin{cases} (1-p)|x-q|, & x < q \\ p|x-q|, & x \geqslant q \end{cases} \tag{7-3}$$

当 $E|y-q|$ 达到最小值时，q 便是 x 的第 p 分位数，对于样本 $x = (x_1, \cdots, x_n)$，第 p 样本分位数是平均加权距离达到最小值时的 q，即 $q = \text{argmin}\left((1-p/n)\sum_{x_i < q}|x_i - q| + p/n\sum_{x_i < q}|x_i - q|\right)$。

在定义了分位数及其绝对距离之后，即可建立分位数回归模型。分位数回归模型的一般形式为：

$$y_i = \alpha^{(p)} + \beta^{(p)}x_i + \varepsilon_i^{(p)} \tag{7-4}$$

其中，p 表示数值小于第 p 分位数的比例。估计参数时，最小化残差 $y_i - \hat{y}_i$ 的总和，并向正向残差和负向残差分别赋权重 p 和 1-p，即最小化

$\sum\limits_{i=1}^{n}d_p(y_i-\hat{y}_i)$ 时的系数是第 p 条件分位数对应的系数 $\hat{\alpha}^{(p)}$ 和 $\hat{\beta}^{(p)}$。

一、模型设定

利用前文面板数据回归中的控制变量和被解释变量，我们建立以下两个分位数回归的计量模型：

模型一：$y_i'^{(p)} = \beta^{(p)}TG_i + \eta^{(p)}X + \varepsilon_i^{(p)}$ (7-5)

模型二：$y_i'^{(p)} = \beta^{(p)}TTG_i + \eta^{(p)}X + \varepsilon_i^{(p)}$ (7-6)

这两个回归模型的不同之处在于解释变量。模型一中的解释变量为 TG_i，代表面向农户的退耕还林投资规模，用各县第一轮退耕还林工程的退耕地还林面积表示。模型二中的解释变量为 TTG_i，代表退耕还林工程的总投资规模，用各县第一轮退耕还林工程的退耕还林总面积（退耕地面积、荒山荒地造林面积和封山育林面积之和）表示。TG_i 和 TTG_i 的单位都是万亩。两个模型中的 X 都是控制变量，p 为特定分位数，$\varepsilon_i^{(p)}$ 为分位数下 p 的随机误差项，待估计量为 $\beta^{(p)}$ 和 $\eta^{(p)}$。

二、数据来源及描述统计

在样本数据的选取上，本书选取 2007 年陕西 79 个退耕还林县的截面数据。以 2007 年为例，是考虑到 2007~2014 年无新增退耕还林任务，2015 年国务院批准实施新一轮退耕还林生态补偿，2007 年标志着第一轮退耕还林生态补偿的结束。

表 7-4 给出了所有自变量的描述性统计特征。其中，陕西省内退耕还林程度最低的县域是武功县，退耕地还林面积为 0，退耕还林总面积是 0.7 万亩。退耕还林程度最高的县域是吴起县，退耕地还林面积为 93.98 万亩，退耕还林总面积是 185.37 万亩。

表 7–4 自变量的描述性统计

变量	均值	标准差	最小值	最大值	偏度	峰度	Jarque–Bera 统计量
FIN	0.2041	0.1293	0.0355	0.6213	1.4741	4.9525	40.6392***
SAVE	0.6792	0.2943	0.0860	2.0731	1.0716	8.0405	97.4994***
SEC	0.4428	0.2315	0.0796	1.0646	0.8338	2.7427	9.2537***
SCH	0.0770	0.0158	0.0470	0.1093	0.1070	2.1546	2.4720
FIX	0.5294	0.2503	0.1236	1.6239	1.8034	7.6317	112.0016***
EM	0.4152	0.0635	0.2315	0.5256	−0.6025	3.0677	4.7342*
URP	0.8333	0.0746	0.6049	0.9837	−1.0262	4.0465	17.2499***
TG	13.1367	16.3607	0	93.98	2.4093	9.9814	233.8648***
TTG	41.0840	30.7037	0.7	185.37	2.0611	8.5813	154.4676***

注：***，**，*分别表示1%、5%、10%的置信水平。

表 7–4 还给出了各自变量的偏度、峰度和 Jarque–Bera 统计量。经检验，除人力资本 SCH 以外，其余自变量都不来自正态总体。尤其是退耕地还林面积 TG 和退耕还林总面积 TTG 这两个变量，它们的 Jarque–Bera 检验值分别为 233.8684 和 154.4676，即样本总体极度集中，存在极端值。对于偏态分布和存在极端值的分布，采用均值回归反映集中趋势，更加适合采用分位数回归捕捉位置的变化。

三、实证结果

在计算过程中，本书选择使用 X–Y 对自举法（X–Y pair bootstrap）估计系数方差协方差矩阵，重复抽样 1000 次，用核函数（Kernel）估计稀疏函数，用 "Hall–Sheather" 计算带宽，汇报 0.2、0.5、0.7、0.9 这四个分位点下的分位数回归结果以及全样本 OLS 回归结果，模型一的计量结果如表 7–5 所示。

表 7-5 分位数回归模型的估计结果 (模型一)

解释变量	全样本 OLS	0.2 分位	0.5 分位	0.7 分位	0.9 分位
TG	0.0110*** (4.1611)	0.0031 (0.8756)	0.0073** (2.5372)	0.0076 (1.5199)	0.0279*** (2.8006)
FIN	0.3369 (0.790)	0.0470 (0.1480)	0.1754 (0.8354)	0.1219 (0.4211)	0.2905 (0.6043)
SAVE	−0.1618 (0.2413)	−0.0890 (−1.1040)	−0.2089** (−2.5820)	−0.1222 (−1.0598)	−0.2732 (−1.1434)
SEC	0.6937*** (3.1631)	0.1331 (0.7114)	0.4620*** (2.9494)	0.4591** (2.2043)	0.8619* (1.8869)
SCH	0.5853 (0.2313)	1.8663 (1.0175)	2.2295 (1.3475)	2.5556 (1.2787)	1.5175 (0.5322)
FIX	−0.6191*** (−4.0715)	−0.1564 (−0.5736)	−0.0251 (−0.1557)	−0.1395 (−0.7397)	−0.2249 (−0.8546)
EM	−0.0076 (−1.3187)	−0.0016 (−0.5230)	−0.0025 (−0.9128)	−0.0045 (−1.1273)	−0.0048 (−0.7188)
URP	0.3214 (1.1807)	0.1030 (0.4504)	−0.0405 (−0.2545)	0.0294 (0.1578)	0.0661 (0.1859)
R^2	0.5858	—	—	—	—
Pseudo R^2	—	0.0832	0.2366	0.3803	0.5498

注: ***, **, * 分别表示 1%, 5%, 10%的置信水平; 括号内数值为 t 值。

全样本 OLS 结果可知, 变量退耕地还林规模 TG 的回归系数为正, 说明对县域经济增长的促进作用显著。其他变量中, 仅工业化水平 SEC 和社会投资水平 FIX 两个变量显著。需要说明的是, 其他变量不显著可能与本书选取的数据为截面数据有关。然而, 受退耕还林数据可得性所限, 只能采用截面分析。因此, 这里只重点关注退耕地还林规模 TG 的系数。

从分位数回归的结果可以看出: ①与全样本 OLS 回归的结果一致, 变量退耕地还林规模 TG 的回归系数为正, 再次验证退耕还林对经济增长的促进作用。②退耕地还林规模 TG 对经济增长率的贡献的确随着经济增长率的提高而变化。具体来说, 随着经济增长率的提高, 退耕地还林规模对县域经济增长的贡献越来越大。对于陕西省内经济增长率最低的

20%的县域，退耕地还林规模增加 1 万亩，经济增长率平均增加 0.31%，对于经济增长率最高的 10%的县域，退耕地还林规模增加 1 万亩，经济增长率平均增加 2.79%。也就是说，同时提高 1 万亩退耕地还林规模，经济增长率最高的 10%的县域比经济增长率最低的 20%的县域高出 2.48%的经济增长率。这就意味着在县域层面上，开展退耕地还林产生的经济效益差异巨大，应该在不同县域间实施多样化的林业作业，避免"一刀切"的补偿标准，合理确定退耕还林规模，充分发挥退耕还林对县域经济增长的促进作用。

模型二的计量结果如表 7-6 所示。全样本 OLS 表明，退耕还林总规模 TTG 对县域经济增长起促进作用。分位数回归结果表明，随着经济增长率的提高，退耕还林总规模对县域经济增长的贡献越来越大。这说明

表 7-6　分位数回归模型的估计结果（模型二）

解释变量	全样本 OLS	0.2 分位	0.5 分位	0.7 分位	0.9 分位
TTG	0.0054*** (3.5063)	0.0025 (1.6386)	0.0017 (1.1151)	0.0038* (1.6797)	0.0120*** (2.6590)
FIN	0.4285 (0.9811)	0.1754 (0.5562)	0.2406 (1.2301)	0.0846 (0.2807)	0.7734 (1.4922)
SAVE	−0.1670 (−1.1653)	−0.1106 (−1.4350)	−0.1626** (−2.1089)	−0.1325 (−1.0297)	−0.4123** (−1.7201)
SEC	0.6686*** (2.8633)	0.2178 (1.2929)	0.4445*** (2.7461)	0.3788 (1.5325)	1.3792** (2.5829)
SCH	1.0628 (0.4059)	1.1290 (0.6659)	1.4033 (0.8736)	3.9353* (−1.8375)	2.1413 (0.7142)
FIX	−0.6370*** (−4.0740)	−0.1586 (−0.5970)	−0.1815 (−1.1686)	−0.1135 (−0.5525)	−0.3552 (−1.2973)
EM	−0.0087 (−1.4626)	−0.0002 (−0.0575)	−0.0030 (−1.1563)	−0.0070* (−1.7112)	−0.0004 (−0.0632)
URP	0.2587 (0.8953)	0.0362 (0.1677)	0.1331 (0.8292)	−0.3360 (−0.1718)	−0.2169 (−0.6002)
R^2	0.5606	—	—	—	—
Pseudo R^2	—	0.1020	0.2243	0.3603	0.5228

注：***、**、* 分别表示 1%、5%、10%的置信水平；括号内数值为 t 值。

退耕还林规模对县域经济增长的促进作用具有稳健性。

对比模型一和模型二的全样本 OLS 回归结果可知，TG 的回归系数是 0.0110，大于 TTG 的回归系数 0.0054，即退耕地还林面积每增加 1 万亩①，经济增长率平均增加 1.10%，退耕还林总面积每增加 1 万亩，经济增长率平均增加 0.54%。可见，退耕还林对经济增长有促进作用，且直接面向广大农户的退耕地还林对经济增长的促进作用更大。

对比模型一和模型二的分位数回归结果可知，退耕地还林规模 TG 和退耕还林总规模 TTG 对县域经济增长的贡献与趋势基本相同，但后者的绝对数值较低。数据显示，对于经济增长率最低的 20% 的县域，退耕还林总规模增加 1 万亩，经济增长率平均增加 0.54%，对于经济增长率居中的县域，退耕还林总规模增加 1 万亩，经济增长率平均增加 0.17%，对于经济增长率最高的 10% 的县域，退耕还林总规模增加 1 万亩，经济增长率平均增加 1.2%。这就意味着，荒山荒地造林和封山育林对经济增长的作用有限，合理增加此类活动的补助标准才有助于更大程度地促进县域经济增长。

对比普通最小二乘回归和中位数回归的结果。对于模型一，普通最小二乘回归中 TG 的斜率是 0.0110，中位数回归中 TG 的斜率是 0.0073，普通最小二乘回归中 TG 的斜率更大。对于模型二，普通最小二乘回归中 TTG 的斜率是 0.0054，中位数回归中 TTG 的斜率是 0.0017，普通最小二乘回归中 TTG 的斜率更大。这也从侧面说明了普通最小二乘估计方法对离群值敏感，而中位数回归的结果更稳健。

退耕还林对县域经济的促进作用可以从两个方面解释。第一，退耕地还林促进农民增收，进而推动县域经济增长。退耕地还林生态补偿弥补了农户的土地损失，改变了农民的土地利用方式，增加了农村剩余劳动力向非农产业转移的机会，有助于改善农户收入水平（赵丽娟和王立

---

① 1 万亩退耕地平均约占县域退耕地面积的 7.7%。

群，2011；苏月秀等，2011；刘璨等，2009）。第二，包括荒山荒地造林和封山育林在内的整体工程，极大地改善了县域的生态环境质量，提高了农业生产和农民生活抵御自然灾害的能力，为县域经济增长提供了坚实基础。

需要说明的是，理论分析表明退耕还林补偿资金对县域经济增长的作用强度是 β/K，则在实证分析中 β/K 对应的是补偿资金 M 为关键变量的回归分析的回归系数。由于模型二中使用退耕地还林、荒山荒地造林和封山育林的总面积 TTG 作为补偿资金 M 的替代变量进行的实证分析，我们可以将 TTG 的回归系数近似地看作 β/K。β/K 的理论值为正，且TTG 的回归系数为正，这均表明了补偿资金的作用强度与 β/K 有关。

第四节　主要结论与政策建议

许多文献从微观视角研究退耕还林生态补偿的经济效应，由于研究方法和调研地点的不同，关于退耕还林是否有助于农户改进的结论不尽相同。本书从宏观视角出发，将生态补偿因素引入 RCK 模型，构建起一个稳态经济增长模型，探寻生态补偿对县域经济增长的影响机理，并据此构造回归方程，利用陕西 1999~2006 年的退耕还林累计面积数据和2003~2013 年的县级经济数据，分别采用面板回归和分位数回归进行实证分析。

结果表明：①模型分析显示，国家主导的生态补偿向地方提供了经济增长所需的资本要素和环境要素，对地方经济增长有促进作用，且作用强度与资本产出的弹性系数、资本存量水平有关。②面板回归分析表明，高退耕还林程度县的年人均 GDP 增长率比低退耕还林程度县的平均高 2.61%，即高退耕还林程度对县域经济增长的作用强度更大；控制变量中,人力资本对县域经济增长的促进作用最强,储蓄的促进作用不足,城镇化进程和劳动力转移则阻碍了县域经济增长。③分位数回归分析表明,退耕地还林面积(或退耕还林总面积)每增加1万亩,县域的经济增长率平均增加0.68%(或0.23%),即退耕地还林规模和退耕还林总规模都显著促进地方经济增长,且退耕地还林的促进作用更强;县域内开展退耕还林产生的经济效应差异巨大,退耕地还林规模和退耕还林总规模对县域经济增长的促进作用随当地经济增长率的提高而增强。

笔者认为退耕还林"稳增长"政策目标的实现离不开退耕还林任务的合理安排。结合本章分析,针对调节经济规模政策目标下的退耕还林任务安排提出以下建议:一是应安排更多的退耕地还林任务,因为整体上退耕地还林比退耕还林对经济增长的促进作用更大;二是应集中地区重点安排退耕还林任务,因为高退耕还林规模对经济增长的促进作用更大;三是应将退耕还林任务向经济增长率高的地区倾斜,因为经济增长率较高的地区需要更多的生产要素,即生产要素的边际产出更大,退耕还林提供的环境要素和投资对经济增长率高的县产生的增长作用更大。

第五节 小 结

退耕还林生态补偿不仅对农户个体和群体的经济福利产生影响,也通过改变生态效益和地区资金量,以生产要素和消费的形式在更宏观的层面上影响着退耕还林地区的整体经济运行。然而,鲜有退耕还林与区域经济增长关系的相关实证研究。在我国,退耕还林政策不仅是环境政策,也是调节经济的手段,这有必要了解其在实践过程中的经济干预效果。

本章依据第三章第四节建立的考虑生态补偿的RCK增长模型,以陕西退耕还林县为对象,实证分析退耕还林对县域经济增长的影响。

第一，分别从投入和产出的视角分析生态效益和补偿资金对经济增长的作用路径，发现退耕还林提供的生态效益以环境要素投入和最终产品的形式影响经济增长，补偿资金以投资和政府购买的形式影响经济增长。

第二，建立考虑退耕还林程度的县域经济增长回归模型，以2007年为截面的面板数据分析退耕还林规模对县域经济增长的平均影响，结果表明退耕还林促进县域经济增长，且高退耕还林规模对县域经济增长的促进作用更大。

第三，采用分位数回归分析方法分析在不同经济增长率条件下，退耕还林规模对经济增长的边际影响，结果表明，县域经济增长率越高，退耕还林生态补偿对经济增长的作用越大；无论县域经济增长率如何变化，退耕地还林对县域经济增长的促进作用都大于荒山荒地造林和封山育林。

第四，根据本章的实证分析结果，提出与退耕还林任务安排有关的政策建议，为了实现退耕还林的经济调节目标，应优先选择经济增长率高的地区，集中大规模安排退耕地还林任务。

第八章
结论与展望

第一节　研究结论

本书从简单到复杂、从微观到宏观、从单目标到多目标等方面层层深入，构建了研究退耕还林生态补偿经济福利效应的理论分析框架。我国退耕还林生态补偿政策目标的特殊性决定了退耕还林在提供生态效益的同时，必须既考虑参与农户经济福利又考虑地区整体经济效应。

首先，利用实物期权思想，构建了土地机会成本不确定情况下成本收益等额补偿的转换边界，在简单条件下分析了补偿标准的农户个体经济福利效应，并考察了补偿标准与农户利益的关系；构建了退耕农户效用函数，在复杂情况下分析了生态补偿的农户个体经济福利效应，并考察了生态效益、经济租金等因素对农户经济福利的影响；结合社会福利函数、相对剥夺理论和相对收入理论，又建立了考虑比较因素的社会福利函数，分析了社会外部环境的退耕农户群体经济福利效应，并考察了比较因素造成的福利变化。

其次，运用 RCK 宏观经济增长模型分析了退耕还林对区域经济增长的影响，考察了政府生态补偿政策的区域经济福利效应。随后在统一逻辑框架下对退耕还林经济福利效应进行了实证分析。

通过理论分析和实证分析，主要得到以下结论：

（1）土地机会成本具有波动性和不确定性，土地收益等额补偿时，应充分补偿农户的土地机会成本。

成本收益等额补偿是农户参与基于土地利用变化的生态补偿的基本前提，是补偿标准的最低线。土地机会成本具有波动性和不确定性，应充分补偿农户的土地机会成本。本书在微观个体视角下对土地成本收益等额补偿进行了理论探讨和数值模拟，研究发现：第一，转换边界是农户参与决策的标尺，也是判定参与农户经济福利变化的标尺；第二，随着时间的推移，转换边界向右下方倾斜，农户种植农作物更加有利于增加经济福利；第三，随着补偿水平增加，转换边界向右上方移动，农户退耕还林更加有利于增加经济福利。以转换边界理论分析为基础，结合我国南北地区农林特点的实证分析表明：第一，退耕还林的土地机会成本呈现波动上升态势，第一轮退耕还林补助标准不增反减，两者的共同作用造成退耕农户经济福利先受益后受损；第二，在未来土地机会成本不确定的情况下，农户利益受损概率随土地产出增加而增加，随补偿标准的增加而减小，在相同立地条件和相同补偿标准下南方地区农户利益受损概率更大。

（2）农户效用水平受到生态效益和经济租金影响，农户效用等额补偿时，应保证农户退耕还林后的效用水平不低于退耕还林前。

效用等额补偿是保护基于土地利用变化的生态补偿参与农户经济福利的充分条件，是完整考虑生态补偿影响的复杂情况的补偿依据。本书在微观个体视角下对退耕还林前后农户效用等额补偿进行了理论探讨和调研分析。理论分析表明：第一，生态效益变化影响农户效用水平，生态正效益越多，受偿意愿越低，生态负效益越多，受偿意愿越高；第二，经济租金变化影响农户效用水平，经济租金越大，受偿意愿越高；第三，生态效益的边际效用具有地域性差异，生态脆弱地区的生态正效益改变受偿意愿的边际影响更大，生态环境优越地区的生态负效益改变对受偿意愿的边际影响更大。在理论分析的基础上，以陕西851位退耕农户调研数据为例的实证结果表明：第一，陕南地区和陕北地区农户的平均受偿意愿分别是377元/（年·亩）和340元/（年·亩），陕南地区显著高于陕北地区；陕南地区和陕北地区农户感受到的生态效益变化显著不同，陕南地区感受到的生态负效益显著更多，陕北地区感受到的生态正效益显著更多。第二，生态正效益和生态负效益对受偿意愿的影响显著，土地的经济租金对受偿意愿的影响显著为正，但是劳动的经济租金对受偿意愿的影响不显著。第三，生态效益边际效用的差异性得到验证，陕北地区生态正效益的边际影响更大，陕南地区生态负效益的边际影响更大。

（3）在考虑社会外部环境的情况下，比较因素对退耕还林农户群体的主观经济福利产生影响，不利于建立生态补偿长效机制。

保护生态补偿参与农户的经济福利是建立生态补偿长效机制的有效途径，是综合考虑影响农户利益的内部因素和社会外部因素的结果。本书在中观群体视角下对退耕还林农户群体的满意度与收入背离问题进行了分析。通过理论分析可知：第一，相对剥夺和相对收入是影响农户主观感受的因素，比较因素造成了农户群体的福利损失。第二，退耕农户群体的比较对象是地理位置相近、社会地位相近的群体以及自身过去经历，以及城乡比较、乡乡比较和习惯性比较。在理论分析的基础上，以陕西38个高退耕还林县和22个低退耕还林县为例的实证分析表明：第一，陕西退耕还林地域分布广泛，重点在偏远地区和山区；第二，高退耕还林县与低退耕还林县在农民收入绝对水平、城乡收入比上存在显著差异；第三，城乡比较和乡乡比较阻碍经济福利增加，习惯性比较促进经济福利增加，总体上经济福利受比较因素影响而减少。

（4）在县域视角下，退耕还林提供的生态效益和补偿资金通过要素投入和最终产品的形式影响县域经济增长。

政府主导的生态补偿具有生态和经济方面的双重目标，已有研究研究围绕"惠民生"展开了大量研究，却鲜见关于"稳增长"方面相关的理论和实证分析。本书在区域整体视角下对退耕还林工程对县域经济增长的影响进行了分析。通过 RCK 模型分析表明：第一，在经济增长模型中引入生态补偿因素后，稳态增长率的变化为 $\beta M/K$，补偿资金通过提高资本的增长率推动县域经济增长，且生态补偿对经济增长的作用强度与资本产出的弹性系数 β 和资本要素的存量水平 K 有关。第二，根据要素产出弹性的均衡增长路径分析，生态补偿提高了资本的边际产出，进而提高了最优增长率。在模型分析的基础上，以陕西 79 个退耕还林县为例的计量分析表明：第一，高退耕还林程度县的年人均 GDP 增长率比低退耕还林程度县的平均高 2.61%，即高退耕还林程度对县域经济增长的作用强度更大；第二，退耕地还林面积（或退耕还林总面积）每增加 1 万亩，县域的经济增长率平均增加 0.68%（或 0.23%），即退耕地还林规模和退耕还林总规模都显著促进地方经济增长，且退耕地还林的促进作用更强；第三，县域内开展退耕还林产生的经济效应差异巨大，退耕地还林规模和退耕还林总规模对县域经济增长的促进作用随当地经济增长率的提高而增强。

第二节　政策建议

根据本书的理论分析和实证分析，对完善退耕还林生态补偿制度提出以下政策建议：

（1）改变均一型补偿标准规定，结合立地条件、地域特征、时间尺度等因素，以机会成本为依据，建立中央地方同补的多元化退耕还林补偿标准体系。

均一型补偿标准忽略了农户参与生态建设机会成本的社会异质性和区域差异，可能导致某些农户过度补偿、另一些农户欠补偿甚至踩空现象，这直接影响了农民参与的积极性、生态补偿的公平性和补偿资金投入的有效性。本书分析表明，土地机会成本受到土地附着物种类、产量和价格等因素影响，具有波动性、不确定性和区域差异。因此，应结合立地条件、地域特征和时间尺度建立中央地方同补的多元化补偿标准体系。具体来说，一是明确规定退耕还林地块的产量标准，保证宜耕地面积，提高退耕还林的瞄准效率，避免宜耕地被退。当前退耕还林的立地条件是25°以上坡耕地，实际上这远远不够。在耕地保护与退耕还林的竞争关系中，应尽可能避免将宜耕地纳入退耕还林中。二是结合南北地域特征建立中央地方同补制度，即在中央政府均一型补偿的基础之上，南方地区的地方政府应根据土地产量优势追加补助，以减少退耕农户的经济损失。这样既可以减少工程实施的交易成本，也体现了面向全国的公平性。南方地区省市的财政能力普遍较好，地方政府具有追加补助的经济实力。三是结合时间尺度确定均一型的中央政府补偿，即中央政府的补偿应随时间推移而增加。考虑到农户退耕的土地机会成本随时间推移而变化，应将退耕还林补偿标准锚定于代表性地块的原粮产量和市场价格，将通货膨胀等因素考虑在内，逐年增加退耕还林补偿水平。

（2）重视退耕还林生态效益对农户经济福利的影响，采取相应措施激发退耕农户谋出路的内生动力，建立省际退耕还林任务配额交易制度。

退耕还林提供的生态正效益和生态负效益对农户经济福利产生影响，土地利用方式变化对退耕农户的生活生产方式造成影响。本书分析表明，生态正效益和生态负效益分别对农户受偿意愿产生负向和正向影响，且生态效益的边际影响与地区生态环境条件有关，劳动的经济租金对受偿意愿在理论上产生负向影响但实证上不显著。据此，本书提出以下政策建议：一是结合地区生态环境条件确定工作重点内容，在生态环境脆弱地区重点关注林木成活、林种选择、成林率等与改善生态密切相关的问题，在生态环境良好地区重点关注林缘农地低产、野生动物入侵等因生态改善造成的负面影响，考虑在环境负效益问题严重的地区开展针对生态负效益的补偿制度。二是开展劳务输出、生态移民、培育特色产业等配套措施，为农村剩余劳动力提供出口。不仅要创造非农就业机会，更要依托退耕后的土地增收。仅依靠外出打工不能从根本上解决退耕农户增收问题，这是因为外出打工与个人和家庭情况的联系更加密切，且务工机会受经济周期影响，在经济萧条时期易出现大量农民失业返乡现象，不利于保护退耕还林成果。应依托退耕土地培训特色产业，走环境友好型农林业发展之路。三是建立省际退耕还林任务配额交易制度。从基于生态保护的社会资源配置角度来看，长久以来，某些地区放弃自身发展，为发达地区输送了诸多资源却没有得到相应补偿。省际退耕还林任务配额交易是实现生态补偿横向转移支付的有效手段，通过配额交易促进退耕还林任务向经济欠发达和生态脆弱地区倾斜。

（3）关注社会外部环境对退耕农户群体的影响，采取相应措施减少城乡差异和农村间差异，加快建立退耕还林长效机制。

退耕还林的重点地区集中在贫困山区，退耕还林的惠民生政策目标在具体到实践中应以减少退耕地区城乡差异、退耕地区与非退耕地区农村差异为导向。本书分析表明，虽然退耕还林后农户收入有所改善，但城乡比较和乡乡比较造成了退耕地区农户经济福利的损失。据此，本书提出以下政策建议：一是兼顾扶贫政策目标下，应根据社会普遍收入水平提高退耕还林补偿，使退耕农户群体的收入不仅与自身过去相比有所提高，更要使退耕农户群体与非退耕农户群体之间的收入差异有所减少；二是采取措施提高退耕地区农林业生产效益，如加大农业基础设施建设力度、培育本土农业特色产业和提高农业产业化经营水平等；三是采取措施缓解退耕还林地区的城乡收入差异，如扶持和发展退耕还林地区的第三产业，积极开展农村人员培训和再培训工作，提高劳动力的文化素质和技能水平，促进劳动力由农村流向城市。从根本上增进退耕地区农村经济福利，充分发挥退耕还林在增进地区公平上的政策作用，加快建设退耕还林长效机制。

（4）结合政策目标合理安排退耕还林任务，充分发挥退耕还林生态补偿的生态修复功能和经济调节功能。

退耕还林具有修复生态和调节经济的双重目标。在宏观层面上，合理安排退耕还林任务就是退耕还林作为宏观调控政策工具的重要环节。本书分析表明，退耕地还林比退耕还林对经济增长的促进作用更大，高退耕还林规模比低退耕还林规模对经济增长的促进作用更大，高经济增长率地区比低经济增长率地区退耕还林对经济增长的促进作用更大。据此，本书提出以下政策建议：一是在有地可退的情况下，尽可能地安排退耕地还林，或提高封山育林和荒山造林的补偿标准，通过增加资本投入的形式促进地方经济增长；二是集中地区重点安排退耕还林任务，而不是在投入资金有限的情况下将退耕还林任务零星地分配给多个地区；三是在生态脆弱的贫困地区中，优先选择经济增长率较高的地区开展退耕还林，尽可能地允分发挥退耕还林对区域经济增长的作用。

第三节　本书的创新点

本书对基于土地利用变化的生态补偿的经济福利效应进行理论和实证研究，与已有的研究成果相比，本书主要的创新性成果主要体现在以下三个方面：

第一，构建基于土地利用变化的生态补偿经济福利效应的理论分析框架。政府主导的生态补偿多重目标决定生态补偿的经济福利效应必须既考虑农户的经济福利又考虑区域整体经济效应。首先，依据基数效用论和实物期权思想，确定土地机会成本不确定情况下成本收益等额补偿的转换边界，分析退耕补偿对农户土地收入的影响；又依据序数效用论构建退耕农户效用函数，分析生态效益、经济租金等因素对农户个体效用水平的影响。其次，依据福利经济理论、相对剥夺和相对收入的概念，建立考虑比较因素的社会福利函数，分析社会外部环境对退耕农户群体经济福利的影响。同时，依据增长理论构建考虑生态补偿的增长模型，分析补偿投资和生态效益对区域经济的影响。最终建立包括微观个体、中观群体以及区域整体在内的三个层次的生态补偿经济福利效应的分析框架。

第二，实证研究退耕还林生态补偿对退耕农户经济福利的影响。针对已有研究忽略未来机会成本的波动性和不确定，本书利用几何布朗运动模拟 2014~2030 年的退耕土地机会成本的可能走势并与转换边界进行比较，得到粮食产量、补偿标准与农户受损概率之间的关联，发现现行补偿标准下南方地区退耕农户经济福利受损概率更大。利用 CVM 准则和逐级筛选采样入户调研陕西 851 位退耕还林农户的受偿意愿，并运用右端截取模型处理调研数据降低估计偏误，通过样本总体回归分析得到退耕农户个体的受偿意愿及影响因素，发现生态正负效益和土地经济租金显著影响受偿意愿。再通过分地区回归得出生态效益边际影响的区域差异，发现生态效益改善对受偿意愿的影响在生态脆弱地区和生态优越地区相悖。退耕地区农户群体的经济福利既与自身收入水平有关，也与自身与他人的比较有关。本书建立考虑习惯性比较、城乡比较和乡乡比较的退耕农户群体经济福利函数，采用二步聚类法和倾向得分匹配法对陕西 79 个退耕还林县进行分类和配对，避免前后比较法和处理控制比较法在政策效应评估时对比较对象选择性偏差，计算匹配对在三个比较因素上的差异以及考虑比较因素后的福利变化，得到考虑比较因素后 2008~2014 年间退耕区域农户群体经济福利平均减少 19.28%。

第三，实证研究退耕还林生态补偿对退耕还林所在区域经济增长的影响。退耕还林生态补偿不仅在微观层面上影响农户的经济福利，也在宏观层面上影响县域经济增长，已有研究却较少从宏观视角考虑生态补偿对区域经济增长的影响。为了全面刻画区域退耕还林规模与区域经济增长的关系，根据第三章第四节的理论分析，以陕西省 79 个退耕还林县为研究样本，实证分析退耕还林的生态效益和补偿资金对区域经济增长的平均效应和边际效应。利用有限可得的 1999~2006 年第一轮各县退耕还林累计面积构造虚拟变量并作为替代生态补偿资金的关键解释变量，建立考虑退耕还林生态补偿的区域经济增长面板回归模型，验证退耕还林生态补偿对区域经济增长的促进作用，计量结果表明 2004~2012 年高退耕还林程度县的人均 GDP 增长率比低退耕还林县的平均高 2.61%，即退耕还林促进县域经济增长。又建立以 2007 年为时间截面的分位数回归模型，考察退耕还林生态补偿对区域经济增长的作用强度，发现退耕还林规模对人均 GDP 增长率的贡献随县域经济增长率的提高而增加。

第四节　研究不足与展望

本书遵循福利经济基本理念，运用环境经济学和生态经济学方法，着眼于基于土地利用变化的生态补偿，分别在微观个体、中观群体和区域整体的视角下，重点分析了以退耕还林生态补偿的经济福利效应，根据分析结论对退耕还林的补偿制度、任务分配等方面提出相应的政策建议。但是，受篇幅和数据可得性等因素的影响，本书仍存在一些不足和需要进一步研究的问题：

第一，在研究土地机会成本对农户经济福利的影响时，最典型的形式就是以退耕还林土地的农业收入作为土地机会成本，以南方地区和北方地区的小麦和水稻作为农业生产的代表，以杉树和刺槐作为林业生产的代表，在理想情况下进行分析。实际上，农户的土地种植选择及土地收益远比此复杂，农业种植如各类蔬菜、杂粮、烟草等，林业种植如板栗树、银杏树等，也可林下套种中药。但受限于篇幅，未对各种可能的土地收益进行分析，可以通过统计数据或观测数据进行更精确的分析。利用更贴近现实的土地机会成本进行补偿标准分析，将是作者未来研究中需要考虑的内容。

第二，在研究生态效益和经济租金对农户经济福利的影响时，采用农户主诉的生态效益变化和经济租金变化进行计量分析，只能验证变量的显著性，而难以利用生态效益与受偿意愿之间的数量关系指导补偿标准的修正。应采用生态效益变化的客观测量再次进行计量分析，一方面，验证生态效益与受偿意愿的关系；另一方面，考察生态效益增量变化对受偿意愿影响的拐点，即在什么程度上，新增生态效益会对当地农户的生产生活带来困扰。这将是作者在未来需要进一步研究的。

第三，在研究比较因素对退耕农户群体经济福利的影响时，采用倾向得分匹配法对陕西省内退耕还林县进行分类和配对，计算比较因素造成的福利损失。受数据可得性所限，本书仅在陕西省内进行了 1:1 配对，样本数量的有限性可能导致福利损失的绝对值。虽然，这并不影响解释农户收入与满意度背离的现象，但若在全国范围内开展类似的研究，要考虑的情况将更加复杂，尤其是县域间配对是否具有可比性。因此，倾向得分匹配法的应用具有地域范围的限制，如何改进当前分析方法或选择新的分析方法在全国范围内分析比较因素对农户群体的经济福利影响，这将是今后需要考虑的问题。

第四，在研究生态效益和补偿资金对区域经济增长的影响时，与退耕还林规模有关的数据涉及保密和其他限制，笔者及其所在课题组多次到陕西省林业厅及相关部门调研，才得到陕西各县的第一轮退耕还林规模总和数据，因此仅在分类的基础上对陕西各县进行截面数据分析。遗憾的是，本书没能在全国范围内用历年数据进行广泛研究，将实证结果推广至全国范围内。另外，关于退耕还林任务的分配问题，目前相关研究很少，这主要受限于历史数据难以通过公开渠道获取。与国家重点生态功能区转移支付一样，退耕还林也是中央政府主导下的垂直投资，而国家对重点生态功能区转移支付明确规定了具体的计算公式，却没有明确指出退耕还林任务的分配原则。在既定政策目标下，设计合理的退耕还林任务分配公式，对实现政策目标和提高资金使用效率都具有重要意义，这也是下一阶段将要研究的重点问题。

参考文献

［1］Ajayi O C, Jack B K, Leimona B. Auction Design for the Private Provision of Public Goods in Developing Countries: Lessons from Payments for Environmental Services in Malawi and Indonesia ［J］. World Development, 2012, 40 (6): 1213-1223.

［2］Arata L, Sckokai P. The Impact of Agri-environmental Schemes on Farm Performance in Five EU Member States: A DID-Matching Approach ［J］. Land Economics, 2016, 92 (1): 167-186.

［3］Assessment M E. Ecosystem and human well-being: Biodiversity synthesis ［J］. World Resources Institute, Washington, DC, 2005.

［4］Barro R J. Economic Growth in a Cross Section of Countries ［J］. Quarterly Journal of Economics, 1989, 106 (2): 407-443.

［5］Bassi S. Agricultural and environment: Payment for environmental service ［C］. Common Agriculture Policy and its Impacts, Malta, 2008.

［6］Bennett M T. Market for Ecosystem Service in China: An exploration of China's Eco0Compensation and other market-based environmental Policies ［R］. 2009.

［7］Bergendahl J A, Sarkis J, Timko M T. Transdisciplinarity and the food energy and water nexus: Ecological modernization and supply chain sustainability perspectives ［J］. Resources, Conservation and Recycling, 2018

（133）：309-319.

［8］Bettina M，Claudia S，Engel S. Institutional frameworks and gover nance structures of PES schemes ［J］. Forest Policy and Economics，2013，37：57-64.

［9］Blackman A，Woodward R T. User financing in a national payments for environmental services program：Costa Rican hydropower ［J］. Ecological Economics，2010，69（8）：1626-1638.

［10］Blanchflower D G，Oswald A J. Well-being over time in Britain and the USA ［J］. Journal of Public Economics，2004，88（7-8）：1359-1386.

［11］Blundell R，Dias M C. Alternative Approaches to Evaluation in Empirical Microeconomics ［J］. The Journal of Human Resources，2009，44（3）：565-640.

［12］Börner J，Baylis K，Corbera E，et al. The Effectiveness of Payments for Environmental Services ［J］. World Development，2017（96）：359-374.

［13］Borrelli P，Robinson D A，Fleischer L R，et al. An assessment of the global impact of 21st century land use change on soil erosion ［J］. Nature Communications，2017，8（1）：7-14.

［14］Boskin M J，Sheshinski E. Optimal redistributive taxation when individual welfare depends upon relative income ［J］. The Quarterly Journal of Economics，1978，92（4）：589-601.

［15］Carrasco L R，Nghiem T P L，Chen Z，et al. Unsustainable development pathways caused by tropical deforestation ［J］. Science Advances，2017，3（7）：7-14.

［16］Chen X，Lupi F，Vina A，et al. Using Cost-Effective Targeting to Enhance the Efficiency of Conservation Investments in Payments for Ecosystem Services [J]. Conservation Biology, 2010, 24 (6): 1469-1478.

[17] Claassen R, Cattaneo A, Johansson R. Cost-effective design of agri-environmental payment programs: U.S. experience in theory and practice [J]. Ecological Economics, 2008, 65 (4): 737-752.

[18] Clark A E, Frijters P, Shields M A. Relative income, happiness, and utility: An explanation for the Easterlin paradox and other puzzles [J]. Journal of Economic Literature, 2008, 46 (1): 95-144.

[19] Clements T, John A, Nielsen K, et al. Payments for biodiversity conservation in the context of weak institutions: Comparison of three programs from Cambodia [J]. Ecological Economics, 2010, 69 (6): 1283-1291.

[20] Corbera E, Kosoy N, Martínez Tuna M. Equity implications of marketing ecosystem services in protected areas and rural communities: Case studies from Meso-America [J]. Global Environmental Change, 2007, 17 (3): 365-380.

[21] Costanza R, D'Arge R, De Groot R, et al. The value of the world's ecosystem services and natural capital[J]. Nature, 1997, 387 (6630): 253-260.

[22] Costanza R, de Groot R, Sutton P, et al. Changes in the global value of ecosystem services [J]. Global Environmental Change, 2014 (26): 152-158.

[23] Croson R, Gneezy U. Gender differences in preferences [J]. Journal of Economic Literature, 2009, 47 (2): 448-474.

[24] Davis J A. A formal interpretation of the theory of relative deprivation [J]. Sociometry, 1959, 22 (4): 280-296.

[25] Derissen S, Latacz-Lohmann U. What are PES? A review of definitions and an extension [J]. Ecosystem Service, 2013 (1): 7-14.

[26] Derissen S, Quaas M F. Combining performance-based and action-

based payments to provide environmental goods under uncertainty [J]. Ecological Economics, 2013 (85): 77-84.

[27] Di Gregorio A. Land cover classification system: Classification concepts and user manual: LCCS [M]. Food & Agriculture Org., 2005.

[28] Dixit A K, Pinkyck R S. Investment Under Uncertainty [M]. Princeton, New Jersey: Princeton University Press, 1994.

[29] Dobbs T L, Pretty J. Case study of agri-environmental payments: The United Kingdom [J]. Ecological Economics, 2008, 65 (4): 765-775.

[30] Duesenberry J S. Income, saving, and the theory of consumer behavior [J]. Ecological Economics, 1949 (1): 7-14.

[31] Easterlin R A. Does economic growth improve the human lot? Some empirical evidence [M]. Elsevier, 1974.

[32] Ehrlich P, Ehrlich A. Extinction: The causes and consequences of the disappearance of species [J]. Ecological Economics, 1981.

[33] Ellison C E, Bachtrog D. Dosage Compensation via Transposable Element Mediated Rewiring of a Regulatory Network [J]. Science, 2013, 342 (6160): 846-850.

[34] Engel S, Pagiola S, Wunder S. Designing payments for environmental services in theory and practice: An overview of the issues [J]. Ecological Economics, 2008, 65 (4): 663-674.

[35] Engel S, Palmer C, Taschini L, et al. Cost-effective payments for reducing emissions from deforestation under uncertainty [J]. Ecological Economics, 2012 (1): 7-14.

[36] Engel S, Parmer C, Taschini L. Conservation Payment under Uncertainty [J]. Land Economics, 2013 (1): 7-14.

[37] Farley Herman E. Daly Joshua. 生态经济学: 原理与应用 [M]. 郑州: 黄河水利出版社, 2007.

［38］ Farley J, Costanza R. Payments for ecosystem services: From local to global ［J］. Ecological Economics, 2010, 69 (11): 2060-2068.

［39］ Ferraro P J, Simpson R D. The cost-effectiveness of conservation payments ［J］. Land Economics, 2002, 78 (3): 339-353.

［40］ Ferraro P J. Asymmetric information and contract design for payments for environmental services ［J］. Ecological Economics, 2008, 65 (4): 810-821.

［41］ Fisher B, Turner K, Zylstra M, et al. Ecosystem services and economic theory: Integration for policy -relevant research ［J］. Ecological Applications, 2008, 18 (8): 2050-2067.

［42］ Forshay K, Luna H N M, Hale B, et al. Landowner Satisfaction with the Wetlands Reserve Program in Wisconsin ［J］. Environmental Management, 2005, 36 (2): 248-257.

［43］ Frank R H. The frame of reference as a public good ［J］. The Economic Journal, 1997, 107 (445): 1832-1847.

［44］ Gauvin C, Uchida E, Rozelle S, et al. Cost-Effectiveness of Payments for Ecosystem Services with Dual Goals of Environment and Poverty Alleviation ［J］. Environmental Management, 2010, 45 (3): 488-501.

［45］ Gibbons J M, Nicholson E, Milner Gulland E J, et al. Should payments for biodiversity conservation be based on action or results? ［J］. Journal of Applied Ecology, 2011, 48 (5): 1218-1226.

［46］ Greiner R, Stanley O. More than money for conservation: Exploring social co-benefits from PES schemes ［J］. Land Use Policy, 2013 (31): 7-14.

［47］ Gu D, Guenther A B, Shilling J E, et al. Airborne observations reveal elevational gradient in tropical forest isoprene emissions ［J］. Nature Communications, 2017 (8): 15541.

［48］ Guthrie G，Kumareswaran D. Carbon Subsidies，Taxes and Optimal Forest Management ［J］. Environment Resource Economics，2009（43）：275-293.

［49］ Hanemann W M. Valuing the environment through contingent valuation ［J］. The Journal of Economic Perspectives，1994，8（4）：19-43.

［50］ Hanemann W M. Willingness to pay and willingness to accept：How much can they differ？［J］. The American Economic Review，1991，81（3）：635-647.

［51］ Hauer G，Luckert M K M，Yemshanov D，et al. A spatial real options approach for modeling land use change：Assessing the potential for poplar energy plantations in Alberta ［J］. Canadian Journal of Agricultural Economics/Revue Canadienne agroeconomie.，2017，65（2）：271-292.

［52］ Hayes T，Murtinho F，Wolff H. The impact of payments for environmental services on communal lands：An analysis of the factors driving household land-use behavior in Ecuador ［J］. World Development，2017（93）：427-446.

［53］ Hegde R，Bull G Q. Performance of an agro-forestry based payments-for-environmental-services project in Mozambique：A household level analysis ［J］. Ecological Economics，2011（71）：122-130.

［54］ Heywood V H，Watson R T. Global biodiversity assessment ［M］. Cambridge：Cambridge University Press，1995.

［55］ Hicks J R，Allen R G D. A Reconsideration of the Theory of Value. Part I ［J］. Economica，1934，1（1）：52-76.

［56］ Hovardas T. Two paradoxes with one stone：A critical reading of ecological modernization ［J］. Ecological Economics，2016（130）：1-7.

［57］ Hueting R. The future of the environmentally sustainable national income ［J］. Ökologisches Wirtschaften-Fachzeitschrift，2011，25（4）：30.

［58］Jack B K, Kousky C, Sims K R. Designing payments for ecosystem services: Lessons from previous experience with incentive-based mechanisms ［J］. Proceedings of the National Academy of Sciences, 2008（1）: 7-14.

［59］Jonathan A. Foley, DeFries R, Asner G P, et al. Global Consequences of Land Use ［J］. Science, 2005, 309（5734）: 570-574.

［60］Karsenty A. Payments for environmental services and development: Combining conservation incentives with investment ［R］. Paris: CIRAD, 2011.

［61］Koellner T, Sell J, Navarro G. Why and how much are firms willing to invest in ecosystem services from tropical forests? A comparison of international and Costa Rican firms［J］. Ecological Economics, 2010, 69（11）: 2127-2139.

［62］Koenker R, Bassett G. Regression quantiles ［J］. Econometrica, 1978, 46（1）: 33-50.

［63］Kosoy N, Martinez-Tuna M, Muradian R, et al. Payments for environmental services in watersheds: Insights from a comparative study of three cases in Central America ［J］. Ecological Economics, 2007, 61（2）: 446-455.

［64］Kotchen M J, Reiling S D. Environmental attitudes, motivations, and contingent valuation of nonuse values: A case study involving endangered species ［J］. Ecological Economics, 2000, 32（1）: 93-107.

［65］Lucas S M, King G, Porro G. Causal inference without balance checking: Coarsened exact matching ［J］. Political Analysis, 2012, 20（1）: 1-24.

［66］Lee C, Han S. Estimating the use and preservation values of national parks' tourism resources using a contingent valuation method［J］. Tourism Management, 2002, 23（5）: 531-540.

［67］Lelkes O. Tasting freedom: Happiness, religion and economic transition ［J］. Journal of Economic Behavior & Organization, 2006, 59（2）:

173-194.

[68] Li C, Zheng H, Li S, et al. Impacts of conservation and human development policy across stakeholders and scales [J]. Proceedings of the National Academy of Sciences, 2015, 112 (24): 7396-7401.

[69] Li H, Yang X, Zhang X, et al. Estimation of rural households' willingness to accept two PES programs and their service valuation in the Miyun reservoir catchment, China: Sustainability [Z]. 2018.

[70] Li Q, Liu Z, Zander P, et al. Does farmland conversion improve or impair household livelihood in smallholder agriculture system? A case study of Grain for Green project impacts in China's Loess Plateau [J]. World Development Perspectives, 2016 (2): 43-54.

[71] Liang Y, Li S, Feldman M W, et al. Does household composition matter? The impact of the Grain for Green Program on rural livelihoods in China [J]. Ecological Economics, 2012 (75): 152-160.

[72] Lindhjem H, Mitani Y. Forest owners' willingness to accept compensation for voluntary conservation: A contingent valuation approach [J]. Journal of Forest Economics, 2012, 18 (4): 290-302.

[73] Liu J, Fu B, Wang Y, et al. Agricultural opportunity costs assessment based on planting suitability: A case study in a mountain county in southwest China [J]. Journal of Mountain Science, 2017, 14 (12): 2568-2580.

[74] Lu T, Dai X, Chen J, et al. Pricing Industrial Discharge Quota (IDQ): A model reflecting opportunity cost of performing ecological responsibility [J]. Sustainability (2071-1050), 2018, 10 (6): 7-14.

[75] Lucas S M, King G, Porro G. CEM: Coarsened exact matching software [J]. Journal of Statistical Software, 2009, 30 (9): 1-27.

[76] Lucas Jr R E. On the mechanics of economic development [J].

Journal of Monetary Economics, 1988, 22 (1): 3-42.

[77] Lucas R E. On the mechanics of economic development [J]. Journal of Monetary Economics, 1988, 22 (1): 3-42.

[78] Malthus T R. Definitions in Political Economy [M]. London: Simpkin and Marshall, 1853.

[79] McLean-Meyinsse P E, Hui J, Joseph R. An empirical analysis of louisiana small farmers' involvement in the conservation reserve program[J]. Journal of Agricultural and Applied Economics, 1994, 26(2): 379-385.

[80] Mill J S. Utilitarianism [C]. Routledge, 2016: 337-383.

[81] Mortensen T L, Leistritz F L, Leitch J A, et al. Socioeconomic impact of the conservation reserve program in North Dakota [J]. Society & Natural Resources, 1990, 3 (1): 7-14.

[82] Muradian R, Corbera E, Pascual U, et al. Reconciling theory and practice: An alternative conceptual framework for understanding payments for environmental services [J]. Ecological Economics, 2010, 69 (6): 1202-1208.

[83] Orgill-Meyer J, Jeuland M, Albert J, et al. Comparing contingent valuation and averting expenditure estimates of the costs of irregular water supply [J]. Ecological Economics, 2018 (146): 250-264.

[84] Özokcu S, Özdemir Ö. Economic growth, energy, and environmental Kuznets curve [J]. Renewable and Sustainable Energy Reviews, 2017 (72): 639-647.

[85] Pagiola S, Arcenas A, Platais G. Can payments for environmental services help reduce poverty? An exploration of the issues and the evidence to date from Latin America [J]. World Development, 2005, 33 (2): 237-253.

[86] Pagiola S, Honey-Rosés J, Freire-González J. Assessing the permanence of land use change induced by payments for environmental services: Evidence from nicaragua [R]. Washington, DC: World Bank, 2017.

[87] Pagiola S, Ramirez E, Gobbi J, et al. Paying for the environmental services of silvopastoral practices in Nicaragua [J]. Ecological Economics, 2007, 64 (2): 374-385.

[88] Panayotou T. Economic growth and the environment [J]. The Environment in Anthropology, 2016 (1): 140-148.

[89] Paul B, Rashid H. Climatic Hazards in Coastal Bangladesh [M]. London: Simpkin and Marshall, 2016.

[90] Pearce D. Do we really care about biodiversity? [J]. Environmental and Resource Economics, 2007, 37 (1): 313-333.

[91] Peterson J M, Smith C M, Leatherman J C, et al. Transaction costs in payment for environmental service contracts [J]. American Journal of Agricultural Economics, 2014, 97 (1): 219-238.

[92] Pettigrew T F. Social evaluation theory: Convergences and applications, 1967 [C]. University of Nebraska Press, 1967.

[93] Phillips P E M, Walton M E, Jhou T C. Calculating utility: Preclinical evidence for cost-benefit analysis by mesolimbic dopamine [J]. Psychopharmacology, 2007, 191 (3): 483-495.

[94] Pufahl A, Weiss C R. Evaluating the effects of farm programmes: Results from propensity score matching [J]. European Review of Agricultural Economics, 2009, 36 (1): 79-101.

[95] Ravallion M, Lokshin M. Self-rated economic welfare in Russia [J]. European Economic Review, 2002, 46 (8): 1453-1473.

[96] Riti J S, Song D, Yang S, et al. Decoupling CO_2 emission and economic growth in China: Is there consistency in estimation results in analyzing environmental Kuznets curve? [J]. Journal of Cleaner Production, 2017 (166): 1448-1461.

[97] Romer P M. Increasing returns and long-run growth [J]. Journal of

Political Economy，1986，94（5）：1002-1037.

[98] Runciman W G. Relative deprivation & social justice：Study attitudes social inequality in 20th century England [J]. Ecological Economics，1966（1）：7-14.

[99] Samuelson P A. Bergsonian welfare economics [J]. Economic Welfare and the Economics of Soviet Socialism：Essays in Honor of Abram Bergson，1981（1）：223-266.

[100] Schomers S，Bettina M. Payments for ecosystem services：A review and comparison of developing and industrialized countries [J]. Ecosystem Services，2013（6）：16-30.

[101] Schultz W. Electrophysiological correlates of reward processing in dopamine neurons [C]. Elsevier，2017：21-31.

[102] Sommerville M M，Jones J P，Milner-Gulland E J. A revised conceptual framework for payments for environmental services [J]. Ecology and Society，2009，14（2）：34.

[103] Song W，Deng X. Land-use/land-cover change and ecosystem service provision in China [J]. Science of the Total Environment，2017（576）：705-719.

[104] Spera S A，Galford G L，Coe M T，et al. Land-use change affects water recycling in Brazil's last agricultural frontier [J]. Global Change Biology，2016，22（10）：3405-3413.

[105] Stouffer S A，Lumsdaine A A，Lumsdaine M H，et al. The American soldier：Combat and its aftermath [J]. (Studies in Social Psychology in World War Ⅱ)，1949（2）：7-14.

[106] Stroman D A，Kreuter U P. Perpetual conservation easements and landowners：Evaluating easement knowledge，satisfaction and partner organization relationships [J]. Journal of Environmental Management，2014（146）：

284-291.

[107] Stroman D, Kreuter U P. Landowner satisfaction with the wetland reserve program in texas: A mixed-methods analysis [J]. Environmental Management, 2016, 57 (1): 97-108.

[108] Stuart E A. Matching methods for causal inference: A review and a look forward [J]. Statistical Science: A Review Journal of the Institute of Mathematical Statistics, 2010, 25 (1): 1-21.

[109] Tacconi L. Redefining payments for environmental services [J]. Ecological Economics, 2012 (73): 29-36.

[110] Tan M. Exploring the relationship between vegetation and dust-storm intensity (DSI) in China [J]. Journal of Geographical Sciences, 2016, 26 (4): 387-396.

[111] Tilman D, Clark M, Williams D R, et al. Future threats to biodiversity and pathways to their prevention [J]. Nature, 2017, 546 (7656): 73-81.

[112] Turner K G, Anderson S, Gonzales-Chang M, et al. A review of methods, data, and models to assess changes in the value of ecosystem services from land degradation and restoration [J]. Ecological Modelling, 2016 (319): 190-207.

[113] Uchida E, Xu J, Rozelle S. Grain for green: Cost-effectiveness and sustainability of China's conservation set-aside program [J]. Land Economics, 2005, 81 (2): 247-264.

[114] Uchida E, Xu J, Xu Z, et al. Are the poor benefiting from China's land conservation program? [J]. Environment and Development Economics, 2007, 12 (4): 593-620.

[115] van Noordwijk M, Leimona B. Principles for fairness and efficiency in enhancing environmental services in Asia: Payments, compensation, or

co-investment? [J]. Ecology and Society, 2010, 15 (4): 7-14.

[116] Van Praag B M. The welfare function of income in Belgium: An empirical investigation [J]. Ecological Economics, 1971 (1): 7-14.

[117] Vatn A. An institutional analysis of payments for environmental services [J]. Ecological Economics, 2010, 69 (6): 1245-1252.

[118] Venkatachalam L. The contingent valuation method: A review [J]. Environmental Impact Assessment Review, 2004, 24 (1): 89-124.

[119] Vogt W, Baruch B M. Road to Survival [M]. Sloane, 1960.

[120] Walster E, Walster G W, Berscheid E. Equity: Theory and research [J]. Ecological Economics, 1978 (1): 7-14.

[121] Wang F, Zheng H, Wang X, et al. Classification of the relationship between household welfare and ecosystem reliance in the Miyun reservoir watershed, China [J]. Sustainability, 2017, 9 (12): 2290.

[122] Wang X, Zhang Y, Huang Z, et al. Assessing willingness to accept compensation for polluted farmlands: A contingent valuation method case study in northwest China [J]. Environmental Earth Sciences, 2016, 75 (3): 1-7.

[123] Westman W E. How Much Are Nature's Services Worth? [J]. Science, 1977, 197 (4307): 960-964.

[124] Wunder S, Albán M. Decentralized payments for environmental services: The cases of Pimampiro and PROFAFOR in Ecuador [J]. Ecological Economics, 2008, 65 (4): 685-698.

[125] Wunder S. Payments for environmental services: Some nuts and bolts [M]. CIFOR Jakarta, 2005.

[126] Wunder S. Revisiting the concept of payments for environmental services [J]. Ecological Economics, 2015 (117): 234-243.

[127] Wunder S. The efficiency of payments for environmental services

in Tropical Conservation [J]. Conservation Biology，2007，21（1）：48-58.

[128] Yemshanov D，McCarney G R，Hauer G，et al. A real options-net present value approach to assessing land use change：A case study of af-forestation in Canada [J]. Forest Policy and Economics，2015（50）：327-336.

[129] Zabel A，Roe B. Optimal design of pro-conservation incentives [J]. Ecological Economics，2009，69（1）：126-134.

[130] 布坎南. 公共物品的需求与供给 [M]. 上海：上海人民出版社，2009.

[131] 查小春，赖作莲. 退耕还林对铜川市农村经济结构的影响研究 [J]. 干旱区资源与环境，2010（2）：38-43.

[132] 陈代喜，黄开勇. 杉木速生丰产林组装配套栽培技术 [J]. 林业科技开发，2002，16（S1）：64-66.

[133] 陈涛. 生态现代化视角下对皖南农村发展的实证研究——兼论当代中国生态现代化的基本特征 [J]. 现代经济探讨，2008（7）：37-41.

[134] 程滨，田仁生，董战峰. 我国流域生态补偿标准实践：模式与评价 [J]. 生态经济，2012（4）：24-29.

[135] 崔长彬，姜石良，张正河. 河北县域经济影响因素的空间差异分析——基于贝叶斯地理加权回归方法 [J]. 经济地理，2012，32（2）：39-45.

[136] 冯琳，徐建英，邸敬涵. 三峡生态屏障区农户退耕受偿意愿的调查分析 [J]. 中国环境科学，2013（5）：938-944.

[137] 付成双. 历史学视角下的生态现代化理论[J]. 史学月刊，2018（3）：17-21.

[138] 巩芳. 生态补偿机制对草原生态环境库兹涅茨曲线的优化研究 [J]. 干旱区资源与环境，2016，30（3）：38-42.

[139] 郭欢欢，李波，于海跃，等. 退耕还林工程对农户生产生活影

响研究［J］.中国人口·资源与环境，2011（12）：110-114.

［140］郭慧敏，王武魁.基于机会成本的退耕还林补偿资金的空间分配——以张家口市为例［J］.中国水土保持科学，2015（4）：137-143.

［141］郭晓鸣，甘庭宇，李晟之，等.退耕还林工程：问题、原因与政策建议——四川省天全县100户退耕还林农户的跟踪调查［J］.中国农村观察，2005（3）：72-79.

［142］郭燕燕.陕西省县域经济影响因素的实证分析［D］.西南大学博士学位论文，2011.

［143］国家林业局.2014退耕还林工程生态效益监测国家报告［M］.北京：中国林业出版社，2015.

［144］韩洪云，喻永红.退耕还林生态补偿研究——成本基础、接受意愿抑或生态价值标准［J］.农业经济问题，2014（4）：64-72.

［145］郝海波.基数效用论的复兴及其对主流经济学的贡献［D］.山东大学博士学位论文，2011.

［146］何可，张俊飚，张露，等.人际信任、制度信任与农民环境治理参与意愿——以农业废弃物资源化为例［J］.管理世界，2015（5）：75-88.

［147］何威风，阎建忠，周洪，等.森林转型的微观机制——以重庆市山区为例［J］.自然资源学报，2016（1）：102-113.

［148］贺俊，刘啟明，唐述毅.环境污染治理投入与环境污染——基于内生增长的理论与实证研究［J］.大连理工大学学报（社会科学版），2016（3）：12-18.

［149］宏观经济研究院宏观经济形势分析课题组.供需政策双向调控促进经济稳步增长——1999年宏观经济形势分析及2000年展望［J］.管理世界，2000，16（1）：40-48.

［150］洪大用.经济增长、环境保护与生态现代化——以环境社会学为视角［J］.中国社会科学，2012，32（9）：82-99.

[151] 胡明，马继东.安塞县土地利用变化与经济发展的关系 [J].水土保持研究，2008，15（1）：182-185.

[152] 胡霞.退耕还林还草政策实施后农村经济结构的变化——对宁夏南部山区的实证分析 [J].中国农村经济，2005（5）：63-70.

[153] 黄富祥，康慕谊，张新时.退耕还林还草过程中的经济补偿问题探讨 [J].生态学报，2002（4）：471-478.

[154] 黄茂兴，林寿富.污染损害、环境管理与经济可持续增长——基于五部门内生经济增长模型的分析 [J].经济研究，2013（12）：30-41.

[155] 黄有光.福祉经济学：一个趋于更全面分析的尝试 [M].大连：东北财经大学出版社，2005.

[156] 黄有光.社会福祉与经济政策（第1版）[M].北京：北京大学出版社，2005.

[157] 吉米·边沁.立法理论 [M].北京：中国人民公安大学出版社，2004.

[158] 靳相木，沈子龙.国外土地发展权转让理论研究进展 [J].经济地理，2010（10）：1706-1711.

[159] 李春霄.农村地区金融排斥研究 [D].西北农林科技大学博士学位论文，2013.

[160] 李德煌，夏恩君.人力资本对中国经济增长的影响——基于扩展Solow模型的研究 [J].中国人口·资源与环境，2013，23（8）：100-106.

[161] 李国平，石涵予.退耕还林生态补偿标准、农户行为选择及损益 [J].中国人口·资源与环境，2015，25（5）：152-161.

[162] 李国平，张文彬.退耕还林生态补偿契约设计及效率问题研究 [J].资源科学，2014（8）：1670-1678.

[163] 李海燕，蔡银莺.基于帕累托改进的农田生态补偿农户受偿意愿——以湖北省武汉市、荆门市和黄冈市典型地区为例 [J].水土保持研究，2016，23（4）：245-250，256.

[164] 李静，王月金. 健康与农民主观福祉的关系分析——基于全国5省（区）1000个农户的调查［J］. 中国农村经济，2015（10）：80-88.

[165] 李凯，孙悦迪，江宝骅，等. 基于像元二分法的白龙江流域植被覆盖度与滑坡时空格局分析［J］. 兰州大学学报（自然科学版），2014（3）：376-382.

[166] 李利军. 环境生产要素管理研究［D］. 天津大学博士学位论文，2009.

[167] 李明思. 暂停"退耕还林"背后的耕地保护危机［N］. 法制日报，2007-09-23.

[168] 李树苗，梁义成，Feldman Marcus W.，等. 退耕还林政策对农户生计的影响研究——基于家庭结构视角的可持续生计分析［J］. 公共管理学报，2010，7（2）：1-10.

[169] 李文华，李世东，李芬，等. 森林生态补偿机制若干重点问题研究［J］. 中国人口·资源与环境，2007，17（2）：13-18.

[170] 李文华，刘某承. 关于中国生态补偿机制建设的几点思考［J］. 资源科学，2010（5）：791-796.

[171] 李晓光，苗鸿，郑华，等. 机会成本法在确定生态补偿标准中的应用——以海南中部山区为例［J］. 生态学报，2009，29（9）：4875-4883.

[172] 李云驹，许建初，潘剑君. 松华坝流域生态补偿标准和效率研究［J］. 资源科学，2011（12）：2370-2375.

[173] 李赞红，阎建忠，花晓波，等. 不同类型农户撂荒及其影响因素研究——以重庆市12个典型村为例［J］. 地理研究，2014（4）：721-734.

[174] 李志涛，黄河清，张明庆，等. 鄱阳湖流域经济增长与水环境污染关系研究［J］. 资源科学，2010，32（2）：267-273.

[175] 廖申白译注，亚里士多德. 尼各马可伦理学亚［M］. 北京：商

务印书馆，2003.

[176] 林寿富. 考虑环境因素的中部县域经济发展实证分析及发展模式转变研究 [D]. 中国科学技术大学博士学位论文，2009.

[177] 刘璨，武斌，鹿永华. 中国退耕还林工程及其所产生的影响 [J]. 林业经济，2009 (10)：41-46.

[178] 刘东生，谢晨，刘建杰，等. 退耕还林的研究进展、理论框架与经济影响——基于全国 100 个退耕还林县 10 年的连续监测结果 [J]. 北京林业大学学报（社会科学版），2011，10 (3)：74-81.

[179] 刘儒，孟书敏，姜军. 贫困县域人力资本与经济增长相关性的实证分析——基于陕西省 44 个县统计数据分析 [J]. 当代经济科学，2014，36 (2)：21-25.

[180] 刘闻，曹明明，宋进喜，等. 陕西年降水量变化特征及周期分析 [J]. 干旱区地理，2013 (5)：865-874.

[181] 刘欣欣. 阿玛蒂亚·森对阿罗不可能定理的发展 [J]. 经济研究导刊，2010 (32)：17-19.

[182] 刘秀丽，张勃，郑庆荣，等. 黄土高原土石山区退耕还林对农户福祉的影响研究——以宁武县为例 [J]. 资源科学，2014 (2)：397-405.

[183] 刘越，姚顺波. 不同类型国家林业重点工程实施对劳动力利用与转移的影响 [J]. 资源科学，2016 (1)：126-135.

[184] 柳荻，胡振通，靳乐山. 生态保护补偿的分析框架研究综述 [J]. 生态学报，2018 (2)：380-392.

[185] 马国勇，陈红. 基于利益相关者理论的生态补偿机制研究 [J]. 生态经济，2014 (4)：33-36.

[186] 马文军、卜伟、易倩. 产业安全研究——理论、方法与实证 [M]. 北京：中国社会科学出版社，2018.

[187] 毛显强，钟瑜，张胜. 生态补偿的理论探讨 [J]. 中国人口·资源与环境，2002 (4)：40-43.

［188］梅艳，何蓓蓓，刘友兆.江苏省生态足迹与经济增长关系的计量分析［J］.自然资源学报，2009，24（3）：476-482.

［189］缪丽娟，何斌，崔雪锋.中国退耕还林工程是否有助于劳动力结构调整［J］.中国人口·资源与环境，2014（S1）：426-430.

［190］彭水军，包群.环境污染、内生增长与经济可持续发展［J］.数量经济技术经济研究，2006（9）：114-126.

［191］彭秀丽，李宗利，刘凌霄.基于实物期权法的矿区生态补偿额核算研究——以湖南花垣锰矿区为例［J］.吉首大学学报（社会科学版），2014（2）：93-98.

［192］钱晓烨，迟巍，黎波.人力资本对我国区域创新及经济增长的影响——基于空间计量的实证研究［J］.数量经济技术经济研究，2010（4）：107-121.

［193］秦艳红，康慕谊.基于机会成本的农户参与生态建设的补偿标准——以吴起县农户参与退耕还林为例［J］.中国人口·资源与环境，2011，21（S2）：65-68.

［194］任国强，尚金艳.基于相对剥夺理论的基尼系数子群分解方法研究［J］.数量经济技术经济研究，2011（8）：103-114.

［195］阮利民，曹国华，谢忠.矿产资源限制性开发补偿测算的实物期权分析［J］.管理世界，2011（10）：184-185.

［196］萨缪尔森.经济学［M］.北京：人民邮电出版社，2006.

［197］尚静原，赵焕成，王宝珠.农田防护林胁地效应及其解决对策［J］.防护林科技，2006（4）：71-97.

［198］沈满洪，何灵巧.外部性的分类及外部性理论的演化［J］.浙江大学学报（人文社会科学版），2002，32（1）：152-160.

［199］斯坦利·L.布鲁，兰迪·R.格兰特.经济思想史（第7版）［M］.北京：北京大学出版社，2008.

［200］宋文飞，李国平，杨永莲.农民生态保护受偿意愿及其影响因

素分析——基于陕西国家级自然保护区周边 660 户农户的调研数据 [J].
干旱区资源与环境，2018（3）：63-69.

[201] 苏月秀，彭道黎，谢晨，等. 退耕还林（草）政策主要成效及
趋势分析——基于西北 5 省和内蒙古 793 个退耕农户的统计分析 [J]. 水
土保持通报，2011，31（6）：199-202.

[202] 孙贵艳，王传胜. 退耕还林（草）工程对农户生计的影响研
究——以甘肃秦巴山区为例 [J]. 林业经济问题，2017，37（5）：54-59.

[203] 谭崇台. 发展经济学的新发展 [M]. 武汉：武汉大学出版社，
2002.

[204] 唐文广. 基于实物期权的农业用地向碳汇林业转换的最优决策
研究 [D]. 天津财经大学博士学位论文，2016.

[205] 陶然，徐志刚，徐晋涛. 退耕还林，粮食政策与可持续发展
[J]. 中国社会科学，2004（6）：25-38.

[206] 万海远，李超. 农户退耕还林政策的参与决策研究 [J]. 统计研
究，2013，30（10）：83-91.

[207] 万相均，任志远，张翀. 陕西省气温与降水变化时空分布研究
[J]: 干旱区资源与环境，2013（6）：140-147.

[208] 王恒博，姚顺波，郭亚军，等. 基于竞租理论的退耕还林工程
最优补助标准研究 [J]. 林业经济问题，2016，36（6）：7-9.

[209] 王金南，万军，张慧远. 关于我国生态补偿机制与政策的几点
认识 [J]. 环境保护，2006（19）：24-28.

[210] 王娜娜，武永峰，胡博，等. 基于环境保护正外部性视角的我
国生态补偿研究进展 [J]. 生态学杂志，2015（11）：3253-3260.

[211] 王一超，郝海广，翟瑞雪，等. 农户退耕还林生态补偿预期及
其影响因素——以哈巴湖自然保护区和六盘山自然保护区为例 [J]. 干旱
区资源与环境，2017（8）：69-75.

[212] 魏四新，郑娟. 固定资产投资对经济发展影响的研究——基于

陕西 1978~2013 年数据分析 [J]. 调研世界，2014，22（10）：11–15.

[213] 肖强，胡聃，肖洋，等. 基于协整理论的经济增长与生态环境变化关系分析——以重庆市渝东南地区为例 [J]. 生态学报，2012，32（11）：3577–3585.

[214] 谢晨，王佳男，彭伟，等. 新一轮退耕还林还草工程：政策改进与执行智慧——基于 2015 年退耕还林社会经济效益监测结果的分析 [J]. 林业经济，2016（3）：43–51.

[215] 谢旭轩，马训舟，张世秋. 应用匹配倍差法评估退耕还林政策对农户收入的影响 [J]. 北京大学学报（自然科学版），2011，47（4）：759–767.

[216] 谢旭轩，张世秋，朱山涛. 退耕还林对农户可持续生计的影响 [J]. 北京大学学报（自然科学版），2010（3）：457–464.

[217] 熊凯，孔凡斌，陈胜东. 鄱阳湖湿地农户生态补偿受偿意愿及其影响因素分析——基于 CVM 和排序 Logistic 模型的实证 [J]. 江西财经大学学报，2016（1）：28–35.

[218] 徐大伟，李斌. 基于倾向值匹配法的区域生态补偿绩效评估研究 [J]. 中国人口·资源与环境，2015，25（3）：34–42.

[219] 徐建英，孔明，刘新新，等. 生计资本对农户再参与退耕还林意愿的影响——以卧龙自然保护区为例 [J]. 生态学报，2017（18）：6205–6215.

[220] 徐晋涛，陶然，徐志刚. 退耕还林：成本有效性、结构调整效应与经济可持续性——基于西部三省农户调查的实证分析 [J]. 经济学（季刊），2004，4（1）：139–162.

[221] 杨俊媛，方亮，沈光杰，等. 刺槐对低温适应性的研究 [J]. 内蒙古农业大学学报（自然科学版），2011，32（3）：89–93.

[222] 杨莉，甄霖，李芬，等. 黄土高原生态系统服务变化对人类福祉的影响初探 [J]. 资源科学，2010，32（5）：849–855.

[223] 杨丽，傅春. 生态补偿对地区经济发展影响分析——基于内生增长模型 [J]. 科技通报，2018（3）：254-258.

[224] 杨万江，朱允卫. 县域经济影响因素的数量经济分析 [J]. 西北农林科技大学学报（社会科学版），2005，5（6）：30-34.

[225] 杨旭东，李敏，杨晓勤. 试论退耕还林的经济理论基础 [J]. 北京林业大学学报（社会科学版），2002，1（4）：19-22.

[226] 杨子生，韩华丽，朱玉碧，等. 退耕还林工程驱动下的土地利用变化合理性研究——以云南芒市为例 [J]. 自然资源学报，2011，26（5）：733-745.

[227] 易金福，陈志颖. 退耕还林对非农就业的影响分析 [J]. 中国软科学，2006（8）：31-40.

[228] 于金娜，姚顺波. 基于碳汇效益视角的最优退耕还林补贴标准研究 [J]. 中国人口·资源与环境，2012，22（7）：34-39.

[229] 张长江，温作民. 森林生态效益外部性的经济学分析 [J]. 科技与经济，2009，22（1）：67-69.

[230] 张方圆，赵雪雁，田亚彪，等. 社会资本对农户生态补偿参与意愿的影响——以甘肃省张掖市、甘南藏族自治州、临夏回族自治州为例 [J]. 资源科学，2013（9）：1821-1827.

[231] 张军. 流域水环境生态补偿实践与进展 [J]. 中国环境监测，2014，30（1）：191-195.

[232] 张坤，谢晨，彭伟，等. 新一轮退耕还林政策实施中存在的问题及其政策建议 [J]. 林业经济，2016（3）：52-58.

[233] 张琦. 布坎南与公共物品研究新范式 [J]. 经济学动态，2014（4）：131-140.

[234] 赵春雨，苏勤，方觉曙. 农村劳动力转移就业环境认知研究体系与方法 [J]. 地理研究，2013（5）：891-901.

[235] 赵丽娟，王立群. 退耕还林后续产业对农户收入和就业的影响

分析——以河北省平泉县为例 [J]. 北京林业大学学报（社会科学版），2011，10（2）：76-81.

[236] 赵雪雁. 生态补偿效率研究综述 [J]. 生态学报，2012，32（6）：1960-1969.

[237] 中国社会科学院经济学部中国经济形势分析与预测课题组，陈佳贵，刘树成，等. 中国经济形势分析与预测——2007年秋季报告 [J]. 产业与科技论坛，2008（1）：3-6.

[238] 仲伟周，邢治斌. 中国各省造林再造林工程的固碳成本收益分析 [J]. 中国人口·资源与环境，2012，22（9）：33-41.

[239] 周晨，李国平. 农户生态服务供给的受偿意愿及影响因素研究——基于陕南水源区406农户的调查 [J]. 经济科学，2015（5）：107-117.

[240] 周鸿升，敖安强，李保玉，等. 退耕还林工程重点监测省份生态效益评估 [J]. 林业经济，2014（5）：37-41.

[241] 诸大建，张帅. 生态福利绩效及其与经济增长的关系研究 [J]. 中国人口·资源与环境，2014，50（9）：59-67.

[242] 庄国泰，高鹏，王学军. 中国生态环境补偿费的理论与实践 [J]. 中国环境科学，1995（6）：413-418.

[243] 左大康. 现代地理学辞典 [M]. 北京：商务印书馆，1990.

[244] 左翔，李明. 环境污染与居民政治态度 [J]. 经济学（季刊），2016（4）：1409-1438.